A New Chinese Course
Book Ⅱ

新编汉语教程（下）

主编　黄政澄（北京语言学院）
编者　（以姓氏笔画为序）
马燕华（北京师范大学）
李　泉（中国人民大学）
赵燕琬（北　京　大　学）
黄政澄（北京语言学院）

商务印书馆国际有限公司

图书在版编目（CIP）数据

新编汉语教程（下）/ 黄政澄主编. 一北京：商务印书馆国际有限公司，1997.11
ISBN 7-80103-133-4

I. 新… II. 黄… III. 对外汉语教学-教材 IV. H195.4

中国版本图书馆 CIP 数据核字（97）第 23863 号

XINBIAN HANYU JIAOCHENG

新编汉语教程（下）

主　编　黄政澄
装帧设计　肖　和
出　版　商务印书馆国际有限公司
（北京东城区史家胡同甲 24 号 邮编：100010）
印　刷　民族印刷厂
发　行　新华书店
开　本　787×1092mm　1/16
版　次　1997 年 12 月北京第 1 版
1997 年 12 月北京第 1 次印刷
书　号　ISBN 7－80103－133－4/H·35
定　价　75 元

Distributed by
China International Book Trading Corporation
35 Chegongzhuang Xilu, Beijing 100044, China
P.O.Box 399, Beijing, China
07500　9-CE-3274P

目 录
Contents

Ⅱ

目录
Contents

前言

《新编汉语教程》下册共25课，由社会问题（一）、社会问题（二）、中国文化、中国历史地理概况、国际局势及其他等五个单元组成，每单元5课。丁文月、田中平等固定人物贯串全书。我们课文的编写原则为：在适合学生智力水平和语言能力的前提下，内容或贴近真实的社会生活，或民族文化含量高，如家庭、人口、环境保护、中国礼俗、汉语新词语等，使学生一接触就能引起兴趣，就能有话要说，有话可说，并在掌握语言结构的同时学到了语言中所蕴含的民族文化知识，了解中国。

生词：每课生词50—60多个，全书共出生词1500个，85%为汉语水平等级大纲中的乙级词和部分上册没编入的甲级词。书后附有词汇表。

功能：在上册交际功能基础上，下册继续突出交际功能训练。每课都设有4—8个重点训练项目，全书共出功能项目112个，功能点181点。掌握了这些，学习者的汉语能力不仅能满足基本的日常生活、社交和一定范围内学习的需要，而且能就与课文有关的熟悉话题进行一般性的成段表达。功能项目及其分类附在书后。

注释：除必要的文化背景知识和一些难词难句的简明注释外，主要是对课文中出现的属于汉语水平等级大纲中的乙级语法和少部分常用的丙级语法作必要的实用性注释。课文中凡需要注释的地方均用阿拉伯数码标示。书后附有语法索引。

为更好培养学生实际运用汉语的能力，本书新设了词语例解和阅读课文两项。

词语例解：每课选择5个常用词语，对它们的词性、词义和基本用法作综合归纳，配以典型例句，帮助学生提高驾驭用词造句的能力。词语索引附在书后。

阅读课文：为巩固课文所学内容，扩大视野，提高阅读速度和理解能力，每课均配有与课文内容有关的阅读课文。篇幅一般都在700—1200字左右，生词15—25个。同时设计了必要的思考题和阅读理解练习。

练习：与上册练习一样，本书练习单独成册。每课练习十几项，既有汉字练习，也有词语和语法点练习；既有机械性、控制性的单项练习，也有交际性的综合活用练习。为了与HSK接轨，除有一定比例的多项选择练习外，另外还设计了一份完整的HSK模拟试卷附在练习册后面，供学习者练习，HSK答案和部分练习答案均附在书后。HSK全部听力录音附在全书课文录音磁带的最后。

本书英文翻译：熊文华

杰西卡·K·弗里茨小姐对全书英文翻译进行了校阅，我们对她表示衷心感谢。

全书配有盒式录音磁带。

编者

1997.11

INTRODUCTION

The Second Book of *A New Chinese Course* consists of twenty five lessons of which every five are grouped under a topic such as Social Issues (Ⅰ), Social Issues (Ⅱ), Chinese Culture, Chinese History & Geography in General and International Situations. Ding Wenyue, Tian Zhongping and other topical characters frequently appear throughout the book. It is our compiling principle to present the texts close to real social situations, in a wide range of the national cultural themes including family, population, environment protection, Chinese customs and Chinese neologism, so long as they are provided at the right level of the learners' knowledge and language ability. Once they start the course,learners will become interested in the topics, wish to talk about them and have new subject matter available for their Chinese conversation. Thus, while learning sentence structures, they obtain the knowledge of Chinese culture and will come to know more about China.

VOCABULARY The number of new words in each lesson is limited between 50-60 odd. Of the 1,500 words used in Book Ⅱ, 85% fall into Class A (not covered in Book Ⅰ) and Class B defined in *An Outline of Chinese Level Standards*. A vocabulary is appended to the present book.

FUNCTION Special emphasis has been laid on the drills for communication as a continuation of Book Ⅰ. There are 4-8 key points for drilling in each lesson. In the present book the functional items total up to 112, and functional points 181. With a good mastery of them, learners will be able to use Chinese in their daily life, for their social activities or further studies of one subject or another, and hopefully they can express themselves in passages related to the topics that they have dealt with. The functional items and their classifications are also supplemented to the present book.

NOTES Apart from the necessary cultural background information, brief textual and syntactical explanations and annotations are mainly given to cover the grammar points of Class B and a few more common ones of Class C defined in *An Outline of Chinese Level Standards*. Araoic numerals are shown wherever annotations are given. There is a grammar index at the end of this book.

Word Study and Reading Comprehension are newly designed for the present book to help learners practise what they have studied.

WORD STUDY Five commonly used words are chosen from each lesson for a brief explanation of their parts of speech, meanings and basic usage with sample sentences, so that learners will find it easy to use them. To the above said appendices a word index is added.

READING COMPREHENSION Each lesson is accomplished with a supportive passage through which learners can review what they have covered and broaden their ability to read better and faster. Generally, each passage runs to 700-1,200 characters with only 15-25 new words and ends with comprehension questions and exercises.

EXERCISES All exercises, like those devised for Book I, are printed in a separate book. They are composed of as many items as more than ten each, ranging from Chinese characters writing, practice in the usage of words or grammar points, mechanical or controlled single-item drills, to comprehensive exercises for communicative purposes. To prepare learners for the HSK examinations, a complete sample paper is provided in addition to proportionate multiple-choice exercises. An answer key to the questions and some exercises can be found at the end of this book. The recording of all the texts is produced together with that of listening comprehension for the sample paper.

This book is translated by Xiong Wenhua (熊文华). We are most grateful to Jessica K. Fritz for her kind assistance in revising the English translation.

This book is accompanied by a set of cassette recordings.

第一课 Lesson 1

社会的细胞——家庭

一 课 文 Text

家庭是什么？家庭是以婚姻和血统关系为[1]基础的社会单位。有人把家庭比喻成[2]社会的细胞。无数个细胞组成了人体；无数个家庭组成了社会。社会离不开[3]家庭，家庭离不开社会。

昨天下午，一位有名的社会学家来学校作报告，题目是"当前的家庭问题"。丁文月、田中平、林达、苏姗等人都去参加了。没想到对"家庭问题"感兴趣的人那么多，报告厅里坐得满满的[4]，大概有几百人。

社会在发展变化，家庭是否也在发生变化呢？报告人指出，在许多国家里，当前家庭结构变化有四个特点：

第一，家庭越来越小。有个国家最近十年来，一个人的家庭由5%增加到32%；两个人的家庭由17%增加到35%；三个人的家庭没有变化，仍然为15%；四口之[5]家由26%减少为12%;五口以上之家由37%减少为6%。那种几代人生活在一起的大家庭已经很少见。家庭平均人口由4.2[⑥]人减少到2.9人。

第二,离婚率越来越高。在一些国家里,每三对结婚的人就有一对离婚,少数大城市结婚跟离婚的比例达到二比一。离婚率比十年前增加了一倍。离婚率高的结果是家庭破裂,单亲家庭增多。

第三,非婚生子女越来越多。十年前,有个国家100个新出生的孩子,非婚生的只有10个,现在达到28个。由于[⑦]非婚生孩子的生活条件、成长环境大多不太好,他们中的有些人容易走上[⑧]犯罪的道路,给社会带来问题。

第四,单身的比例越来越大。许多青年人认为,没有家庭和孩子,同样可以生活得很好。什么[⑨]婚姻啊,家庭啊,对于他们来说[⑩]都是不重要的。"一个人吃饱了,全家都不饿。"[⑪]他们追求的是一种自由自在的生活。

家庭结构发生了这么多的"越来越…",怎么办呢?报告人说,许多国家的政府已经制定了多种政策和措施,相信问题会一步一步得到解决。

走出报告厅,苏姗问丁文月:"不想结婚,不要孩子,这是个人问题还是社会问题?”

“当然是社会问题。如果每个人都不结婚,不要孩子,那社会还能存在吗?”丁文月说。

“我不同意你的看法。你的看法是‘每个人都不结婚,不要孩子’。事实上⑫,根本不可能有这种情形。我觉得结婚、生孩子完全是个人问题,而不是⑬社会问题。”

时间不早了,两个人来到公共汽车站,等着乘车回家。

二 生 词 New Words

1	以…为…		yǐ…wéi…	with…as
2	血统	(名)	xuètǒng	blood relationship
3	比喻	(动,名)	bǐyù	analogy; figuratively describe as
4	细胞	(名)	xìbāo	cell
5	无数	(形)	wúshù	numerous,countless
6	组成	(动)	zǔchéng	to form

7	人体	(名)	réntǐ	human body
8	社会学	(名)	shèhuìxué	sociology
9	…家		…jiā	–ist (as in "sociologist")
10	报告	(名,动)	bàogào	report; to report, to give a lecture
11	题目	(名)	tímù	topic
12	当前	(名)	dāngqián	at present
13	是否	(副)	shìfǒu	whether or not, if
14	指出	(动)	zhǐchū	to point out
15	结构	(名)	jiégòu	structure
16	由	(介)	yóu	from
17	仍然	(副)	réngrán	still
18	之	(助)	zhī	of (a structural particle)
19	减少	(动)	jiǎnshǎo	to decrease
20	代	(名)	dài	generation
21	平均	(名,动)	píngjūn	average, to average
22	率	(名)	lǜ	rate
23	对	(量)	duì	pair, couple
24	比例	(名)	bǐlì	ratio
25	达到	(动)	dádào	to reach
26	破裂	(动)	pòliè	to split, to break up
27	单亲	(名)	dānqīn	single parent

28	非	(副)	fēi	non-, un-
29	婚生	(名)	hūnshēng	(child) born in wedlock
30	子女	(名)	zǐnǚ	one's children
31	由于	(连,介)	yóuyú	due to
32	条件	(名)	tiáojiàn	condition
33	成长	(动)	chéngzhǎng	to grow, to be brought up
34	大多	(副)	dàduō	mostly
35	犯罪		fàn zuì	to commit crimes
36	道路	(名)	dàolù	road, way
37	单身	(名)	dānshēn	single person, singleness
38	同样	(形)	tóngyàng	similar, equal
39	对于	(介)	duìyú	to, for
40	追求	(动)	zhuīqiú	to seek after
41	自由	(形,名)	zìyóu	free; freedom
42	自在	(形)	zìzài	carefree
43	怎么办		zěnmebàn	what's to be done
44	制定	(动)	zhìdìng	to lay down, to work out (a plan or policy)
45	政策	(名)	zhèngcè	policy
46	措施	(名)	cuòshī	measure, step
47	相信	(动)	xiāngxìn	to believe

48	步	(名)	bù	step
49	解决	(动)	jiějué	to solve
50	个人	(名)	gèrén	personal, individual
51	存在	(动)	cúnzài	to exist
52	事实	(名)	shìshí	fact
53	根本	(副,形,名)	gēnběn	(not) at all; cardinal; base
54	情形	(名)	qíngxíng	situation
55	而	(连)	ér	(a particle used to connect two opposite parts)

1. 转述 zhuǎnshù (1)

Report

书面语中常用"a 指出…"来转述第三者的话语。转述的内容可以是原文,也可以是大意。

In writing,"A points out…" is often used to report what a third person syas. What is reported can be direct quotations or the general idea.

a 指出, b_1, b_2…

(1)报告人指出,当前家庭结构的变化有四个特点:第一,家庭越来越小。第二,离婚率越来越高。第三,非婚生子女越来越多。第四,单身比例越来越大。

(2)这家报纸指出:"现在,不少年青人不想结婚。这些人对家庭和孩子不感兴趣,他们追求的是一种自由自在的单身生活。"

2. 范围 fànwéi (1)

Scope

在 a 里，$b(b_1, b_2\cdots)$

(1)在许多国家里，家庭结构都发生了很大的变化。

(2)在我们班里，想去中国留学的人很多。

(3)在一些国家里，每三对结婚的就有一对离婚的。

3. 罗列 luóliè (1)

Enumerate

列举两个以上事实时，常用表示罗列关系的连接成分来表示。

For a list of more than two factors conjunctive elements are useful.

…第一，…第二，…第三，…第四，…

(1)当前家庭结构变化有四个特点：第一，家庭越来越小。第二，离婚率越来越高。第三，非婚生子女越来越多。第四，单身比例越来越大。

…一、…二、…三、…四、…

(2)申请到中国留学的办法是：

一. 给你想去的学校写封信，要一份申请表。

二. 把填好的表和你的毕业证书、成绩单、经济担保书等复印件寄给学校。

三. 收到中国学校的录取通知书以后再去申请签证。

4. 数量增减 shùliàng zēngjiǎn

Increase and decrease of quantity

表示从某一数量增加到或减少到另一数量，有时原来的数量可以不说。

Sometimes the starting quantity may not be shown in describing the exact change of the increase or decrease.

…(由/从 a)增加到(/为)b。

(1)最近十年来，单身家庭由5%增加到32%，两口之家从17%增加为35%。

(2)听说在我们学校，学习中文的人数已增加到200人。

…(由/从 a)减少到(/为)b。

(3)近十年来，四口人的家庭由26%减少为12%；五口人的家庭从37%减少到6%。

(4)从今年开始，我的奖学金减少到每个月500元。

5. 表述在不同的时间情况的变化

1

biǎoshù zài bùtóng de shíjiān qíngkuàng de biànhuà
Statement of changes in different periods of time

a 前，…(b 前，…) 现在(最近/今天…)…

(1)非婚生子女越来越多，十年前，有一个国家的非婚生孩子是10%，现在达到28%。

(2)五年前爸爸去过中国旅行，三年前妹妹去过中国短期留学，现在我又要去中国留学。

(3)半年以前，我连一句汉语也不会说，现在我可以进行简单的会话了。

6. 表示原因和结果 biǎoshì yuányīn hé jiéguǒ (1)
The cause and result

由于 $a(a_1, a_2\cdots)$，$b(b_1, b_2\cdots)$

(1)由于非婚生孩子生活条件、成长环境都不太好，他们中的有些人走上了犯罪的道路。

(2)由于天气不好，飞机晚点两个小时。

(3)由于我开车没系安全带，被警察发现了，所以罚了我十块钱。

7. 表述实情 biǎoshù shíqíng (1)
Describe the real situation

承接上文，表示后面所说的话才是正确的或真实的。有修正或补充上文的作用。

As the connecter of the foregoing paragraph it implies that what follows is correct or true. It may modify or add a new argument to the previous one.

$a(a_1, a_2\cdots)$，事实上，$b(b_1, b_2\cdots)$

(1)我不同意你的看法，事实上，不可能所有的人都不结婚、不要孩子。

(2)很多人都以为他是中国人，事实上，他不是中国人，而是日本人。

(3)好像是听懂了，事实上没有真正听懂。

四 注释 Notes

1. 家庭是以婚姻和血统关系为基础的社会单位。

“以…为…”格式有“把…作为(当作)…”“认为…是…”等意思,多用于书面语,“为”后可以是名词、动词,如果是形容词,一般表示比较。

“以…为…” is more or less the same as “把…作为(当作)…”(be regarded as …) or “认为…是…”(consider sth. as …), mostly found in written language. “为”can be followed by a noun, a verb or an adjective, of which the last one often indicates a comparison.

例如 E.g.

(1)老年人多以散步为最好的运动。

(2)北京人常以烤鸭为最有名的饭菜来招待客人。

(3)这个学期我以学习中文为主,同时也学了一些别的课。

2. 有人把家庭比喻成社会的细胞。

“成”可以做“把”字句中的结果补语。

“成”may be used as a resultative complement in a “把” sentence.

例如 E.g.

(1)请把这些英语句子翻译成汉语。

(2)他把“力”字看成“刀”字了。

(3)你看,他累成什么样子了! 连饭都不想吃了。

3. 社会离不开家庭。

这里动词“离”表示“分离”,“开”做可能补语。“离不开”即“不能分开”的意思。

The verb “离” means “to separate”, with “开” as its potential complement. “离不开” is equal to “不能分开” in meaning.

4. 报告厅里坐得满满的。

这里单音节形容词"满"重叠后加"的"做状态补语,说明动作的状态。

The repeated form of the monosyllabic adjective "满" followed by "的" functions as a complement of state, indicating a state in movement.

5. 四口之家由 26%减少为 12%。

"之"是古汉语遗留下来的结构助词,在这里"之"是"的"的意思。

"之" is equal to "的", a structural particle from the archaic Chinese.

6. 家庭平均人口由 4.2 人减少到 2.9 人。

汉语小数的读法是:

The following decimals are read as:

4.2 — 四点二

2.9 — 二点九

7. 由于非婚生孩子的生活条件、成长环境大多不太好

连词"由于"常用于复句中的前一分句,表示原因,相当于"因为",后一分句常有"所以"、"因此"等呼应。

The conjunction of "由于", an indicator of reaseon, often appears in the first clause of a complex sentence. Equal to "因为", it is in concert with "所以" or "因此".

例如 E.g.

(1)由于学习努力,他的汉语水平越来越高。

(2)由于生活条件好,孩子们都长得很健康。

(3)由于没有家庭和孩子,所以他们生活过得自由自在。

连词"因为"可以用于后一分句,而"由于"不能用在后一分句。

The conjunction "因为" can be used in the second clause, but "由于" cannot.

8. 他们中的有些人容易走上犯罪的道路。

"上"这里用在动词后表示动作开始并继续下去。

"上" here is used to indicate the beginning and continuation of an action.

例如 E.g.

(1)刚吃完饭,他又看上书了。

(2)那个病人不听大夫的话,又抽上烟了。

(3)他刚休息了一会儿,怎么又忙上了。

9. 什么婚姻啊，家庭啊

疑问代词"什么"可用在几个并列成分前，表示列举。

The interrogative pronoun "什么" may be used before coordinate elements as a list of items.

例如 E.g.

(1)什么唱歌呀，跳舞呀，他都喜欢。

(2)什么苹果啊，橘子啊，你都买一些。

10. 对于他们来说都是不重要的。

介词"对于"用于表示人、事物、行为之间的对待关系。由"对于"组成的介词结构，可以用在主语后，也可以用在主语前。

The preposition "对于" indicates to what extent people, things or actions involved are significant to one another. The prepositional structure with "对于" may appear before or after the subject of the sentence.

例如 E.g.

(1)对于婚姻、家庭问题，大家的看法不完全一样。

(2)对于来访问的客人，我们都表示欢迎。

"对于…来说"是强调所提出的论断、看法与相关的人或事物的关系，也可以用"对…来说"。

"对于…来说", or "对…来说", indicates how much the judgment or point of view applies to the person or thing in question.

例如 E.g.

(3)对于孩子来说，最需要的是父母的关心和爱。

(4)对有些国家来说，十年来家庭平均人口已从 4.6 人减少到 3.8 人。

凡是用"对于"的句子都可以换用介词"对"。

"对于" used in a sentence can be replaced with "对" without exception.

11. 一个人吃饱了，全家都不饿。

这是一句俗语，意思是一个人生活，没有家庭负担，非常自由。

It is a saying, meaning that those who live by themselves have no family responsibilities, and therefore are carefree.

12. 事实上，根本不可能有这种情形。

方位词"上"这里指方面，前面常有介词"在"或"从"。

The locality word “上”, often with a foregoing word “在” or “从”, is used in a sense of “aspect”.

例如 E.g.

(1)在婚姻问题上,他提出了很多自己的看法。

(2)学习上,大家要互相关心,互相帮助。

13. 我觉得结婚、生孩子完全是个人问题,而不是社会问题。

在“是…不是…”这个结构里,并列肯定和否定两个成分,以否定来衬托加强肯定。连词“而”在这儿有转折对比的作用。

In the structure of “是…不是…” both positive and negative arguments are given to enforce the former by the latter. The conjuction “而” is used here to show a transition or contrast.

例如 E.g.

(1)这个社会学家研究的是各国的离婚率问题而不是非婚生子女问题。

(2)我要买的是《汉英词典》而不是《英汉词典》。

五 词语例解

Word Study

1. 家

(名)(noun)

(1)你家有几口人?

(2)丁文月今天不在家,她出去了。

(量)(measure word)

(3)这家饭馆你来过没有?

(4)最近他在一家公司找到工作了。

(后缀)(suffix)

(5)他从小就喜欢音乐,希望以后能成为音乐家。

2. 大概

(形)(adjective)

(1)你给我们介绍一下儿学校的大概情况,好吗?

(副)(adverb)

(2)这儿离医院大概 10 公里。

(3)六点半了,他大概回家了。

(4)这种毛衣大概不贵,你可以买一件。

3. 平均

(动)(verb)

(1)现在有些国家,家庭平均人口只有 3.2 人。

(2)上学期我们学了 650 个生词,你平均一下儿,每个星期学多少个?

(形)(adjective)

(3)这七个班每班都有八个女同学,很平均。

4. 对

(动)(verb)

(1)今天的篮球比赛是大学生队对工人队。

(形)(adjective)

(2)你说的意见都对,我同意你的看法。

(3)这个问题他回答得很对。

(4)今天的听写我全写对了。

(5)对,你给他打个电话,请他下午来一下儿。

(介)(preposition)

(6)不少人对婚姻家庭问题不感兴趣,所以都不来听报告。

(量)(measure word)

(7)这一对年轻夫妻是不久前结婚的。

5. 大多

(副)(adverb)

(1)这些人我大多不认识,你认识他们吗?

(2)他家的人大多不抽烟。

(3)张力的书大多是经济方面的。

六 阅读课文

Reading Comprehension

中国的家庭变化

历史上中国是大家庭多，常常是几代人生活在一起。一家人有十几口，甚至几十口人。但是，近几十年来，跟许多国家一样，中国的家庭结构也发生了很大的变化，那种几代人生活在一起的大家庭已经越来越少。社会在变化，人们的观念也在变化。越来越多的人已认识到，重要的是提高生活质量，而不再是多子多福了。现在三口之家越来越多，特别是在城市。

最近十几年来，中国的经济发展很快，人们的生活也有了很大的提高。传统的婚姻观念受到冲击，离婚率也比以前高了。由别人或父母介绍建立起来的婚姻家庭，由于婚姻基础差或由于别的原因，今天已很难维持下去。当前在中国离婚率高的是城市，文化水平低的农村，离婚率也低。

在中国不结婚就生孩子，是传统的道德观念不允许的。因此，现在的中国社会非婚生子女比较少。但由于离婚的人增多，单亲子女也增多了。单亲子女缺少父爱或母爱，这对他们的成长是不利的。因此，有的人为了孩子的健康成长，要等孩子高中毕业有了工作或上了大学再离婚。

在中国，离婚有两种办法。一种是男女双方先自己解决，达成协议后再办理离婚手续；一种是双方不能达成协议时，要到法院去解决离婚的问题。

生词 New Word

1	观念	(名)	guānniàn	idea, thinking
2	质量	(名)	zhìliàng	quality
3	多子多福		duō zǐ duō fú	the more children one has the happier one would be
4	冲击	(动)	chōngjī	to pound
5	建立	(动)	jiànlì	to establish
6	原因	(名)	yuányīn	reason

7	维持	(动)	wéichí	to maintain
8	道德	(名)	dàodé	morality
9	允许	(动)	yǔnxǔ	to permit
10	缺少	(动)	quēshǎo	to lack
11	不利	(形)	búlì	disadvantageous
12	达成	(动)	dáchéng	to reach
13	协议	(名)	xiéyì	agreement
14	办理	(动)	bànlǐ	to go through
15	手续	(名)	shǒuxù	formalities
16	法院	(名)	fǎyuàn	law court

第二课 Lesson 2

爱情是幸福的吗?

一 课 文 Text

关于[1]结婚、生孩子,丁文月和苏姗的看法尽管[2]不同,但都觉得这个问题很有意思,于是又很自然地谈到了婚姻和爱情的问题。

“爱情是幸福的。”丁文月说,“这是我家邻居一对老夫妇经常说的一句话。这对老人,男的叫李昌德,今年 87 岁,女的叫谢丽,今年 84 岁。

谢丽常常对人说,人的一生不过几十年,作为一个女人,她非常渴望有一个幸福温暖的家。她和李昌德结婚 60 多年了,在几十年的共同生活中,两个人相亲相爱,互相关心。有时候李昌德因为工作忙,很晚才回家,谢丽也要等他回来一起吃饭。

已经退休 20 多年的李昌德说,他很爱谢丽,从恋爱到结婚,他们没有吵过架。几十年来,他干过各种不同的工作,但从来没有在很远的地方工作过，为的是[3]夫妻天天都能见面。”

是的，对于李昌德和谢丽，爱情是幸福的。但是，对于别的人，爱情也同样意味着幸福吗？苏姗说了她一个表哥对爱情的看法。

她表哥是几年前结婚的。他是搞科学研究的，妻子是做生意的。对于一天到晚忙于[4]做生意的妻子来说，家仅仅是个休息的地方。由于工作不同，爱好兴趣不一样，两个人的共同语言少了，感情也渐渐发生了变化。面对这种现实，她表哥感到很痛苦。他想到过离婚，但是他对妻子还是有感情的，而且他觉得要是离婚，也很对不起岳父、岳母，因为两个老人把他当做自己的亲儿子[5]。他也曾经向妻子提出过离婚，她表示不同意，因为她也还爱着她。

正在他犹犹豫豫十分痛苦的时候，一个纯真漂亮的姑娘爱上[6]了他，但是他很看重道德，没有接受姑娘的爱。他相信自己有力量改变家庭的现状。

经过几年的锻炼，妻子越来越坚强了。尽管她还爱着自己的丈夫，但她更看重自己的事业。他只能是一个学者，对她的生意不会有什么[7]帮助，相反地，有了他，她会感到自己对不起丈夫，对不起这个家，于是她流着眼泪跟丈夫分手了。

"爱情有时候会给人带来幸福，有时候又会给人带来痛苦。爱情的酸甜苦辣我都尝够[8]了。"离婚后，她表哥经常对人这样说。

丁文月、苏姗谈得正高兴的时候，一辆公共汽车到了，她们不得不结束谈话。

二 生 词 New Words

1	关于	(介)	guānyú	about
2	生(孩子)	(动)	shēng(háizi)	to give birth to a child
3	尽管	(连,副)	jǐnguǎn	though; in spite of
4	于是	(连)	yúshì	hence, thereupon

5	自然	(形,名)	zìrán	natural, nature
6	爱情	(名)	àiqíng	love (between man and woman)
7	幸福	(形)	xìngfú	happy
8	邻居	(名)	línjū	neighbour
9	夫妇	(名)	fūfù	husband and wife
10	一生	(名)	yìshēng	all one's life
11	不过	(副)	búguò	only, no more than
12	作为	(动)	zuòwéi	being…, as…
13	渴望	(动)	kěwàng	to thirst for, long for
14	温暖	(形)	wēnnuǎn	warm
15	在…中		zài…zhōng	in, during
16	共同	(形)	gòngtóng	mutual, with one another
17	相亲相爱		xiāng qīn xiāng ài	to love one another
18	有时候		yǒu shíhou	sometimes
19	吵架		chǎo jià	to quarrel
20	从来	(副)	cónglái	always
21	意味	(动)	yìwèi	to mean
22	科学	(名,形)	kēxué	science; scientific
23	于	(介)	yú	with, at
24	仅仅	(副)	jǐnjǐn	only
25	爱好	(名,动)	àihào	hobby; to love

26	感情	(名)	gǎnqíng	feeling, affection
27	渐渐	(副)	jiànjiàn	gradually
28	面对	(动)	miànduì	to face
29	现实	(名,形)	xiànshí	reality; real
30	痛苦	(形)	tòngkǔ	painful, agonizing
31	对不起		duìbuqǐ	be sorry for
32	岳父	(名)	yuèfù	father-in-law
33	岳母	(名)	yuèmǔ	mother-in-law
34	当做	(动)	dàngzuò	to take…as
35	亲	(形)	qīn	one's own(child)
36	曾经	(副)	céngjīng	once
37	犹豫	(形)	yóuyù	undecided, hesitant
38	纯真	(形)	chúnzhēn	pure
39	看重	(动)	kànzhòng	to value
40	道德	(名)	dàodé	morality
41	力量	(名)	lìliàng	strength, ability
42	改变	(动)	gǎibiàn	to change
43	现状	(名)	xiànzhuàng	present situation
44	坚强	(形)	jiānqiáng	firm, strong
45	事业	(名)	shìyè	undertaking, career
46	学者	(名)	xuézhě	scholar
47	相反	(形)	xiāngfǎn	contrary
48	流	(动)	liú	to shed

49	眼泪	(名)	yǎnlèi	tears
50	分手		fēn shǒu	to separate, to divorce
51	酸	(形)	suān	sour
52	甜	(形)	tián	sweet
53	苦	(形)	kǔ	bitter
54	辣	(形)	là	hot, peppery
55	不得不	(副)	bùdébù	cannot but, have to

专名 Proper Nouns

1	李昌德	Lǐ Chāngdé	name of a person
2	谢丽	Xiè Lì	name of a person

三 功能 Function

1. 引出话题 yǐnchū huàtí (1)

Bring a topic up

关于 a, b(b_1, b_2…)

(1)关于结婚、生孩子的问题,他们的看法不太一样,但都觉得讨论这个问题很有意思。

(2)我虽然学习中文,但是,关于中国我现在知道的还很少。

(3)关于这个问题,我们想听听马教授的看法。

2. 承接关系 chéngjiē guānxi (1)

Connective relation

表示两件事在事理上有先后接续的关系，后一事往往是由前一事引起的。多用于书面语。

It is used, often in written Chinese to indicate that of two logically connected things the latter has most likely resulted from the former.

$a(a_1, a_2\cdots)$，于是，$b(b_1, b_2\cdots)$

(1)关于要不要结婚、要不要孩子，他们讨论得很有意思，于是，又谈到了婚姻和爱情问题。

(2)由于老师的帮助和鼓励，于是我又充满了信心。

(3)丁文月没找到你，于是就自己去了。

3. 指代相同的事物 zhǐdài xiāngtóng de shìwù

Replacement of the same thing

汉语篇章或话语中，根据表达的需要，作者或说话人常用不同的词语指代相同的人或事物，以避免不必要的重复。

In accordance with the necessity in writing or speaking, a writer or speaker may use different words to replace the same person or thing, so as to avoid unnecessary repetition.

$a(b_1)=a(b_2)=a(b_3)=a(bx)$

(1)谢丽和李昌德结婚后，两个人相亲相爱，在几十年的共同生活中，他们从没吵过架。

谢丽和李昌德 $a(b_1)$　两个人 $a(b_2)$　他们 $a(b_3)$

(2)昨天下午，一位有名的社会学家来学校作报告，他讲的题目是“当前的家庭问题”，这位社会学教授讲了当前家庭结构变化的四个特点。

一位有名的社会学家 $a(b_1)$　他 $a(b_2)$　这位社会学教授 $a(b_3)$

4. 范围 fànwéi (2)

Scope

在 a 中，$b(b_1, b_2\cdots)$

(1)在几十年的共同生活中，他们一直互相关心，互相帮助。

(2)我在采访中了解到，他先后八次去过中国。

(3)禁止在公园的湖中游泳。

5. 表示目的 biǎoshì mùdì

Indicate one's purpose

用"为的是 b"表示前面所说的某种行为的目的。

Use "为的是 b" to indicate the purpose of the action previously stated.

> $a(a_1,\ a_2\cdots)$, 为的是 $b(b_1,\ b_2\cdots)$

(1)他干过各种不同的工作，但从来没在很远的地方工作过，为的是夫妻天天都能见面。

(2)我想去中国留学，为的是更好地学习汉语，更好地了解中国。

(3)丁文月说，她上午去了和平商店，又去了友谊商店，为的是给她爸爸买生日礼物。

6. 表示让步转折 biǎoshì ràngbù zhuǎnzhé (1)

Concessive transition

先承认某个事实，然后再转到相反的或另外一个意思上。

The recognition of a fact is followed by an adversative statement.

> 尽管 $a(a_1,\ a_2\cdots)$, 但是／可是 $b(b_1,\ b_2\cdots)$

(1)尽管她还爱着自己的丈夫，但是她更看重自己的事业，于是她流着眼泪跟丈夫分手了。

(2)他尽管身体不好，可是仍然坚持工作。

书面语中，表示让步的分句也可以出现在后面，以表示对上文进行修正或补充，承认事情还有另外一面。

In written Chinese the transitional clause may appear after the main clause as a modifier or an additional argument to the previous statement.

> $a(a_1,\ a_2\cdots)$, 尽管 $b(b_1,\ b_2\cdots)$

(3)他笔试的成绩总是不好，尽管他很努力。

(4)这个问题到现在也没有解决，尽管我们已经讨论了很多次。

7. 连接两种相反的情况 liánjiē liǎngzhǒng xiāngfǎn de qíngkuàng (1)

Connect two opposite sides of a matter

用"相反(地/的)"连接两种相反或相对的情况(看法)，后一种情况(看法)往往是对前一种情况(看法)的解释或修正。

Of the two different or opposite things (ideas) joined by "相反(地/的)" the latter can be the explanation or correction of the former.

a(a_1, a_2…)，相反(地/的)，b(b_1, b_2…)

(1)她和丈夫已经没有感情了,于是她决定离婚。相反的,她觉得不离婚会对不起丈夫,也对不起这个家。

(2)你认为现在就应该去,相反,我认为现在不应该去。

(3)我们不反对吃中餐,相反地,都特别喜欢吃中餐。

四 注释 Notes

1. 关于结婚生孩子

介词"关于"表示关联、涉及的事物的范围或内容,由"关于"组成的介词结构可做定语和状语。做状语时多用于句首,可用逗号隔开。"关于…"也可用做文章、文件的标题。

The preposition of "关于" shows the range and content of the matter under discussion. A prepositional structure formed by "关于" may function as an attributive or an adverbial. As an adverbial it often appears at the beginning of a sentence, and can be separated from the rest of the sentence with a comma. "关于" also can be used in a title of an essay or a document.

例如 E.g.

(1)关于少数民族问题,李教授作过一次报告。

(2)最近哥哥看了一些书,有关于经济方面的,有关于文化方面的。

(3)林达写了一篇《关于婚姻家庭问题》的文章。

"关于"和"对于"的区别

The difference between "关于" and "对于" in usage:

(一)"关于"是指出范围,表示关涉的人或事物;"对于"是指出对象,强调主观对待。在下面的句子中二者不能换用。

"关于" is used to indicate the range that a person or a thing can reach, while "对于" only points out the doer in question with emphasis on personal reaction. In the following two sentences they cannot be exchanged.

例如　E.g.

(1)关于考试的内容,老师在今天的课上没说。

(2)学唱新歌,对于妹妹来说是很容易的事。

(二)有时同一个句子二者都可以用,用"关于"是侧重说明在哪个范围或方面,用"对于"时是侧重于指出说明的对象。

Sometimes either "关于" or "对于" can appear in the same sentence as an alternative. In this case, "关于" is good to show the extent or aspect while "对于" is mainly used to indicate the doer in question.

例如　E.g.

(3) 关于/对于 老同学的情况,我知道得不多。

(4) 关于/对于 婚姻问题,大家都谈了自己的看法。

2. 丁文月和苏姗的看法尽管不同,但都觉得这个问题很有意思。

连词"尽管"与连词"虽然"意思一样,表示让步,常用于复句中的前一分句,后面多有"可(是),但(是),还是,仍然"等呼应。

The conjunction "尽管" which is equal to "虽然" for concession often appears in the first clause of a complex sentence with either "可(是)","但(是)","还是" or "仍然" in the following clause.

例如　E.g.

(1)尽管昨天下了雨,天气仍然很热。

(2)他尽管工作很忙,可还是每天坚持锻炼身体。

(3)尽管他还爱着妻子,但妻子还是要跟他离婚。

3. 为的是夫妻天天都能见面。

"为的是"引出的是说明目的的分句,意思是"目的是(为了)…"。

"为的是" here is used to introduce a clause of purpose, meaning "目的是(为了)…"。

例如　E.g.

(1)她学习这么努力,为的是能把汉语学得更好一些。

(2)政府制定这些政策,为的是单亲家庭能越来越少。

(3)他们这么做,为的是家庭能过上幸福的生活。

4. 对于一天到晚忙于做生意的妻子来说

介词“于”,常用于形容词、动词之后,表示方面、原因或目的。

The preposition “于” often follows an adjective or a verb to show aspect, the reason or purpose.

例如 E.g.

(1)她丈夫每天只满足于抽烟、喝酒,不管家庭和孩子。

(2)他的朋友死于交通事故。

(3)苏姗最近忙于学习,很少到这儿来。

5. 他想到过离婚[a],但是他对妻子还是有感情的[b],而且他觉得要是离婚[c],也很对不起岳父、岳母[d],因为两个老人把他当做自己的亲儿子[e]。

汉语中,分句中包含着分句的复句称为多重复句。各分句之间大多由关联词连接。为正确理解全句的意思,可采用层次分析法,将全句按意义和语法关系由大到小进行切分。

A Chinese sentence containing clauses within clauses is known as a multiple complex sentence. Correlatives are often employed to link one clause with another. It is advisable to use a stratal diagram by which such a sentence can be divided in an ascending way according to the meaning and grammatical relation, so as to understand the whole sentence correctly.

例如 E.g.

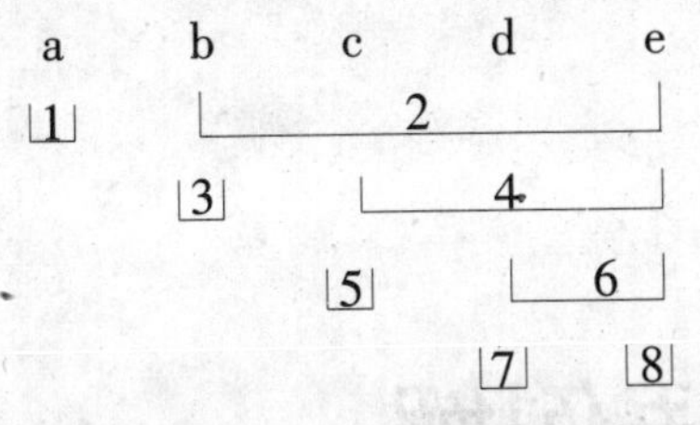

转折关系
1–2 adversative relation

递进关系
3–4 progressive relation

假设关系
5–6 hypothetical relation

因果关系
7–8 causal relation

6. 一个纯真漂亮的姑娘爱上了他。

这里的“上”是引申用法,做结果补语,表示动作有了结果,有时表示达到一定的目的或标准。

Here “上” is used in an extended way as a resultative complement, indicating that something has been done and sometimes indicating that an aim or a standard has been reached.

例如 E.g.

(1)他打工挣了不少钱,上个月买上了汽车。

(2)他们住上新房子了。

(3)弟弟考上大学了。

7. 对她的生意不会有什么帮助

代词"什么"这里是任指,表示在所说的范围内没有例外。

The pronoun "什么" here is used for unspecified reference, covering all situations without exception.

例如 E.g.

(1)我没有什么意见,我同意这样做。

(2)今天她太累了,什么也不想做了。

(3)除了音乐以外,她什么爱好也没有。

8. 爱情的酸甜苦辣我都尝够了。

动词"够"做结果补语表示达到某种数量或某种程度。

The verb "够" as a resultative complement indicates that a certain number has been obtained or an extent has been reached to.

例如 E.g.

(1)他这种话我听够了,你不要相信他。

(2)他们聊了一个晚上聊够了。

(3)每天吃汉堡包,我都吃够了。

五 词语例解

Word Study

1. 不过

(副)(adverb)

(1)我不过想去散散步,不想去买东西。

(2)这本词典不过10块钱,不贵。

(3)他学汉语不过一年,还不能看报纸、听广播。

(连)(conjunction)

(4)他感冒了,不过不发烧。

(5)这个学生的口语不错,不过他的汉字写得不太好。

2. 曾经

(副)(adverb)

(1)林教授曾经研究过京剧。

(2)这里曾经是一个小工厂,现在变为超级市场了。

(3)他曾经当过演员,后来做生意了。

3. 从来

(副)(adverb)

(1)我父亲从来不抽烟。

(2)妹妹在学习上从来都是认真努力的。

(3)我从来没有听说过这样的事情。

4. 相反

(形)(adjective)

(1)他们的意思完全相反,我也不知道怎么办?

(2)两种相反的做法,结果自然不会一样。

(作插入语)(used as a parenthesis)

(3)这个国家的家庭平均人口不仅没有增加,相反地,比去年又减少了 0.1。

5. 够

(动)(verb)

(1)飞机票大概要三千多,你带的钱够不够?

(2)还有三天,这些钱够花了。

(3)他睡了一天了,还没有睡够呢。

(4)今天够冷的,咱们进去吧。

六 阅读课文

Reading Comprehension

中国的罗密欧与朱丽叶

古时候有个姑娘叫祝英台，17 岁了，长得又漂亮又聪明。她非常想念书。但在那个时候，女孩子到外地上学很难。为了能去上学，她想出了一个办法：打扮成男孩子，到杭州去念书。

在路上，她遇到了一个青年，他叫梁山伯，18 岁，也是到杭州念书的。两个人一边走一边谈，很快就成为好朋友。到了学校以后，他们就住在一起，在三年的学习生活中，两个人互相关心，互相帮助，感情越来越深。但是，梁山伯一直不知道祝英台是一个女的。

有一天，祝英台接到父亲的一封信，让她赶快回去。在离开学校以前，她告诉她师母：她是个女孩子，她很爱梁山伯。

祝英台离开学校那一天，梁山伯送了她一程又一程，两个人都不想分开。在路上,祝英台多次向梁山伯暗示,她是个女孩子,但是梁山伯一点儿也不懂她的意思。他们看见一口井,两个来到井边,看到水里面年轻可爱的梁山伯和聪明漂亮的祝英台时,祝英台说:“你看,咱们多么像一对夫妻啊! ”梁山伯听完以后很不高兴。他说:“你为什么把我当做女的?”祝英台请他别不高兴,并且说家里有一个妹妹,长得跟她完全一样,要是梁山伯喜欢,就快点儿到她家去求婚。梁山伯听了以后很高兴。

祝英台回到家以后,才知道父亲叫她回来是要她跟一个大官的儿子结婚。祝英台不同意,她一定要等着梁山伯。

祝英台走了以后,梁山伯非常想念她。他想等学完了以后就回去看祝英台,并且向她妹妹求婚。有一天,师母把祝英台离开时说的话告诉了梁山伯。梁山伯听了以后,高兴极了,决定马上就去找祝英台。

来到祝英台家,祝英台流着眼泪告诉他,父亲要她跟一个大官的儿子结婚。梁山伯听了以后,非常痛苦,回到家里就病了。不久,就死了。

听到梁山伯死了的消息,祝英台哭了几天几夜。后来她不哭了。她对父亲说:“我可以跟大官的儿子结婚,但是结婚那一天,花轿一定要经过梁山伯的墓地。不然,我对不起梁山伯。”父亲同意了。

结婚那天，花轿经过梁山伯墓地时，祝英台从花轿里走出来，跪在墓前大哭。一会儿，突然刮起了大风，下起了大雨。梁山伯的墓开了，祝英台马上跳进去，墓很快又合上了。

风停了，雨也停了。墓地上都是鲜花，一对非常漂亮的蝴蝶在鲜花中自由地飞来飞去。

在中国，人们都知道梁山伯与祝英台这个故事。不少外国朋友看完电影《梁山伯与祝英台》以后，都说这是中国的罗密欧与朱丽叶。

生词 New Words

1	聪明	(形)	cōngming	clever
2	打扮	(动)	dǎban	to disguise; to dress up
3	遇到	(动)	yùdào	to run into
4	师母	(名)	shīmǔ	wife of one's teacher
5	送	(动)	sòng	to see off
6	分开		fēn kāi	to separate
7	暗示	(动)	ànshì	to hint
8	井	(名)	jǐng	well

9	求婚		qiú hūn	to make an offer of marriage
10	大官	(名)	dàguān	high-ranking official
11	想念	(动)	xiǎngniàn	to miss
12	花轿	(名)	huājiào	bridal sedan chair
13	墓	(名)	mù	grave
14	不然	(连)	bùrán	otherwise
15	跪	(动)	guì	to kneel
16	合	(动)	hé	to close
17	蝴蝶	(名)	húdié	butterfly

专名 Proper Nouns

1	罗密欧	Luómìōu	Romeo
2	朱丽叶	Zhūlìyè	Juliett
3	祝英台	Zhù Yīngtái	name of a person
4	梁山伯	Liáng Shānbó	name of a person

第三课 Lesson 3

世界人口问题

一 课文 Text

吃过[1]晚饭以后，田中平和同屋一起看电视。在世界新闻节目中，有一条国际人口会议的消息。于是两个人就谈论起[2]了人口问题。

"世界上人口最多的国家是中国，世界上人口最多的城市也在中国吗？"同屋问。

"不。世界上人口最多的城市是日本东京，那儿的人口已超过两千五百万。"

"刚才新闻说，现在世界人口是多少？"

"50多亿。20世纪末将达到60亿。"

"世界人口的增长速度太快了。我记得看过一份材料，第二次世界大战时，全球人口才25亿。50年内增加了一倍多。"

"现在世界上每小时净增人口一万人。从我们看完电视到现在，世界上又多出来[3]了好几千人。”

“不得了[4]！不得了！真是不说不知道，说了吓一跳[5]。”

“世界人口专家预计，公元 2030 年全球人口将达到 85 亿，2050 年突破 100 亿。专家们希望各国政府积极采取措施，制定人口政策，把 2050 年的人口控制在 78 亿。”

“由此看来，人口问题的确是个大问题。有时候想，生不生孩子，生几个孩子，这完全是个人的问题，别人管不着[6]，政府也管不着。”

“我以前也有过同样的想法。后来看了几篇文章，觉得这种想法不对。你想，一个人生下来[7]以后，就有吃、穿、住、教育、就业、医疗、养老、死亡等等一系列社会问题。这决不是个人所[8]能解决的问题。”

“是这样，据统计，现在全世界已有几亿人失业、半失业。有些国家失业率已达到 10%以上，今后每年还有几千万人要就业。人口不想办法控制是不行[9]的。”

“没错儿。生产发展了，东西多了，可人口也多了，两者一抵消[10]，人们的生活水平等于没有提高。”

“道理上大家都容易接受，但是真正做起来[11]，困难很大。你想，全世界一百多个国家，各国生产发展水平不一样，人们受教育程度不一样，观念习俗不一样，做法哪[12]能都一样?”

“当然很难，否则就不会成为当今世界的一大社会问题了。”

“全世界最好能制定一个共同的政策，不管[13]你是哪个国家的，每对夫妇都要生两个孩子。多了不行，少了也不行[14]。多了要罚款，少了也要罚款。”

“你这个办法好，我选你当世界人口协会的主席。”

“我当主席，你当副主席，怎么样?”

“得了，得了。你别当主席了，我也别当副主席了。八点多了，今天的作业我还没做完呢。我还是先当学生吧!”

“我录音也还没听完呢。我听录音去了。”

二 生词 New Words

1 会议 (名) huìyì conference

2	谈论	(动)	tánlùn	to chat, to talk about
3	超过	(动)	chāoguò	to exceed, more than
4	世纪	(名)	shìjì	century
5	末	(名)	mò	end
6	将	(副,介)	jiāng	will; to be going to (It also can be used as a preposition)
7	增长	(动)	zēngzhǎng	to increase
8	速度	(名)	sùdù	speed
9	记得	(动)	jìde	to remember
10	(全)球	(名)	(quán)qiú	(whole) globe
11	内	(名)	nèi	inside, within
12	净	(副)	jìng	completely
13	不得了	(形)	bùdéliǎo	disastrous, how awful
14	吓	(动)	xià	to frighten
15	跳	(动)	tiào	to jump
16	专家	(名)	zhuānjiā	expert
17	预计	(动)	yùjì	to estimate
18	公元	(名)	gōngyuán	the Christian era
19	突破	(动)	tūpò	to break through
20	积极	(形)	jījí	active
21	采取	(动)	cǎiqǔ	to adopt, to take

22 控制	(动)	kòngzhì	to control
23 的确	(副)	díquè	really, indeed
24 别人	(代)	biérén	others
25 想法	(名)	xiǎngfǎ	idea, opinion
26 教育	(名,动)	jiàoyù	education; to educate
27 就业		jiù yè	to take up an occupation
28 医疗	(名)	yīliáo	medical treatment
29 养老		yǎng lǎo	care for the aged
30 死亡	(动)	sǐwáng	to die
31 一系列	(名)	yíxìliè	a whole set of, series
32 决	(副)	jué	definitely
33 所	(助)	suǒ	an auxiliary particle
34 据	(动)	jù	according to
35 统计	(动,名)	tǒngjì	to collect information in numbers; statistics
36 失业		shī yè	to be unemployed
37 半(失业)		bàn(shī yè)	semi-(unemployment)
38 今后	(名)	jīnhòu	from now on, hereafter
39 者	(助)	zhě	a particle used after a numeral to indicate things mentioned above

40	抵消	(动)	dǐxiāo	to offset, to counteract
41	道理	(名)	dàolǐ	principle, sense
42	程度	(名)	chéngdù	degree, extent
43	观念	(名)	guānniàn	ideology, mentality
44	做法	(名)	zuòfǎ	way of doing
45	否则	(连)	fǒuzé	otherwise
46	当今	(名)	dāngjīn	nowadays
47	最好	(副)	zuìhǎo	It would be best...
48	不管	(连)	bùguǎn	no matter, regardless of
49	选	(动)	xuǎn	to elect, to choose
50	当	(动)	dāng	to work as, to be elected for a post
51	协会	(名)	xiéhuì	association
52	主席	(名)	zhǔxí	chairperson, chairman
53	副	(形)	fù	vice, deputy
54	得了		dé le	That's enough
55	录音		lùyīn	(sound) recording

专名 Proper Nouns

1	东京	Dōngjīng	Tokyo
2	第二次世界大战	Dì-èr cì shìjiè dàzhàn	the Second World War

3

1. 某时发生某事 mǒushí fāshēng mǒushì (1)

Time and occurrence

(在/正在)a 时/的时候，b(b_1，b_2…)

(1)第二次世界大战时，全球人口才 25 亿。

(2)我在大学二年级时认识了他。

(3)你来的时候，你弟弟在家吗？

(4)我正在听录音的时候，李教授打来了电话。

2. 转述 zhuǎnshù (2)

Report

书面语中转述第三者对某事物发展情况的预测。

Written reports about a third person's prediction of the development of something can be given like this:

a 预计：b(b_1，b_2…)

(1)人口专家预计，公元 2030 年全球人口将达到 85 亿；2050 年将突破 100 亿。

(2)他预计：明年春天，这种衬衫将受到青年人的喜欢，因为它不仅颜色好，样子也新。

3. 表示某种情况即将发生 biǎoshì mǒuzhǒng qíngkuàng jíjiāng fāshēng (1)

Immediate occurrence

表示某种情况或行为不久将发生。

This is the way to indicate something or an action that will take place right away.

a 将(要)b(b_1，b_2…)

(1)预计 2030 年全球人口将达到 85 亿，2050 年将突破 100 亿。

(2)足球比赛将在下午两点钟进行。

(3)马教授下个月将要去中国参观访问。

4. 推论 tuīlùn

Inference

用"由此看来"表示根据上文所说的情况可以推出下文所说的结论。多用于书面语。

"由此看来", often used in written Chinese, indicates that the conclusion of the following can be drawn from the foregoing.

$a(a_1, a_2\cdots)$。由此看来，$b(b_1, b_2\cdots)$

(1) 人口增长的速度太快了，现在世界上每小时净增人口一万人,2030 年将达到 85 亿。由此看来,人口问题的确是个大问题。

(2)他说,面试通过的话就给我打电话,可是已经一个星期了,他也没来电话。由此看来,这次面试我没有通过。

5. 唤起注意 huànqǐ zhùyì (1)

Call somebody's attention

唤起听话人注意下文的分析和说明。

The way to call a listener's attention to the analysis and explanation in the following passage is:

(a)你想(想), $b(b_1, b_2\cdots)$

(1)你想,受教育、就业和医疗等社会问题,都不是个人所能解决的。

(2)你想想,她知道晚会七点钟开始,现在已经八点半了,所以她肯定不会来了。

6. 连接两种相反的情况 liánjiē liǎngzhǒng xiāngfǎn de qíngkuàng (2)

Connect two opposite sides of a matter

用"否则"引出与上文相反的情况并加以阐述。

By using "否则" the opposite statement varying from the previous one can be given together with a further elaboration.

$a(a_1, a_2\cdots)$, 否则 $b(b_1, b_2\cdots)$

(1)控制人口当然很难,否则就不会成为世界的一大社会问题了。

(2)天气预报说明天有小雨,我的意见是,要是下雨我们就不去了,否则就去。

(3)李天明上课去了,否则我们还要继续讨论下去。

7. 表示希望或建议 biǎoshì xīwàng huò jiànyì

Indicate one's hope and suggestion

用"最好 b"表示说话人的某种希望,或用于建议、劝告对方或第三者作出某种理想的选择。

"最好 b" can be used to express a speaker's hope, suggestion or advice about the

3 listener's preferable choice.

a 最好 b(b_1, b_2…)

(1)全世界最好能制定一个共同的政策:每对夫妇都只生两个孩子。
(2)你想学汉语最好到中国去学。
(3)你最好再找他谈谈,请他原谅。
(4)请你告诉他最好别去了,那儿没什么意思。

四 注释 Notes

1. 吃过晚饭以后

动态动词"过"除了表示过去曾经有过某种经历外,还可以表示完成,可以和表示完成的"了"连用。

Apart from indicating one's experience, the aspect particle "过" also shows the completion of an action. It can be used with a completive "了".

例如 E.g.

(1)他喝过了一杯茶后,又要了一杯。
(2)每天晚上他洗过澡就睡觉。

2. 于是两个人就谈论起了人口问题。

这里的"起"是引申用法,用在动词后表示动作开始并继续,或表示动作关涉到某事物。

"起" after the verb is used in an extended way to indicate the beginning and continuation of an action, or something is involved in it.

例如　E.g.

(1)大家谈起自己的兴趣、爱好,话就很多。

(2)你们听,姑娘们唱起中国民歌了。

(3)昨天张老师没有问起这件事。

3. 世界上又多出来了好几千人。

这里的“出来”是引申用法,表示事物由隐蔽到显露,前面多为动词,也有用形容词的,如有宾语要放在“出来”中间。

Here “出来” is also used in an extended way. It often comes after a verb or an adjective, indicating that something has become visible from being hidden. The object, if any, should be put between “出” and “来”。

例如　E.g.

(1)我要把这事情的经过写出来。

(2)我看出来了,她有点不高兴。

(3)工作忙也要注意休息,不要累出病来。

(4)健康的身体是锻炼出来的。

4. 不得了

这里“不得了”用于表示情况严重。“不得了”也可用做程度补语,表示程度深。

Here “不得了” means “serious” or “terrible”. It also can serve as a complement of degree, denoting that something is really serious.

例如　E.g.

(1)哎呀,不得了,他受伤了。

(2)听到这个消息,苏姗高兴得不得了。

(3)前几天这儿热得不得了,温度达到40℃以上。

5. 不说不知道,说了吓一跳。

这是一句俗语,意思是在没有听说某件事或某种情况以前,没有引起重视,一旦听说了就大吃一惊。

This is a common saying, meaning that one doesn't care much about what is beyond one's knowledge, but may feel greatly surprised when one is told about it.

6. 别人管不着,政府也管不着。

动词“管”在这儿是过问、干涉的意思,“着”(zháo)做可能补语。管不着表示别人无权过问和干涉。

The verb “管” means “interfere” or “be concerned about”. “着” (zháo) functions as a potential complement. “管不着” implies that nobody has the right to interfere.

例如　E.g.

(1)这是我个人的事,我怎么做别人管不着。

(2)离不离婚,你们两个人自己决定,别人管不着。

7. 一个人生下来以后

这里“下来”是引申用法,用在动词后表示动作完成,有时兼有脱离的意思。

The extended “下来” after a verb denotes the completion of an action. Sometimes it also means “away from”.

例如　E.g.

(1)房子租下来了,你们明天可以搬进去住了。

(2)孩子生下来以后,母亲身体一直不太好。

8. 这决不是个人所能解决的问题。

这里的“所”是结构助词,多用于书面语。常用在及物动词前组成“名+所+动+的”修饰名词。

Here “所” functions as a structural particle, mostly in writing. When it comes before a transitive verb, “所” helps form a modifier of “noun+所+verb+的” for a noun.

例如　E.g.

(1)他所认识的人对他都很好。

(2)我所知道的情况就是这些。

“名+所+动+的”也可以代替名词。

The word group of “noun+所+verb+的” can be used as a substitute for a noun.

(3)这次报告所讲的都是关于人口问题。

上述这两项,口语中不用“所”,意思一样。

In spoken Chinese the above sentences would not change their meaning without the particle “所”.

9. 人口不想办法控制是不行的。

这里“不…不…”是复合句“如果不…,就不…”的紧缩结构,用于表达肯定的意思。

Here “不…不…” is a contracted structure of the complex sentence “如果不…,就不…” for a positive meaning.

例如　E.g.

(1)开车不系安全带不行。(开车必须系安全带。)
(2)中国人吃饭不用筷子不行。(中国人吃饭必须用筷子。)
(3)生病不去看医生不行。(生病必须去看医生。)

10. 两者一抵消,人们的生活水平等于没有提高。

"一+动词"表示经过某一短暂的动作就能得出后边的某种结果。

The structure "一+verb" indicates that the later stated result has come out of a brief action.

例如 E.g.
(1)政府一采取措施,问题就解决了。
(2)我一说,你一定会高兴得不得了。
(3)大夫一检查,他真的是感冒了。

11. 但是真正做起来,困难很大。

这里的"起来"是引申用法,用在动词后表示动作或情况开始并继续。

The extended "起来" preceded by a verb expresses the beginning and continuation of an action.

例如 E.g.
(1)你们听,小朋友们唱起歌来了。
(2)他太累了,坐在椅子上就睡起觉来了。
(3)今天的讨论会来的人不多,讨论得起来吗?

12. 观念习俗不一样,做法哪能都一样?

这里"哪"是副词,用在动词前,等于"哪儿"。副词"哪"用于反问句,表示否定。

The adverb "哪" that comes before a verb is equal to "哪儿". It is used in a rhetorical question for negation.

例如 E.g.
(1)我不相信,哪有父母不爱孩子的。
(2)你不告诉她,她哪会知道?
(3)生产不发展,人们的生活水平哪能提高。

13. 不管你是哪个国家的,每对夫妇都要生两个孩子。

连词"不管"表示在任何条件下结果都不会改变,后边常有"都、也"等呼应。

The conjunction "不管" which implies that the result will remain unchanged under any circumstances is often coherently connected with “都” or “也” in the following part of the sentence.

例如 E.g.

(1)不管多么忙,他每天都要锻炼身体。

(2)不管有什么困难,大家都会帮助你。

(3)不管是英语还是汉语,她都说得很流利。

14. 每对夫妇都要生两个孩子,多了不行,少了也不行。

“多了不行,少了也不行”意思是不能多也不能少。在这种句式中,前后两个词语的意思常常是相反的或相对的,表示“既不能…也不能…”,只能在一个适中的范围或限度内。

“多了不行,少了也不行” means both bigger or smaller numbers than expected are not allowed. In this type of patterns the foregoing and following word groups are often opposite or contrary, in a sense of “neither … nor …” and “a moderate degree”.

例如 E.g.

(1)在城里开车,快了不行,慢了也不行。

(2)买东西太贵了不行,太便宜了也不行。

(3)这种药吃多了不行,吃少了也不行。

五 词语例解

Word Study

1. 过

(动)(verb)

(1)过了这条街就能看到那座教堂。

(2)今年的圣诞节,你们是怎么过的?

(3)过了五点,邮局就关门了。

用在动词后做补语

Used after a verb as a complement

(4)我接过礼物后向他表示感谢。

(5)你回过头就看见了。

(助)(particle)

(6)这个电影我看过，我觉得不太好。

2. 才

(副)(adverb)

表示事情在不久前发生

Indicating something took place not long ago

(1)丁文海才从中国回来不久。

表示数量少、程度低

Indicating a small number or not to an expected extent

(2)他带的钱一共才 20 块，买不了那么多东西。

表示事情发生或结束得晚

Indicating something took place or ended later than expected

(3)这篇文章写了一个星期才写完。

表示在某种条件下，然后怎么样

Indicating that it will be so only under such and such conditions

(4)要多听多说，才能提高口语水平。

表示强调

For emphasis

(5)这才是我想要的那本书呢。

3. 多

(数)(numeral)

(1)昨天来听报告的有 200 多人。

(形)(adjective)

(2)今天的作业很多，我得赶快做。

(3)你应该多考虑考虑，然后再做决定。

(4)他的身体比以前好多了。

(动)(verb)

(5)我这学期多了两门课。

(6)中文系今年的学生比去年的多 100 人。

4. 同样

(形)(adjective)

(1)我是大夫，你也是大夫，我们做的是同样的工作。

(2)同样的一件事，大家的看法不一定都一样。

(3)去年有爬山比赛，今年同样有爬山比赛。

(4)他对人口问题感兴趣，同样，我对人口问题也很感兴趣。

5. 起来

表示起床

Indicating getting up from bed

(1)六点钟了，该起来了。

用在动词后，表示人或事物随动作由下向上

Used after a verb in a sense of "upwards"

(2)你站起来大声讲，大家才能听见。

用在动词或形容词后，表示动作或情况开始并且继续

Used after a verb or an adjective to indicate the beginning and continuation of an action

(3)听了他讲的故事，大家都笑了起来。

(4)我们这儿过了十月，天气就慢慢冷起来了。

(5)考试快到了，同学们又忙起来了。

用在动词后，表示动作完成或达到目的

Used after a verb to indicate that something has been completed or the aim has been achieved

(6)我想起来了，我们是五年前认识的。

(7)他可能把东西收起来了，一会儿你问他就知道了。

六 阅读课文

Reading Comprehension

中国的人口情况

中国在历史上就是一个人口大国。明朝末年(1644 年)中国人口

就已经达到1亿左右。到了清朝,人口增加得更快,1834年就已达到了4亿,到清朝末年(1911年)中国已有5亿人口了。

1949年中华人民共和国成立时,人口已经达到5.4亿,是当时世界人口的四分之一。这以后由于社会的进步,人民生活水平的不断提高,人口迅速增长起来。在40年的时间里,中国人口发生了很大的变化。第一,人口基数大,增长迅速。到1990年中国人口已达到11亿多,是1949年的两倍。1949—1957年和1962—1972年是中国人口增长的两个最快的时期。人口平均出生率达到30‰以上。在这两个时期里,中国人口净增3亿多。1973年中国开始采取控制人口增长的措施。1973—1984年,中国人口增长得到有效的控制。1975年人口平均出生率下降到23.13‰,1984年下降到17.50‰;人口自然增长率从1972年的26‰,下降到1984年的10.81‰。第二,农村人口比例大,但城市人口也在迅速增多。中国是农业大国,农业人口占80%左右。但是,近年来城市人口也在迅速增加。第三,东南部人口多,西北部人口少。中国的东部和南部人口占全国人口的93.8%,西部和北部人口占全国的6.2%。中国是世界上人口密度较大的国家之一,中国的人口密度是世界人口平均密度的3倍。第四,中国人口的素质越来越好,但总的来说水平不高。1949年中国人口的平均寿命是35岁左右,是当时世界上人口平均寿命最低的国家之一。由

3

于经济的发展和人们生活水平的提高,中国人口的身体素质也越来越好。1957 年中国人口的平均寿命是 57 岁,1981 年达到 67.88 岁,1987 年提高到 69.05 岁。也就是说,40 年来中国人口的平均寿命提高了一倍。文化素质也迅速提高,1950 年文盲率是 80%,1990 年下降到 15.9%。第五,中国是一个多民族国家,全国共有 56 个民族,汉族人口占全国人口的 94%,55 个少数民族占全国人口的 6%。少数民族人口比汉族人口增长得快。1990 年汉族人口平均每年增长 1.29%,少数民族每年增长 3.87%。

生词 New Words

1	成立	(动)	chénglì	to found, to establish
2	当时	(名)	dāngshí	at that time
3	以后	(名)	yǐhòu	later
4	迅速	(形)	xùnsù	rapid
5	不断	(副)	búduàn	continuously
6	基数	(名)	jīshù	base
7	时期	(名)	shíqī	period
8	有效	(形)	yǒuxiào	effective

9	下降	(动)	xiàjiàng	to drop
10	自然	(形)	zìrán	natural
11	占	(动)	zhàn	to account for
12	密度	(名)	mìdù	density
13	素质	(名)	sùzhì	quality
14	寿命	(名)	shòumìng	life span
15	文盲	(名)	wénmáng	illiterate
16	少数民族		shǎoshù mínzú	national minority

专 名 Proper Nouns

1	明朝	Míng Cháo	the Ming Dynasty
2	清朝	Qīng Cháo	the Qing Dynasty
3	中华人民共和国	Zhōnghuá Rénmín Gònghéguó	the People's Republic of China
4	汉族	Hànzú	the Han nationality

第四课 Lesson 4

但愿各国的老年人都有幸福的晚年

一 课 文 Text

十天前，丁文月让哥哥到中国以后用中文给她写封信[1]。下面是她今天收到的信。

月妹：

你好！

来到北京已经一个多星期了。工作进行得很顺利，昨天已与有关单位签订了两份合同。今天晚上没有活动，给你写封信，谈点儿这儿天的见闻吧。

离我们住的饭店不远的地方，有一个很大的公园，每天早晨我都去公园散步。我发现到公园锻炼身体的老人非常多。跳舞的、做操的、打太极拳的、练气功的，干什么的都有。他们大多是已经退休的工人、机关干部、知识分子。看样子，他们退休生活过得很自在,很愉快。

有一天早晨,我跟一对刚练完迪斯科健美操[2]的老夫妇谈了起来。退休前,男的是中学教师,女的是护士。两个人已经退休十来[3]年了。他们退休之后不用再天天忙于上班,自由的时间多了。两个孩子都结了婚,有了自己的小家庭。老两口儿每月有退休金,此外,两个孩子也经常给钱,他们生活得很好。除了早晨锻炼身体以外,男的还上老年大学[4],学习中国画,女的在家养花、养鱼、看电视。星期天、节假日,儿子、儿媳妇、女儿、女婿带着他们的孩子来,大家在一起热热闹闹过一天。中国人向来有"尊敬老人"、"孝顺父母"的传统[5],大家都很看重这种亲情和家庭欢乐。

当然也不是所有退休后的老人都能过上这种生活。听说,有些退休后的老人,有的身体有病,有的子女不孝顺,有的经济收入少,生活有困难。没有子女的老人,主要由[6]地方有关单位负责,各地办有养老院[7],有的地方叫敬老院。

随着[8]社会的进步和医疗卫生事业的发展,人们的生活水平不断提高,世界上许多国家人们的平均寿命已达到或者超过70岁。"人生七十古来稀"[9]已成为过去。

由于人们平均寿命的延长, 社会上老年人一年比一年多[10],老年人人口占总人口10%以上的国家已有不少。他们为社会劳动了几十年,尽到了自己的责任。当他们失去劳动能力之后,他们的吃、穿、住、医疗、死亡如何解决呢?这是一个很大的社会问题。

月妹,我们都还年轻,很多老年人的问题我们还认识不到。据说老年人都很怕寂寞,很怕被社会遗弃。自从跟两位老人谈完以后,我心里一直在想,但愿[11]各国的老人都能有一个幸福的晚年!

好了,不多说了。我们明天去上海,下星期到广州。请替我向爸爸、妈妈问好!

顺便告诉你,你让我给你买的东西买到了,我想你会满意的。

祝

身体健康[12]!

哥哥

4月21日[13]

二 生 词 New Words

1	下面	(名)	xiàmiàn	underneath, below
2	顺利	(形)	shùnlì	smooth
3	与	(介,连)	yǔ	with
4	签订	(动)	qiāndìng	to sign (an agreement)
5	合同	(名)	hétong	contract
6	见闻	(名)	jiànwén	what one sees and hears
7	(做)操	(名)	(zuò)cāo	(do) physical exercises
8	打(太极拳)	(动)	dǎ(tàijíquán)	to do (*taijiquan*)
9	太极拳	(名)	tàijíquán	a traditional chinese shadow boxing
10	练(气功)	(动)	liàn(qìgōng)	to practise (*qigong*)
11	气功	(名)	qìgōng	deep breathing exercises
12	机关	(名)	jīguān	organization
13	干部	(名)	gànbù	cadre
14	知识分子	(名)	zhīshifènzǐ	intellectual

15	看样子		kànyàngzi	It seems
16	迪斯科	(名)	dísīkē	disco
17	健美	(形)	jiànměi	health and beauty
18	…之后		…zhīhòu	after
19	上班		shàng bān	to go to work
20	老两口儿	(名)	lǎoliǎngkǒur	an old couple
21	退休金	(名)	tuìxiūjīn	retirement pension
22	此外	(连)	cǐwài	apart from that, besides
23	老年	(名)	lǎonián	old age
24	节假日	(名)	jiéjiàrì	festival or holiday
25	儿媳妇儿	(名)	érxífur	daughter-in-law
26	女婿	(名)	nǚxu	son-in-law
27	向来	(副)	xiànglái	always
28	尊敬	(动)	zūnjìng	to respect
29	孝顺	(动)	xiàoshùn	to show filial obedience
30	亲情	(名)	qīnqíng	affection of kinship
31	欢乐	(形)	huānlè	happy, joyous
32	所有	(形)	suǒyǒu	all
33	收入	(动,名)	shōurù	to receive; income
34	地方	(名)	dìfāng	locality, place
35	负责	(动)	fùzé	to be responsible for
36	养老院	(名)	yǎnglǎoyuàn	old folks' home

37	敬老院	(名)	jìnglǎoyuàn	home of respect for the aged
38	随(着)	(动)	suí(zhe)	to follow
39	进步	(动，名，形)	jìnbù	to progress; progress; progressive
40	卫生	(名，形)	wèishēng	health; healthy
41	不断	(副)	búduàn	continuously
42	寿命	(名)	shòumìng	life-span
43	人生七十古来稀		rénshēng qīshí gǔ lái xī	since ancient times only a small number of people have lived as old as seventy.
44	过去	(名)	guòqù	past
45	延长	(动)	yáncháng	to prolong
46	占	(动)	zhàn	to account for
47	劳动	(动)	láodòng	to labour; to work
48	尽	(动)	jìn	to do (one's duty)
49	责任	(名)	zérèn	responsibility, duty
50	失去	(动)	shīqù	to lose
51	如何	(代)	rúhé	how
52	寂寞	(形)	jìmò	lonely
53	遗弃	(动)	yíqì	to forsake
54	自从	(介)	zìcóng	since
55	但	(副)	dàn	only
56	愿	(名)	yuàn	wish
57	晚年	(名)	wǎnnián	old age

4

1. 书信结构 shūxìn jiégòu
Formation of letters

称呼(月妹、爸爸、李老师:…)
问候(你好、您好、你们好! …)
正文(1. 谈及书信往来情况…
2. 介绍自己的情况…
3. 写此信的目的…)
结尾(1. 结束语:祝你愉快! …
2. 落款:(1)姓名或身份:王小红、你的爸爸
(2)时间:4月9日)

2. 指称不确定的某时 zhǐ chēng bú quèdìng de mǒushí
Indicate indefinite time

有一天(+a), b(b_1, b_2…)

(1)有一天早晨,我跟一对中国老夫妇谈了起来。
(2)有一天,我在一家书店门口遇到了一位中学时的同学,我们已经十年没见面了。
(3)有一天晚上十点多钟,我突然肚子疼起来,正在这时我的同屋回来了,他给了我一些药吃。

3. 表示某时之后 biǎoshì mǒushí zhīhòu **(1)**
After the time given

a之后, b(b_1, b_2…)

(1)他们辛勤劳动了一辈子,退休之后不用再天天忙于上班,自由的时间多了。
(2)听完报告之后,大家马上讨论了起来。

a后, b(b_1, b_2…)

(3)来到北京后,我认识了很多中国朋友。

(4)下课后我在校门口等你。

4. 表示修正上文 biǎoshī xiūzhèng shàngwén

Amend the previous statement

表示修正上文所说的有些过分或不太全面的话,承认事情还有另外一面。

Amend the previous statement in which there are exaggerations and partial viewpoints in addition to the discovery of the other side of the matter.

$a(a_1, a_2\cdots)$, 当然 $b(b_1, b_2\cdots)$

(1)在中国,老年人退休后生活得很自在、很愉快。当然不是所有老年人都能过上这种生活。

(2)我们汉语水平提高得很快,是老师们教得好,当然也是我们大家努力的结果。

(3)我不太想去,当然,如果大家都去,我也可以去。

5. 表示列举 biǎoshì lièjǔ

List

a, 有的 b_1, 有的 b_2, 有的 b_3……

(1)退休后的老人情况也很不一样,有的身体不好,有的子女不孝顺,有的生活有困难。

(2)我们班的同学,有的去过中国,有的没去过,有的想去,有的不想去。

6. 表示后者伴随前者而出现 biǎoshì hòuzhě bànsuí qiánzhě ér chūxiàn

The latter accompanies the former

表示后一种情况是伴随前一种情况的出现而出现的。

It is with the former that the latter goes.

随着 $a(a_1, a_2\cdots)$, $b(b_1, b_2\cdots)$

(1)随着社会的进步,人们的生活水平不断提高。

(2)随着年纪的增长,人的经验也在增长。

(3)随着中国经济的发展,学习汉语的人也越来越多。

7. 表达题外话 biǎodá tíwàihuà

Digression

说话人在表述完主要的内容以后,附带说几句与上文有关或无关的话。

4 After full expression of one's self the speaker may say something relevant or irrelevant to his previous statement.

$a(a_1, a_2\cdots)$。顺便告诉你，$b(b_1, b_2\cdots)$

(1)顺便告诉你，你要的东西已经买到了，相信你会满意的。

(2)我已经替你请假了，请放心吧。顺便告诉你，下个星期学习新课，请你准备一下。

$a(a_1, a_2\cdots)$。顺便说一下，$b(b_1, b_2\cdots)$

(3)顺便说一下，我刚才说的是两年前的情况，这两年可能又有了新的变化。

(4)…顺便说一下，明天有个中国电影，有时间你们可以去看看。

四 注释 Notes

1. 丁文月让哥哥到中国以后用中文给她写封信。

这是一个兼语句套连动句的句式。"丁文月让哥哥(给她)写封信"是兼语句，"哥哥用中文(给她)写封信"是连动句。

This sentence contains a pivotal and verbal constructions in series."丁文月让哥哥(给她)写封信" is a pivotal sentence, and "哥哥用中文(给她)写封信" a sentence with verbal constructions in series.

例如 E.g.

(1)为了健康，父母要求孩子们每天去操场运动。

(2)今天没有人打电话找你。

(3)校长让我来找你谈一谈。

2. 我跟一对刚练完迪斯科健美操的老夫妇谈了起来。

迪斯科健美操是中国近年来流行的一种健身操，采用迪斯科音乐和迪斯科舞蹈的部分动作加以改造而成的。

The setting-up disco exercises which has become popular in the past few years in China is a kind of physical training exercise with some disco movements to disco music.

3. 两个人已经退休十来年了。

"来"这儿是助词,表示概数,一般不到那个数目。

Here "来" is a particle for an approximate number (generally smaller than the number indicated).

例如 E.g.

(1)他父亲五十来岁,身体很好。

(2)暑假里,他们用了十来天时间到南方旅行了一次。

(3)一双这种鞋大概要一百来块钱。

4. 男的还上老年大学

为了丰富退休老人的精神生活,中国各地方兴办了各种老年大学,开设符合老年人需要的课程,其中绘画、书法、写作深受欢迎。

To enrich the cultural life of the retired people, various types of universities for the aged have been established all over China. The well-received courses provided for them are painting, calligraphy and writing.

5. 中国人向来有"尊敬老人"、"孝顺父母"的传统

中国人的传统道德观念之一是"孝",主要内容是子女、晚辈对待父母、长辈一要尊敬,二要顺从,所以"孝"也说成"孝顺",三要赡养。历史上儒家提倡"孝"对维护家庭和睦、保证社会安定起了一定的作用。至今中国人仍把"孝"视为传统美德之一。当然现在子女对父母不再是绝对地服从,而是相互尊重,平等相待。

Filial piety is an important part of Chinese traditional morality by which the younger generation should respect their parents and senior members of the family, show filial obedience to them (therefore "孝" also refers to "孝顺") and support them when they were old. The filial piety advocated by the Confucianists in history contributed to maintaining family harmony and social stability. To this day Chinese people still regard filial piety as a virtue. Of course filial obedience is now understood as mutual respect and equality among the family members rather than absolute submission of the sons and daughters to their parents.

6. 主要由地方有关单位负责

这里"由"是介词,用于引进施动者,跟名词组合。

As a preposition here "由" introduces the doer performed by the noun.

例如 E.g.

(1)这项工作由你负责。

(2)公司的情况由张经理向大家介绍。

(3)明天去不去,由你决定。

7. 各地办有养老院

表示存在的"有",有时和前面的动词结合得很紧,类似一个词。

Sometimes "有" indicating "existence" is closely linked with a foregoing verb like a word.

例如 E.g.

(1)护照上写有姓名、性别、国籍、出生年月等。

(2)现在很多城市都办有老年大学,不少课程很受老年人的欢迎。

8. 随着社会的进步和医疗卫生事业的发展

这里"随"是动词,常带"着"和宾语,在句中做状语。

The verb "随" here often takes "着" to form an adverbial with the object.

例如 E.g.

(1)听说音乐会不错,不过,去不去听,随你。

(2)随着经济收入的增加,人们的文化生活也越来越丰富。

(3)随着汉语水平的提高,我们已经能听懂一些中文广播了。

9."人生七十古来稀"已成为过去。

这是唐代(公元 618—907)大诗人杜甫(公元 712—770)《曲江》诗中的一句。

This is a line from the poem entitled *Qujiang* by the great poet Du Fu (712-770) of the Tang Dynasty (618-907).

10. 社会上老年人一年比一年多。

"一+量词+比+一+量词",表示程度在加深。

The structure of "一+ measure word+比+一+measure word" indicates how much one person or thing is different from another in the course of progress.

例如 E.g.

(1)我们的中文一天比一天进步。
(2)这些姑娘们一个比一个漂亮。
(3)他们表演的节目一个比一个精彩。

11. 但愿各国的老人都能有一个幸福的晚年!

“但愿”多用于表示希望、祝愿。
“但愿” is commonly used to express one's hope and wish.
例如　E.g.
(1)但愿这次能顺利签订合同。
(2)但愿这次比赛我们队能赢他们。
(3)但愿你们能早日过上幸福的生活。

12. 祝、身体健康

这是中文信结尾的常用格式。“祝”和“身体健康”要分开两行写,“身体健康”要顶格。
This is a common ending of a Chinese letter. “祝” and “身体健康” should be written separately with the latter at the right beginning of the following line.

13. 4月21日

中文信写信时间要放在写信人的后面。
In a Chinese letter the date should be written after the name of the writer.

五 词语例解
Word Study

1. 来

(动)(verb)
(1)今天除了李天明以外,别的人都来了。
(2)王老师明天来学校,你有事可以去找他。
(3)请来一杯咖啡!

(4)大家自己来,不要客气。
(5)我来介绍一下儿,这是我表哥。
(6)他带照相机来了。
(7)小张给我送来了两本杂志。

(助)(particle)

(8)昨天参加会议的有20来人。

(方位)(locality word)

(9)半年来,他学习进步很大。

2. 经常

(形)(adjective)

(1)不吃早饭就去上课,对他来说,这是经常的事。
(2)星期六晚上,我经常不在家。
(3)他经常去阅览室看中文报纸。

3. 上

(动)(verb)

(1)时间到了,大家上车吧。
(2)孩子们都上学去了,家里只有我一个人。
用在动词后做补语
Used after a verb as a complement
(3)我把门和窗户都关上了。
(4)大家别忘了,请写上自己的名字。
(5)今年他买上房子了,你呢?
(6)大夫让你休息,你怎么又看上书了。

(方位)(locality word)

(7)桌子上放着一些水果。
(8)社会上单亲家庭越来越多,这是一个社会问题。
(9)事实上,这个问题还没有解决。
(10)上星期他带着孩子回他母亲家了。

4. 由

(动,听任)(verb, As one likes)

(1)相信不相信由你。

(介)(preposition)

(2)这些问题由系主任来解决。
(3)社会是由家庭组成的。
(4)办公楼由此往东,请大家注意!

(5)这个国家老年人口的比例已经由9%增加到11%了。
(6)别走那条路,由这条路走近多了。

5. 过去

(名)(noun)

(1)我们俩过去是同学,现在是好朋友。
(2)过去的事别提了,说说现在的情况吧。

(动)(verb)

(3)他刚从这儿过去。
(4)你过去看看,对面商店开门了没有?
(5)大家快点儿,汽车开过去了。

六 阅读课文

Reading Comprehension

人生的第二个春天

1982年联合国召开了"老龄问题世界大会"。在这次大会上,通过了《老龄问题行动计划》。

世界上许多国家人口由成年型过渡到老年型,一般要经过50—80年的时间,可是中国只用18年。为什么时间会这么短呢?这是因为:一是由于经济发展,人民生活水平普遍提高了;二是卫生医疗条件改善了,人口死亡率由1949年以前的20%减少到6%,平均寿命已由旧中国时的35岁提高到70岁,上海已经达到75岁;三是由于实行计划生育,人口得到了有效的控制。80年代和70年代相比,平均人口出生率由24‰减少到19.73‰,于是老年人口比例自然就增加。现在中国的老年人口已占世界老年人口的21%。

为了领导这项工作,中国成立了"中国老龄问题全国委员会"。经过几年的努力,全国98%的市、86%的县、66%以上的乡镇、街道都成立了老龄问题委员会。"中国老龄问题全国委员会"还出版了《中华老年报》、《中国老年》杂志和画报;成立了老龄科学研究中心。电视上经常有各种为老年人所喜欢的节目,其他的报纸杂志上也常有不少有关老年问题的文章。现在50%以上的农村都成立了老年人协会。老龄委员会、老年人协会、电视台、报纸杂志等等,他们的工作都是为了让全国的老年人"老有所养"、"老有所医"、"老有所学"、"老有所乐"。现在从城市到农村,到处都有"老年活动中心"、"老年活动站",老人们可以在那里学习、娱乐、锻炼,他们不再感到寂寞。很多老人说:我们没有被社会遗弃,相反的,进入老年是我们人生第二个春天的开始。

生词 New Words

1	召开 (动)	zhàokāi	to convene
2	老龄 (名)	lǎolíng	old age
3	行动 (名,动)	xíngdòng	action; to act
4	成年 (名)	chéngnián	adult
5	…型	…xíng	type
6	过渡 (动)	guòdù	to transit
7	普遍 (形)	pǔbiàn	general
8	改善 (动)	gǎishàn	to improve
9	实行 (动)	shíxíng	to practise
10	计划生育	jìhuà shēngyù	family planning
11	领导 (动, 名)	lǐngdǎo	to lead; leader
12	乡镇 (名)	xiāngzhèn	villages and towns
13	出版 (动)	chūbǎn	to publish
14	中心 (名)	zhōngxīn	centre
15	其他 (代)	qítā	other
16	娱乐 (动, 名)	yùlè	to entertain; recreation
17	人生 (名)	rénshēng	life

4

专 名 Proper Nouns

1 联合国	Liánhéguó	the United Nations
2 中国老龄问题全国委员会	Zhōngguó Lǎolíng Wèntí Quánguó Wěiyuánhuì	Chinese National Committee in Sloving Problems for the Aged
3《中华老年报》	Zhōnghuá Lǎoniánbào	*Chinese Aged People's Daily*
4《中国老年》	Zhōngguó Lǎonián	*Chinese Aged People*

第五课 Lesson 5

什么是男女平等

一 课 文 Text

“妇女解放”、“男女平等”、“尊重妇女”这些口号不知喊了多少[1]年了，然而，现实生活又是怎么样的呢？人们的认识都一样吗？我们来听听林达、李天明他们是怎么说的：

“你觉得现在社会做到男女平等了吗？”林达问李天明。

“早就平等了。”

“不见得吧。你谈点儿具体的。”

“谈具体的就谈具体的[2]。拿近的来说[3]，我们几个人，有男的，有女的，现在在一起讨论问题，谁[4]都可以谈自己的看法。这不是平等吗？我们班十几个人，男女差不多各一半；教我们的六个老师，四个是女的，两个是男的。拿远的来说，世界上女国王、女总理、女部长、女议员、女科学家、女经理，多的是[5]。”

“你说的都是事实。但这只是事情的一方面，事情的另一方面[6]是,很多国家和地区,妇女仍然受到歧视和虐待。不久前,我看到一份材料,占世界人口一半的妇女,做着世界上三分之二[7]的工作,得到的收入却[8]只占世界收入的十分之一。”

“你这些材料是从哪儿来的,可信吗?”田中平听完林达说的数字立即提出了疑问。

“当然可信,是联合国几年前统计的数字。”林达回答。

“我这儿也有个数字,有个国家,女的就业人数比男的多,全国中学校长和老师,也是女的比男的多。这够平等的了吧。”李天明说。

听完李天明的话,苏姗也插进来说:“我也看过一份材料,有的国家至今妇女什么权利也没有,连结婚、生孩子的权利也不在自己的手里[9]。有的国家妇女参加工作非常难,接受教育的机会也很少,因此,女部长、女科学家自然也就不可能有。据说,有个国家,一位女教师结婚以后,要求保留自己原来的姓,不用丈夫的姓。但是,学校、社会不允许她这样做,她告到法院,结果被驳回。”

“大家别说世界上的事儿了。世界那么大,情况千差万别。咱们谁也说不清楚。像这样,你拿一个正面例子来证明,我拿一个反面例子来反驳，我看永远也讨论不出一个结果来[10]。再说[11]，什么叫男女平等呢？我们自己搞清楚了没有？是不是有一个男科学家就得有一个女科学家；有一个男部长就得有一个女部长，恐怕也不是吧。当然，我也同意联合国一份报告中说的这样一句话，"没有任何[12]一个国家能做到像对待男人一样地对待妇女。"听完大家的争论，丁文月像做总结似的[13]说。

林达接着说："由于种种原因，妇女要得到跟男人一样的地位必须付出更大的代价。"

"这样说我同意。"李天明、田中平异口同声地说。

林达、李天明他们讨论了半天，认识一致了吗？当然不可能。他们以后的认识会一致吗？天晓得[14]！

二 生词 New Words

1	妇女	(名)	fùnǚ	woman
2	解放	(动,名)	jiěfàng	to liberate; freedom

3	平等	(名,形)	píngděng	equality; equal
4	尊重	(动)	zūnzhòng	to respect
5	口号	(名)	kǒuhào	slogan
6	喊	(动)	hǎn	to shout
7	然而	(连)	rán'ér	however
8	不见得	(副)	bújiànde	not quite so; It doesn't seem right
9	具体	(形)	jùtǐ	concrete
10	拿…来说		ná…lái shuō	take
11	国王	(名)	guówáng	king
12	总理	(名)	zǒnglǐ	premier
13	部长	(名)	bùzhǎng	minister
14	议员	(名)	yìyuán	member of parliament, congressman
15	另	(副,形)	lìng	another; the other
16	地区	(名)	dìqū	district, area
17	受	(动)	shòu	to suffer from
18	歧视	(动)	qíshì	to discriminate against
19	虐待	(动)	nüèdài	to maltreat
20	却	(副)	què	but, yet
21	可信	(形)	kěxìn	believable, reliable
22	数字	(名)	shùzì	figures, statistics
23	立即	(副)	lìjí	at once, immediately

24	疑问	(名)	yíwèn	doubt, question
25	插	(动)	chā	to interpose (a remark)
26	至今		zhìjīn	to this day, up to now
27	权利	(名)	quánlì	right
28	因此	(连)	yīncǐ	therefore, hence
29	保留	(动)	bǎoliú	to keep, to retain, to reserve
30	允许	(动)	yǔnxǔ	to allow
31	告	(动)	gào	to bring a lawsuit against someone
32	法院	(名)	fǎyuàn	law court
33	驳回	(动)	bóhuí	to reject
34	千差万别		qiān chā wàn bié	to differ in thousands of ways
35	正面	(名)	zhèngmiàn	the positive
36	例子	(名)	lìzi	example
37	证明	(动)	zhèngmíng	to prove, to certify
38	反面	(名)	fǎnmiàn	the negative, reverse side
39	反驳	(动)	fǎnbó	to refute
40	永远	(副)	yǒngyuǎn	always, forever
41	再说	(连)	zàishuō	what's more, besides
42	恐怕	(副)	kǒngpà	perhaps

43	任何	(代)	rènhé	any
44	对待	(动)	duìdài	to treat
45	争论	(动)	zhēnglùn	to argue
46	总结	(动,名)	zǒngjié	to sum up; summary
47	…似的	(助)	…shìde	just like
48	原因	(名)	yuányīn	reason, cause
49	地位	(名)	dìwèi	position
50	付出	(动)	fùchū	to pay
51	代价	(名)	dàijià	price, cost
52	异口同声		yì kǒu tóng shēng	with one voice
53	一致	(形)	yízhì	unanimous, identical
54	天	(名)	tiān	day
55	晓得	(动)	xiǎode	to know

专名 Proper Noun

联合国	Liánhéguó	the United Nations

三 功 能 Function

1. 表示语意转变 biǎoshì yǔyì zhuǎnbiàn

Transition

用"然而"引出与上文相对立的意思,或限制、补充上文的意思。

What is opposite, modificatory or additional to the previous statement can be given by using "然而".

$a(a_1, a_2\cdots)$, 然而 $b(b_1, b_2\cdots)$

(1)"男女平等"的口号喊了很多年,然而,现实生活中并没有做到男女平等。

(2)我虽然学了两年汉语,然而听和说的能力还很差,主要是没有语言环境。

(3)他还爱着妻子,然而妻子已经不爱他了。

2. 客气地否定对方的说法 kèqì de fǒudìng duìfāng de shuōfǎ (1)

Polite refutation

$a(a_1, a_2\cdots)$。不见得吧。$(b_1, b_2\cdots)$

(1)"我觉得现在社会早就男女平等了。"

"不见得吧。你能谈得具体点儿吗?"

(2)"只要自己努力,就能学好汉语。"

"不见得吧。学习方法、学习环境等也很重要。"

(3)"从恋爱到结婚,十几年他们没有吵过架。"

"不见得吧。"

3. 举例说明 jǔlì shuōmíng (1)

Illustration with examples

$a(a_1, a_2\cdots)$。拿…来说, $b(b_1, b_2\cdots)$

(1)我认为现实社会已经做到男女平等了。拿近的来说,我们现在有男的、有女的在一起讨论问题,这不是男女平等吗?拿远的来说,世界上女国王、女部长、女科学家多的是。

(2)不同的人,学习汉语的目的也不同,拿我来说,学汉语是为了学习中国经济。

4. 从两个不同的方面来说明 cóng liǎnggè bùtóng de fāngmiàn lái shuōmíng
Two-sided explanation

a…，这只是(b 的)一(个)方面，(b 的)另一(个)方面 c…

(1)你说的都是事实，但这只是事情的一方面。事情的另一方面是，很多国家和地区，妇女仍然受到歧视和虐待。

(2)考试成绩好，这只是一个方面，另一方面还要看他的实际能力怎么样。

$a(a_1, a_2\cdots)$。一方面 $b(b_1, b_2\cdots)$，另一方面 $c(c_1, c_2\cdots)$

(3)我现在还不想去留学。一方面我还没有申请到奖学金；另一方面有两门专业课还没学完。

(4)表哥感到很痛苦，一方面他想到过跟妻子离婚，另一方面他觉得要是离婚，会很对不起岳父和岳母，因为两个老人很喜欢他。

5. 引出结论或结果 yǐnchū jiélùn huò jiéguǒ (1)
Conclusion or result

$a(a_1, a_2\cdots)$。因此，$b(b_1, b_2\cdots)$

(1)有的国家妇女参加工作非常难，接受教育的机会也很少，因此，女总理、女部长自然也就不可能有。

(2)由于他每天都坚持学习三个小时的外语，因此，他进步得相当快。

6. 用人称代词表示虚指 yòng rénchēng dàicí biǎoshì xūzhǐ
Indefinite reference of personal pronouns

人称代词"你"、"我"在一定的语言环境里，可以不确指哪一个人称，而用于虚指。

In a certain context personal pronouns such as "我" and "你" can be used to make indefinite reference.

你 $a(a_1, a_2\cdots)$，我 $b(b_1, b_2\cdots)$

(1)你拿一个正面例子来证明，我拿一个反面例子来反驳，我看永远也讨论不出一个结果来。

(2)老师提出这个问题以后，大家你看看我，我看看你，谁也不说话。

(3)同学们你一句，我一句，提了很多意见。

7. 表示进一步说明 biǎoshì jìnyíbù shuōmíng (1)
Further explanation

用"再说"引出新的情况(理由)进一步加以说明。

A further explanation or new argument may be given by "再说".

a(a_1, a_2…),再说, b(b_1, b_2…)

(1)这样讨论不出结果来,再说,什么是"男女平等"恐怕我们还没有搞清楚呢。

(2)我没有通知他,通知了他,他也不一定来,再说,我现在也没有他的电话号码。

(3)假期我有很多事,再说我也没有钱,因此暑假我不想去旅行。

四 注释 Notes

1."妇女解放"、"男女平等"、"尊重妇女"这些口号不知喊了多少年了。

"不知(道)+动+多少…"这结构常用来强调数量极多。

The structure of "不知(道)+动+多少…" is often used to mean "a great number of".

例如 E.g.

(1)王老师不知找了你多少次了,你在哪儿呢?

(2)这些生词我不知写过多少遍了,但还是常常写错。

(3)学费问题学校不知讨论过多少次了,至今也没有一个结果。

2. 谈具体的就谈具体的

"A 就 A"这种副词"就"前后重复同一词语的结构常用于表示所谈论的事物可以接受,没有关系。

The adverb "就" can connect one word or phrase with its repeated form in such a pattern as "A 就 A", implying that the statement can be accepted or does not matter too much.

例如 E.g.

(1)词典没买到就没买到,先用我的吧。

(2)说就说,怕什么?我知道的就这些。

(3)离婚就离婚,离完婚也就自由了。

3. 拿近的来说

“拿…来说”这一结构用于以具体事例说明某一事物或某一情况。

The structure of “拿…来说” is used to illustrate something with concrete instances.

例如 E.g.

(1)拿这个城市来说吧,单亲家庭已占家庭总数的30%。

(2)拿这次考试来说,同学们的成绩都不错。这说明只要努力学习就能学好。

(3)拿我来说吧,一上大学就开始打工。

4. 谁都可以谈自己的看法

疑问代词“谁”在这里表任指,“任何人”的意思,后边常与“都、也”连用。

The interrogative pronoun “谁” is used for indefinite reference “anybody”, often with a coherent “都” or “也” in the following part of the sentence.

例如 E.g.

(1)谁都没有权利这样做。

(2)男女平等问题,我看谁也说不清楚。

(3)谁都希望能有一个幸福的家庭。

5. 世界上女国王、女总理、女部长、女议员、女科学家、女经理,多的是。

“多的是”一般用做谓语,强调多,有时也可以说“有的是”,多用于口语。

“多的是”, or sometimes “有的是”, generally functions as a predicate in spoken Chinese, meaning “there's a great number of …”.

例如 E.g.

(1)由于家庭环境不好走上犯罪道路的,多的是。

(2)图书馆里的中文书有的是。

(3)每天早上公园里跑步的、做操的多的是。

6. 但这只是事情的一方面,事情的另一方面是

“一方面…(另)一方面”这一结构用于连接两个并列的词语或分句,表示同一事物并存的两个方面,或互相关联或互相对立的两种事物。后一个“一方面”前可以加“另”。

The structure of “一方面…(另)一方面” is used to connect two coordinate phrases or clauses that describe two aspects of a matter, or two related or opposite things. “另” may be added to the second “一方面”.

例如　E.g.

(1)要想学好汉语，一方面要多听多说，另一方面要多读多写。

(2)学生要努力学习，这是问题的一方面，问题的另一方面是，老师也应该认真准备，认真上课。

(3)制订好各种交通规则，这只是事情的一方面，事情的另一方面是，开车的人也要认真遵守交通规则，这样才能减少交通事故。

7.…妇女，做着世界上三分之二的工作

汉语中分数的表示是："分之"前的是分母，后面的是分子。

In writing a Chinese decimal the denominator is given before "分之" while the numerator is shown after it.

例如　E.g.

四分之一——1 / 4　　百分之三十五——35 / 100

十分之九——9 / 10　　千分之六——6 / 1000

8. 得到的收入却只占世界收入的十分之一

副词"却"表示转折，只能用在主语后，多用于书面。

The adverb "却" only goes after the subject, mostly in writing, as an adversative.

例如　E.g.

(1)我们虽然是第一次见面，却像老朋友一样。

(2)已经是冬天了，但天气却不怎么冷。

(3)子女应该孝敬父母，可是有些子女却虐待父母。

9. 连结婚、生孩子的权利也不在自己的手里

"(不)在自己手里"表示自己(没)有权力支配某事。

"(不)在自己手里" means that something is beyond in one's own control.

(1)学习什么专业的权利在我自己手里。

(2)决定谁能参加比赛的权利不在我手里，也不在老李手里。

10. 我看永远也讨论不出一个结果来。

这里的"出来"是引申用法，用在动词后表示人或事物随动作由无到有，由隐蔽到显露，如有宾语，多放在"出来"之间。

"出来" is used in an extended way here. When it goes after a verb, it indicates that a person or thing appears from being unknown or hidden with in the action. The object,if any, should be inserted between “出” and “来”.

例如 E.g.

(1)那些问题你能回答出来吗?

(2)这个人是谁,我没有立即认出他来。

(3)时间不多了,大家能想出办法来吗?

11. 再说,什么叫“男女平等”呢?

连词“再说”表示推进一层,补充说明情况。

The conjunction “再说” is used for a further statement or an added arguement to what has already been given.

例如 E.g.

(1)那双皮鞋太贵了,再说样子也不太好,我不买了。

(2)今天天气不错,再说也有时间,咱们一起出去玩一会儿吧。

12. 没有任何一个国家能做到像对待男人一样地对待妇女。

代词“任何”指不论什么,修饰名词时一般不带“的”,除了人和事以外,不修饰单音节名词,后面常有“都、也”与之呼应。

The pronoun “任何” means “any”. It can be used to modify a noun without “的”. Apart from monosyllabic nouns indicating people or things, it cannot be a modifier to such a noun. “都” or “也” is required as a coherent word in the following part of the sentence.

例如 E.g.

(1)任何人出国都得带护照。

(2)不要想任何事,安安静静地休息吧。

(3)任何困难我们都不怕。

(4)对这件事他没有任何表示,不知道他的意见是什么。

13. 丁文月像做总结似的说

“(好)像…似的”同“像…一样”,都表示比喻或说明情况相似。

“(好)像…似的”, same as “像…一样”, is used to make a comparison or to describe similar situations.

例如 E.g.

(1)这个人很面熟,像在哪儿见过似的。

(2)他说的汉语像中国人似的。

“似的”也可用在其他词语后,在句中做定语、状语、补语、谓语等。

“似的” can also go after other phrases as an attributive, an adverbial, a complement or a predicate.

例如 E.g.

(3)她哭了,一会儿又像换了个人似的笑了。

(4)他忘了似的,回答不出来。

(5)运动员跑得像飞似的。

14. 天晓得

动词“晓得”是知道的意思。“天晓得”是表示“谁也不知道”,“没有人知道”,也可以说“天知道”。

The verb “晓得” means “to know”. “天晓得” or “天知道” carries the meaning of “Nobody knows”.

五 词语例解

Word Study

1. 又

(副)(adverb)

表示动作或状态重复发生,多为已然

It indicates the re-occurrence of a known action or situation.

(1)他昨天来过,今天又来了。

(2)我又看了一遍这个句子,还是不懂。

(3)春天来了,草又绿了,花又开了。

表示两个动作相继发生或反复交替发生

It indicates the successive or alternate occurrence of two actions.

(4)他写完信又去洗衣服。

(5)他着急得很,站起来又坐下,坐下又站起来。

表示补充

Functioning as an added argument.

(6)她是女部长,又是女科学家。

(7)中国菜好吃,又便宜。

表示转折,加强语气

Functioning as an adversative for reinforcement.

(8)材料很多,又必须在上午看完,真够你忙的。

(9)他想买便宜一点儿的房子,但又买不到。

2. 早

(名)(noun)

(1)最近一个月来,他天天从早忙到晚。

(形)(adjective)

(2)时间不早了,我该回去了。

(3)今天有考试,他去得很早。

(4)我们开学比他们早一个星期。

(副)(adverb)

(5)这件事我早听说了。

(6)我早就知道讨论不出一个结果来。

3. 受

(动)(verb)

接受的意思

It means "to receive".

(1)他们受过大学教育,文化水平很高。

(2)客人来访问时受到热烈的欢迎。

遭受的意思

It implies "to suffer from".

(3)这些孩子都受到父母的虐待。

(4)他因为做错事受批评了。

4. 可能

(形)(adjective)

(1)要做到社会上没有人犯罪,这是不可能的。

(2)你说的这种事不可能,我不相信。

(副)(adverb)

(3)田中平可能找到工作了,你可以问问他。

(4)七点了,老林可能不会来了。

5. 恐怕

(副)(adverb)

(1)下星期的飞机票恐怕买不到了。

(2)大夫,他发烧十天了,恐怕不是感冒吧!

(3)这样做恐怕不太合适,还是再商量商量吧。

(4)他们争论了恐怕有两个小时,但认识还是不一致。

六 阅读课文

Reading Comprehension

中国的"半边天"

"半边天"是说现在的中国妇女在社会生活中占有很重要的地位。1949年新中国成立后,通过的第一部法律就是《婚姻法》。《婚姻法》规定实行男女婚姻自由,一夫一妻,建立一种保护妇女和儿童合法利益的新的婚姻制度。几十年来,中国妇女在中国的政治生活、经济生活中起的作用越来越大了。

中国妇女有着与男子平等的就业权利,目前中国女性就业人数占社会总就业人数的44%,高于世界34.5%的比例。中国妇女参加政治活动的比例也很高,1954年的第一届全国人民代表大会的女代表只占12%,到1993的第八届全国人民代表大会时,女代表已占21%。现在全国有30多名女部长、女省长,300多名女市长。中国政府大力发展妇女教育事业,女童入学率已达到97%,女大学生达到34%。

中国妇女地位的提高,不仅表现在就业、从政、受教育等的比例大,而且还表现在那些生活比较贫困的农村妇女,也正在学文化,用新思想、新技术创造新的生活。联合国 1986 年以来在中国实行的一项叫做 W.P.D(Women Population and Development),即“妇女、人口和发展”的国际项目就是很好的说明。

这些生活穷困、不识字的妇女组成一个个的小组,利用业余时间,识字、学文化、学技术,不再依靠丈夫生活了,她们有了自己的追求和理想。宁夏回族自治区的五个女人共同画了一张理想图:马路上开着各种大大小小的车辆,村子里有高大的楼房,山下有整齐的农田,山上有树,还有鱼塘,并特意用红笔画了一条和鱼塘一样大的鱼,意思是鱼塘里应该养出大鱼来。最可贵的是画了一所正在上课的小学和一户农民家庭,丈夫出门前举手跟妻子再见的情景,旁边还加了解释“家庭和睦”。这种对文化学习和文明生活的追求是非常了不起的。这五个女人一年后真的在村子的水塘里养了鱼,并且有了收入。山里人养鱼卖钱,这种过去连男人想都想不到的事,现在五个女人把它变成了现实。青海省农民宋桂香参加 W.P.D 小组后,学会了识字、算数和贷款,她先贷款 300 元,买了两头五个月的猪,三个月后,她不仅还清了贷款,还挣了 250 元钱。接着她又向银行贷款 5000 元养猪、种蘑菇。

“妇女、人口和发展”项目使这些贫困地区的妇女学会了认字、学会了挣钱，实实在在地改变了她们的社会地位，实现了最现实的男女平等，相信这一项目会取得更大的成果。

生词 New Words

1	半边天	(名)	bànbiāntiān	half the sky
2	部	(量)	bù	(a measure word)
3	利益	(名)	lìyì	benefit, interest
4	政治	(名)	zhèngzhì	politics
5	起…作用		qǐ…zuòyòng	to play a role in
6	届	(量)	jiè	(a measure word)
7	从政	(动)	cóngzhèng	to join government service
8	贫困	(形)	pínkùn	impoverished
9	创造	(动)	chuàngzào	to create
10	追求	(动)	zhuīqiú	to seek
11	理想	(名)	lǐxiǎng	ideal
12	整齐	(形)	zhěngqí	orderly
13	鱼塘	(名)	yútáng	fish pond

14	可贵	(形)	kěguì	valuable
15	和睦	(形)	hémù	harmonious
16	文明	(形, 名)	wénmíng	civilized; civilization
17	变(成)	(动)	biàn (chéng)	to become
18	贷款		dài kuǎn	to get (or grant) a loan, loan
19	猪	(名)	zhū	pig
20	蘑菇	(名)	mógu	mushroom
21	实现	(动)	shíxiàn	to realize

专名 Proper Nouns

1	《婚姻法》	《Hūnyīnfǎ》	*Marriage Law*
2	宁夏回族自治区	Níngxià Huízú Zìzhìqū	Ningxia Hui Autonomous Region
3	青海省	Qīnghǎi Shěng	Qinghai Province
4	宋桂香	Sòng Guìxiāng	name of a person

第六课 Lesson 6

请保护我们的地球

一 课 文 Text

一个周末,苏姗开车来到离城100多公里的舅舅家。这儿是一个空气清新、风景美丽的小村子。全村30多户人家。有的种粮食种蔬菜,有的养鱼养虾。舅舅在附近水库养鱼已经养了十几年了。他技术好,养的鱼又多又大,每年收入不少,日子过得挺不错。

"你先休息一会儿,下午我带你去水库看看,顺便打回几条鱼来,晚上让你尝尝我养的鱼。"

来到水库,这儿绿水青山,环境优美。苏姗对舅舅说:"您生活在这儿,活100岁没有问题。"

"你别看[①]现在这儿风景如画,几年前可不是这样。我是十几年前开始养鱼的。头几年还不错,后来水变黑了,养的鱼一年不如一年[②]。住在水库周围的人各种疾病的发病率和癌症死亡率也明显高[③]于别的地方。"

"水库的水被污染了?"

"没错儿。原来是几年前水库上游地区建起了好几个大型造纸厂和化肥厂，这些工厂每天产生的大量工业废水未经任何处理就流入水库。后来经过三四年的积极治理才渐渐变成了现在这个样子。"

"看来,不能只考虑生产不考虑环境保护啊。"

"是这样,不然就会受到大自然的惩罚。等生产发展了，环境被严重污染了,然后才被迫回过头来治理污染④,这样代价太大了。你们那儿环境比以前好一些吗?"

"看不出来。我们那儿主要是空气污染很严重,天空老是灰色的,蓝天已经很难看到了。"

吃过晚饭以后,苏姗和舅舅一家一边听音乐一边继续谈论污染问题。舅舅说:"环境污染主要来自⑤工业生产,有的地方主要是空气污染,有的地方主要是水污染。"

"工业垃圾和生活垃圾造成的污染也不能小看。"舅母说。

坐在沙发上听音乐的表姐也插进来说:"很多城市噪音污染也很严重。"

他们谈了一个多小时,音乐节目完了。舅舅看时间不早了，就对苏姗说："九点钟了，你早点儿休息吧，明天你还得开车回去。"

苏姗走进卧室，躺在床上，拿起[6]一本杂志，她看到一篇题目为[7]"请保护我们的地球"的文章，其中有这样的一段：

"我们只有一个地球。尽管21世纪人类的科学技术将取得伟大的成就，但是人类还将永久地在地球上生活。为了使[8]天空更蓝，河水更清，空气更新鲜，为了使全世界几十亿人有一个良好的生活环境，治理污染，保护地球[9]已成为全人类的共同责任。"

二 生 词 New Words

1	清新	(形)	qīngxīn	fresh
2	美丽	(形)	měilì	beautiful
3	户	(量)	hù	(measure word)

4	人家	(代)	rénjiā	household
5	种	(动)	zhòng	to grow
6	粮食	(名)	liángshi	crops, grain
7	虾	(名)	xiā	shrimp, prawn
8	水库	(名)	shuǐkù	reservoir
9	打(鱼)	(动)	dǎ(yú)	to fish, to catch (fish)
10	绿	(形)	lǜ	green
11	青	(形)	qīng	blue or green
12	优美	(形)	yōuměi	fine
13	别看	(连)	biékàn	although
14	如	(动)	rú	to resemble, to be like
15	头	(形)	tóu	first
16	变	(动)	biàn	to change, to become
17	不如	(动,连)	bùrú	not as good as
18	疾病	(名)	jíbìng	disease
19	发病		fā bìng	incidence (of a disease)
20	癌症	(名)	áizhèng	cancer
21	明显	(形)	míngxiǎn	obvious, clear
22	污染	(动)	wūrǎn	to pollute, to contaminate
23	上游	(名)	shàngyóu	upper reaches (of a river)
24	建	(动)	jiàn	to build
25	大型	(形)	dàxíng	large

26	造纸		zào zhǐ	paper making
27	化肥	(名)	huàféi	chemical fertilizer
28	产生	(动)	chǎnshēng	to produce
29	大量	(形)	dàliàng	a great quantity
30	废水	(名)	fèishuǐ	waste water
31	未	(副)	wèi	not yet
32	处理	(动)	chǔlǐ	to treat
33	(流)入	(动)	(liú)rù	to enter, to flow into
34	治理	(动)	zhìlǐ	to harness
35	保护	(动)	bǎohù	to protect
36	不然	(连)	bùrán	otherrwise, or
37	大自然	(名)	dàzìrán	nature
38	惩罚	(动)	chéngfá	to punish
39	严重	(形)	yánzhòng	serious
40	被迫		bèi pò	to be forced
41	天空	(名)	tiānkōng	sky
42	老(是)	(副)	lǎo(shì)	always
43	灰色	(形)	huīsè	grey
44	来自	(动)	láizì	to come from
45	垃圾	(名)	lājī	rubbish
46	造成	(动)	zàochéng	to cause
47	小看	(动)	xiǎokàn	to look down upon
48	噪音	(名)	zàoyīn	noise
49	躺	(动)	tǎng	to lie

50	地球	(名)	dìqiú	the globe, the earth
51	其中	(名)	qízhōng	in (it), among (which, them)
52	人类	(名)	rénlèi	mankind
53	取得	(动)	qǔdé	to achieve
54	伟大	(形)	wěidà	great
55	成就	(名)	chéngjiù	achievement
56	永久	(形)	yǒngjiǔ	forever, permanent
57	使	(动)	shǐ	to make, to enable
58	良好	(形)	liánghǎo	good

1. 承前省略 chéngqián shěnglüè(1)

Omission logically resulted from previous reference

在话语或篇章中,某些成分由于前面已经出现过,为了避免重复,下文可以省略。

In speech or writing some elements that appeared previously can be omitted in the following passage so as to avoid repetition.

A…, [A]…, [A]…, …

(1)他 A 技术好,[A]养的鱼又多又大,[A]每年收入不少,[A]日子过得挺不错。

(2)罗杰 A 感冒了,[A]昨天没有来上课,[A]也没有请假。

(3)这里 A 青山绿水,[A]环境优美,[A]风景如画。

2. 表示前后对比 biǎoshì qiánhòu duìbǐ

Comparison between the former and the latter

(以前) $a(a_1, a_2\cdots)$，后来 $b(b_1, b_2\cdots)$

(1)头几年这儿的水还不错，后来水变黑了。

(2)以前我认为要不要孩子、要几个孩子完全是个人的事，后来我看了几篇文章，觉得这种想法是不对的。

(3)开始我很不适应这里的生活，后来才慢慢地适应了。

3. 表示比较 biǎoshì bǐjiào

Comparison

表示情况越来越坏。

Indicate something changes bad to worse:

$a(a_1, a_2\cdots)$–b 不如–b(+c)

(1)水受到了污染，养的鱼一年不如一年。

(2)不知为什么，这几次考试成绩一次不如一次好。

表示前者比不上后者。

Indicate that the former is not as good as the latter.

a 不如 b(+c)

(3)她写的汉字不如我写得好，我写的汉字不如老师写得好。

(4)这张照片不如那张照得好。

4. 解释原因 jiěshì yuányīn

Facts as the cause of something

$a(a_1, a_2\cdots)$，原来 $b(b_1, b_2\cdots)$

(1)住在水库周围的人发病率比别的地方高。原来，水库里的水被污染了。

(2)我跟他说汉语，他听不懂，原来他不是中国人，是日本人。

$a(a_1, a_2\cdots)$，因为 $b(b_1, b_2\cdots)$

(3)飞机晚点了三个小时，因为天气不好。

(4)不用告诉他了，因为他已经知道了。

5. 连接两种相反的情况 liánjiē liǎngzhǒng xiāngfǎn de qíngkuàng (3)

Connect two opposite things

用"不然(的话)"表示与上文相反的情况，下文就此加以说明。

By"不然(的话)" an opposite situation with further explanation can be given.

$a(a_1, a_2\cdots)$，不然(的话) $b(b_1, b_2\cdots)$

(1)不能只考虑生产不考虑保护环境,不然就会受到大自然的惩罚。

(2)他一定是有什么事,不然的话,为什么这么晚还不回来?

(3)今晚我们应该早点儿睡觉,不然明天早上六点钟就起不来了。

6. 承接关系 chéngjiē guānxi (2)

Connective relation

表示前一个动作或事件结束后,紧接着进行下一个动作或事件。

It indicates that one action or thing is closely followed by another immediately after it has finished.

$a(a_1, a_2\cdots)$，然后 $b(b_1, b_2\cdots)$

(1)等环境被严重污染了,然后才被迫回过头来治理污染,这样代价就太大了。

(2)我们先讨论一下,然后再做决定。

$a(a_1, a_2\cdots)$，接着 $b(b_1, b_2\cdots)$

(3)丁文月说:"没有哪一个国家能够做到像对待男人一样对待妇女。"林达接着说:"由于种种原因,妇女要得到跟男人一样的地位必须付出更大的代价。"

(4)哥哥先到了北京,接着又去了西安和广州。

四 注释 Notes

1. 你别看现在这儿风景如画

这儿"别看"是连词,常用来提出一种情况,下文表示相反的意思,后一分句可以用"可是"、"但是"来连接。

"别看" here is a conjunction, used to introduce a situation which is followed by an opposite statement. The second clause can be connected with the first one by "可是" or "但是".

例如　E.g.

(1)别看他年纪小,知道的事不少。

(2)别看她才学了一年汉语,但说得挺不错。

(3)别看这个商店不大,但东西很多。

2. 养的鱼一年不如一年。

动词"不如"用于比较,其句式有:

The verb "不如" is used for comparison in the following possible sentence patterns:

A——不如——B 表示 A 比不上 B。

A——不如——B (A is not as good as B)

例如　E.g.

(1)看电影不如看电视。

(2)这位大夫不如那位大夫。

A——不如——B——比较的结果。

A——不如——B——results of the comparison

例如　E.g.

(3)走路不如骑车快。

(4)我介绍的不如他介绍的详细。

一+量+不如+一+量　这一句式用于表示情况每况愈下。

一+measure word+不如+一+measure word (things go from bad to worse)。

例如　E.g.

(5)爷爷的身体一天不如一天。

(6)昨天晚上的节目一个不如一个,太没意思了。

3. 住在水库周围的人各种疾病的发病率和癌症死亡率也明显高于别的地方。

这里"于"是介词,多用在单音节形容词后表示比较,常用于书面。

The preposition "于" often goes after a monosyllabic adjective for comparison, mostly in written Chinese.

例如　E.g.

(1)今年这儿的雨雪多于去年。

(2)城市里的生活水平明显高于农村。

(3)同学们这学期的成绩大多好于上学期的。

4. 然后才被迫回过头来治理污染

"回过头来"是"再返回到…"的意思。

"回过头来" means "let's come back to …".

例如 E.g.

(1)大家应该回过头来想一想,以前哪些事做对了,哪些事做错了。

(2)每次做完作业应该回过头来检查一遍,看看有没有做错的。

5. 环境污染主要来自工业生产

"来自"是"从…来"的意思,后面常用表示处所或来源的词语,多用于书面。

"来自" means "come from …". It is often followed by a word of locality or source, mostly used in written Chinese.

例如 E.g.

(1)田中平来自日本,张力来自中国。

(2)这条新闻来自《中国日报》。

6. 拿起一本杂志

这儿"起"是动词,用在其他动词后表示人或物体随动作由下向上。

The verb "起" here is used to indicate that people or things move upwards.

例如 E.g.

(1)一下课她就拿起书包走了。

(2)他搬起椅子进屋了。

7. 她看到一篇题目为"请保护我们的地球"的文章

这里的"为"是动词,"是"的意思,用于书面。

The verb "为" here is equal to "是", often found in written Chinese.

例如 E.g.

(1)北京为中国的首都。

(2)我借到一本书,书名为《太极拳介绍》。

8. 为了使天空更蓝

这里的"使"是动词,表示"致使"的意思,多用于兼语句,基本格式是 A 使 B 怎么样。口语也说"叫、让"。

The verb “使” here means “cause” for a pivotal sentence. Its basic pattern is “A+使+B+result”. In spoken Chinese “使” can be replaced by “让” or “叫”.

例如 E.g.

(1)看书使我懂得了很多道理。

(2)锻炼能使身体健康。

(3)这次讨论没有使问题得到解决。

9. 治理污染,保护地球已成为全人类的共同责任。

在这个句子里,“治理污染”和“保护地球”是两个动宾结构,在句子里做主语。

In this sentence both “治理污染” and “保护地球” are verb-object structures used as the subject.

五 词语例解

Word Study

1. 日子

(名)(noun)

指生活

It refers to life.

(1)随着经济收入的增加,这家人的日子越过越好。

(2)老王,你最近日子过得怎么样?

指时间

It refers to time.

(3)再过些日子我们就要放假了。

指日期

It refers to date.

(4)今天是什么日子?今天是我的生日。

2. 头

(名)(noun)

(1)这两天我头疼、咳嗽,可能是感冒了。

(2)他头上戴着帽子没有?

(形)(adjective)

(3)今天上午我头两节没课,你呢?

(4)刚到这儿的头几个星期我不太习惯这儿的生活,现在好多了。

(量)(measure word)

(5)他家养着10头牛、50只羊。

3. 原来

(形)(adjective)

(1)他原来的名字叫刘明,现在叫刘长明。

(2)陈教授还住在原来的地方,你可以给他打个电话。

(副)(adverb)

(3)这个地方原来不是这个样子,这几年变了。

(4)他原来是搞科学研究的,后来做生意了。

副词"原来"还有发现从前不知道的情况,含有恍然醒悟的意思。

The adverb "原来" also means "discovery of what was unknown before" and "sudden realization".

(5)原来你还没走,我以为你早走了。

(6)水库里的水为什么变黑了,原来是水被污染了。

4. 老

(形)(adjective)

(1)他奶奶老了,不能劳动了。

(2)我们是老邻居了,也是老朋友了。

(副)(adverb)

(3)这儿环境很好,空气老这么新鲜。

(4)老吃这种面包没意思,换吃别的吧。

(前缀)(prefix)

(5)老丁和老李今天都有事,不来了。

(6)他们家兄弟三个人,这是老大,这是老二,那是老三。

5. 其中

(方位)(locality)

(1)听报告的人有200多,其中一半是中文系的学生。

(2)健美操有好几种,其中迪斯科健美操最受人们欢迎。

(3)这个城市环境不太好,空气污染、水污染、噪音污染都有,其中水污染最严重。

六 阅读课文

Reading Comprehension

另一种环境污染

提起环境污染，人们很自然会想起河流污染、空气污染、噪音污染等日常生活环境的污染。但是，还有另一种环境污染，也不能小看。这就是土地沙漠化。保护地球、保护大自然，不仅要积极治理日常生活环境的污染，而且也要努力治理和防止生态环境的污染。

中国政府从七十年代起，在中国的西北、华北的北部和东北的西部地区，大量造林种草，建起了一座“绿色长城”，这就是有名的“三北”农田防护林工程。“三北”防护林跨越新疆、青海等 12 个省(区)市的 396 个县，现已造林九千万亩，使一亿二千多万亩农田得到了保护，这一地区三分之一以上的县生态环境有了明显改善，它为中国“三北”地区的经济发展创造了良好的生态环境。

在世界有名的毛乌素大沙漠边，有一户了不起的中国农民，十多年时间，在沙漠上种植了 17 万棵树，使两万亩沙漠变成了绿色林海，实现了多少代人"人进沙退"的梦想！这家的男主人叫张加旺，女主人叫牛玉琴。联合国因此给牛玉琴颁发了"拉奥博士奖"，那年，全世界只有三个人获得了这项奖。

张加旺、牛玉琴夫妇是中国陕西省靖边县东炕乡农民。1983年起，他们带着三个儿子开始在毛乌素大沙漠上种树，决心要绿化沙漠。在沙漠上种树十分艰难，常常是才种活的小树，一场风暴过后，全都被刮倒，许多甚至被连根拔起。牛玉琴一家并没有被风暴吓倒，哪里的树苗被拔起，就在哪里及时补种，就这样补种，拔起，拔起，又补种，老天终于低头了，风暴终于服输了，千百年来"沙进人退"的历史终于在这户普通中国农民手里改写为"人进沙退"了。就这样两万亩沙漠变成了绿洲。现在他们已在林场办起了一所"旺琴小学"，附近的孩子们已经入学读书了。他们不仅要向沙漠要田、向沙漠要粮，而且要在这沙漠绿洲上培养出自己有文化的新一代农民，更好地治理沙漠。

生词 New Words

1	土地	(名)	tǔdì	land, soil
2	沙漠	(名)	shāmò	desert

3	…化		…huà	(-ization)
4	防止	(动)	fángzhǐ	to prevent
5	造林		zào lín	afforestation
6	绿色长城		lǜsè chángchéng	green great wall
7	农田	(名)	nóngtián	farmland
8	防护林	(名)	fánghùlín	shelter forest
9	跨越	(动)	kuàyuè	to cross
10	棵	(量)	kē	(a measure word)
11	人进沙退		rén jìn shā tuì	Men can force the desert retreat, meaning men can conquer deserts.
12	梦想	(名,动)	mèngxiǎng	dream; to dream
13	颁发	(动)	bānfā	to issue
14	艰难	(形)	jiānnán	difficult
15	风暴	(名)	fēngbào	windstorm
16	连根拔起		lián gēn bá qǐ	to uproot
17	补	(动)	bǔ	to make up for a loss
18	终于	(副)	zhōngyú	at last
19	低头		dī tóu	to lower one's head
20	培养	(动)	péiyǎng	to train

专 名 Proper Nouns

1	西北	Xīběi	Northwest
2	华北	Huáběi	Northern China
3	东北	Dōngběi	Northeast
4	三北	Sān Běi	the three northern regions (the northwest, north and northeast of China)
5	新疆	Xīnjiāng	the Xinjiang Uygur Autonomous Region
6	毛乌素沙漠	Máowūsù Shāmò	Maowusu Desert
7	张加旺	Zhāng Jiāwàng	name of a person
8	牛玉琴	Niú yùqín	name of a person
9	拉奥博士奖	Lāào Bóshì Jiǎng	an international prize
10	陕西省	Shǎnxī Shěng	Shaanxi Province
11	靖边县	Jìngbiān Xiàn	Jingbian County
12	东炕乡	Dōngkàng Xiāng	name of a place
13	旺琴小学	Wàngqín Xiǎoxué	name of a primary school

第七课 Lesson 7

他是由于输血不幸感染的

一 课 文 Text

田中平寄完信在学校门口儿遇见李天明。他问李天明："昨天晚上你看电视节目了没有?"

"没有。下星期要交一篇报告,我上图书馆看参考书去了。有什么好节目?"

"昨天晚上八点半,有一个预防艾滋病节目。一个青年讲了他是怎样得的艾滋病,得了艾滋病以后怎么办?"

因为李天明对当前的一些社会问题很有兴趣,而且常常喜欢跟同学讨论,所以田中平问他看了没有①。

"他是怎么讲的?"李天明问。

"他说三年前,他被确诊为艾滋病患者。三年来,他已经到过几十所大学、中学做报告,宣传如何预防艾滋病。他说他今年才 28 岁,生活在世界上的时间不多了。但是他要为人类的健康贡献出②自己的最后一点儿力量。"

“那他是怎么得的呢?”

“他是由于输血不幸感染的[3]。”

“性接触和吸毒是传染艾滋病的两条主要途径。他是因为输血感染的,太不幸了!”

“性泛滥和吸毒已给社会造成了严重后果。现在不少国家的青年正在努力用道德力量指导自己的生活。”

“这样的青年越多对社会越有利。目前艾滋病已成为人类健康的主要敌人之一。世界上现在还没有有效的治疗办法。在这种情况下[4],有人用自己的亲身经历讲讲艾滋病的预防[5],个人、家庭、社会应该怎样对待艾滋病患者,这样的节目很有意义。”

“我的想法跟你一样。我觉得目前家庭在预防和治疗艾滋病过程中可以起到很大的作用[6]。首先,幸福和美的家庭生活可以减少艾滋病的传染。其次,艾滋病患者需要一个长期的治疗过程。在家里,病人可以一边接受治疗一边做些力所能及的工作,同时也可以减少一部分医疗费。第三,在亲人的关怀照顾下,度过生命的最后时刻,对于病人来说,这也是最好的精神安慰。”

“据介绍,目前全世界已有几百万人得了艾滋病。非洲、亚洲、美洲、大洋洲都发现有艾滋病患者，只是有的国家多一些，有的国家少一些。联合国专家估计，到本世纪末，将有500万儿童因父母患艾滋病而失去亲人⑦，成为无家可归的流浪儿”。

“世界上每年艾滋病造成的损失达几百亿美元，每年因艾滋病而死亡的人数又⑧不知有多少！”

“12月1日是世界预防艾滋病日，世界卫生组织和各国每年都要利用各种形式进行宣传，提高人们对预防艾滋病的认识。”

“各国科学家都在积极研究治疗艾滋病的方法和药物。相信不久的将来，艾滋病也会跟其他疾病一样，是能够得到有效治疗的。”

“但愿这一天能早一点儿到来！”

二 生词 New Words

1 参考书 （名） cāngkǎoshū reference book

2	预防	(动)	yùfáng	to prevent
3	艾滋病	(名)	àizībìng	AIDS
4	确诊	(动)	quèzhěn	to make a definite diagnosis
5	患者	(名)	huànzhě	patient
6	宣传	(动)	xuānchuán	to propagate
7	贡献	(动)	gòngxiàn	to contribute
8	输血		shūxuè	blood transfusion
9	不幸	(形)	búxìng	unfortunate
10	感染	(动)	gǎnrǎn	to infect
11	性	(名)	xìng	sex
12	接触	(动)	jiēchù	to contact
13	吸毒		xī dú	drug taking
14	传染	(动)	chuánrǎn	to infect
15	途径	(名)	tújìng	way, channel
16	泛滥	(动)	fànlàn	to spread unchecked
17	后果	(名)	hòuguǒ	consequence
18	指导	(动)	zhǐdǎo	to guide
19	有利	(形)	yǒulì	beneficial
20	目前	(名)	mùqián	at present
21	敌人	(名)	dírén	enemy
22	…之一		…zhīyī	one of
23	有效	(形)	yǒuxiào	effective
24	治疗	(动)	zhìliáo	to give medical treatment

25	在…下		zài…xià	under
26	亲身	(副)	qīnshēn	personally
27	经历	(名,动)	jīnglì	experience; to experience
28	过程	(名)	guòchéng	process
29	起…作用		qǐ… zuòyòng	to play a role
30	作用	(名)	zuòyòng	function
31	和美	(形)	héměi	happy and harmonious
32	其次	(代)	qícì	secondly
33	长期	(名)	chángqī	a long period of time
34	病人	(名)	bìngrén	patient
35	力所能及		lì suǒ néng jí	to do what one can
36	亲人	(名)	qīnrén	members of one's family, dear ones
37	关怀	(动)	guānhuái	to show loving care for
38	照顾	(动)	zhàogù	to look after
39	度过	(动)	dùguò	to spend, to pass
40	生命	(名)	shēngmìng	life
41	时刻	(名)	shíkè	time, hour
42	精神	(名)	jīngshén	spirit
43	安慰	(动)	ānwèi	to comfort
44	只是	(副,连)	zhǐshì	only

45	因…而…		yīn…ér…	(This structure shows the interrelation of the cause and the consequence)
46	无家可归		wú jiā kě guī	homeless
47	流浪儿	(名)	liúlàng'ér	waif
48	损失	(名,动)	sǔnshī	loss; to lose
49	组织	(名,动)	zǔzhī	to organize; organization
50	利用	(动)	lìyòng	to make use of
51	形式	(名)	xíngshì	form
52	药物	(名)	yàowù	medicine
53	将来	(名)	jiānglái	future
54	其他	(代)	qítā	other
55	能够	(助动)	nénggòu	able, can

专名 Proper Nouns

1	世界卫生组织	Shìjiè wèishēng zǔzhī	The World Health Organization
2	非洲	Fēizhōu	Africa
3	亚洲	yàzhōu	Asia
4	大洋洲	Dàyángzhōu	Oceania

1. 表示条件 biǎoshì tiáojiàn

Conditions

表示某种情况或结论的前提条件。

It shows the preconditions for something or a conclusion.

在 a 下，$b(b_1, b_2\cdots)$

(1)现在还没有治疗艾滋病的有效方法，在这种情况下，有人用自己的亲身经历讲讲艾滋病的预防，是很有意义的。

(2)在陈教授的帮助和鼓励下，我开始研究中国的京剧，现在已经写了十几篇介绍京剧的文章。

2. 论证结构 lùnzhèng jiégòu

Formation of proof

汉语篇章(或话语)的论证结构一般由论点、论据和结论三部分组成。

In Chinese writing or speech a proof generally consists of arguments, grounds and the conclusion.

论点 a+论据 $b(b_1, b_2\cdots)$+(结论 c)

(1)家庭在预防和治疗艾滋病过程中可以起到很大的作用(a)。首先，幸福和美的家庭生活可以减少艾滋病的传染(b_1)。其次，在家里治疗既可以减少医疗费用，又可以做些力所能及的工作(b_2)。第三，在亲人的关怀照顾下，度过生命的最后时刻，是对病人最好的精神安慰(b_3)。

(2)我也想到过离婚(a)，但是，我现在还很爱她(b_1)；妻子对我也还有一定的感情(b_2)；另外，要是现在就离婚也对不起岳父、岳母，他们很喜欢我(b_3)，所以我现在不能提出离婚(c)。

3. 罗列 luóliè (2)

Enumerate

…首先，…其次，…[再(其)次，…]，最后，…

(1)当前家庭结构变化有四个特点。首先，家庭结构越来越小。其次，离婚率越来越高。再其次，非婚生子女越来越多。最后，单身青年的比例越来越大。

…首先,…其次,…第三,…第四,…第 X,…

(2)我今天打算讲四个问题。首先,介绍一下中国的经济情况。其次,说说当前中国的社会问题。第三,谈谈中国的人口政策。第四,讲讲中国老年人的生活。

4. 表示从某人、某事的角度来看 biǎoshì cóng mǒurén、mǒushì de jiǎodù láikàn
Examine from a personal angle

(a_1, a_2…), 对(于)b 来说, c(c_1, c_2…)

(1)在亲人的关怀下,度过生命的最后时刻,对于病人来说,这是最好的精神安慰。
(2)什么婚姻啊,家庭啊,孩子啊,对那些追求单身生活的人来说都是不重要的。
(3)汉语的四个声调,对我们外国人来说是很难的。

5. 表示原因和结果 biǎoshì yuányīn hé jiéguǒ (2)
The cause and result

因 a(a_1, a_2…)而 b(b_1, b_2…)

(1)到本世纪末,将有 500 万儿童因父母患艾滋病而失去亲人,成为无家可归的流浪儿。
(2)他们因感情发生了变化而离婚。
(3)苏姗因病而没有参加比赛。

6. 展望 zhǎnwàng
Prospects

对事物发展前途的预测。
Forecast the Future Development of Things.

(a)相信 b(b_1, b_2…)

(1)相信不久的将来,艾滋病也会跟其他疾病一样能够得到有效的治疗。
(2)我们相信,这个问题一定会得到很好的解决。

7. 表达愿望 biǎodá yuànwàng
Express one's wishes

祈望所担心的事不要发生或不易实现的事能够实现。

Expressing hope that is worrisome would not take place and what is difficult to come true would come true.

(a_1, a_2…)但愿 b(b_1, b_2…)

(1)但愿这一天能早一点儿到来!

(2)但愿各国的老人都能有一个幸福的晚年!

(3)听说明天有雨,但愿明天不要下雨。

1. 因为李天明对当前的一些社会问题很有兴趣,而且常常喜欢跟同学讨论,所以田中平问他看了没有。

这是一个多重复句,各分句之间的关系是:

This is a multiple complex sentence that can be divided grammatically into:

因为李天明对当前的一些社会问题很有兴趣(a),而且常常喜欢跟同学讨论(b),所以田中平问他看了没有(c)。

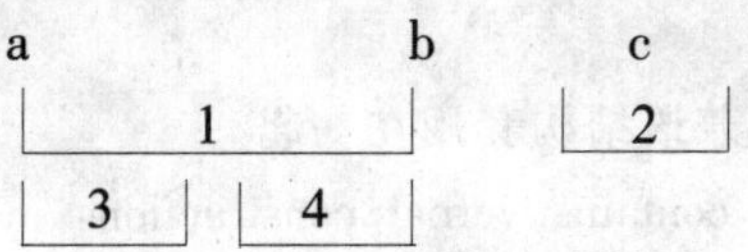

1-2 因果关系 causal relation

3-4 递进关系 progressive relation

2. 但是他要为人类的健康贡献出自己的最后一点儿力量。

这里"出"是引申用法,用在动词后表示人或事物随动作从里向外。

Used in an extended way "出" here goes after the verb, denoting that people or things move outwards as the action takes place.

例如 E.g.

(1)信寄出五天了,不知他收到了没有?

(2)昨天张力拿出一百块钱请客。

3. 他是由于输血不幸感染的。

这是"是…的"句,"是…的"用来强调动作,而这一动作又是产生某种结果的原因。

This belongs to the type of "是…的" sentences which are employed to focus on an action from which something is resulted.

例如 E.g.

(1)他是为了学习汉语去中国的。

(2)马丽是得艾滋病死的。

4. 在这种情况下

"在…下"中间可以是名词词组或动词词组,常用来表示某种条件。

"在…下" can be inserted with a conditional nominal or verbal phrase.

例如 E.g.

(1)在姐姐的帮助下,妹妹写完了作业。

(2)在亲人的关怀下,他的精神一天比一天好。

5. 有人用自己的亲身经历讲讲艾滋病的预防

这是"有"的兼语句套着连动句。常见的用"有"和"没有"的无主语兼语句句式如下:

This is a pivotal sentence taken by "有" with verbal constructions in series in it. The common patterns of subjectless pivotal sentences taken by "有" or "没有" are as follows:

(1)刚才有人找你。

(2)今天没有人给你打电话。

上述句子中"用…讲…"是一个连动结构,与兼语结构套用在一起。

The above-quoted 中 "用…讲…" which contains verbal constructions in series is included in the pivotal sentence.

6. 我觉得目前家庭在预防和治疗艾滋病过程中可以起到很大的作用。

这里"起"是动词,"发生"的意思。"起…作用"常用于句中做谓语。

The verb "起" here means "to play (a role)". "起……作用" often functions as a predicate in a sentence.

例如 E.g.

(1)这种药对治疗艾滋病不起作用。

(2)专家们的意见对政府制定人口政策起了很大的作用。

(3)这样做对解决城市噪音污染能起作用吗?

7. 到本世纪末,将有 500 万儿童因父母患艾滋病而失去亲人

"因…而…"常用于表示因果关系,多用于书面。

Here "因…而…" often found in written Chinese indicates a causal relation.
例如　E.g.
(1)不少老人因退休而感到寂寞。
(2)人类将因环境严重污染而受到大自然的惩罚。
(3)这些孩子因失去父母而走上犯罪的道路。

8. 每年因艾滋病而死亡的人数又不知有多少!

这里"又"用于表示加强否定的语气。
Here "又" is used to enforce the negative tone.
例如　E.g.
(1)你为什么不找他,他又不是没在家。
(2)不会又有什么关系,努力学习就能学会。

五 词语例解
Word Study

1. 主要

(形)(adjective)
(1)你给大家介绍一下儿这篇文章的主要内容是什么?
(2)今天我们主要讨论如何预防艾滋病的问题。
(3)现在主要是提高人们的认识,认识不一致,什么工作也做不好。

2. …之一

(1)北京是世界著名的城市之一。
(2)离婚率高,这是社会问题之一。
(3)他是我最好的朋友之一。

3. 同时

(名)(noun)
(1)大家在努力学好汉语的同时,也要注意了解中国文化。
(2)我们两个人是同时到达北京的。
(连)(conjunction)

(3)她是一个好大夫,同时也是一个好母亲。

(4)病人在家接受治疗可以减少一部分医疗费,同时也能更好地得到亲人的关怀和照顾。

4. 只是

(副)(adverb)

(1)我只是来了解一下儿简单的经过,详细过程以后再说。

(2)这次我去中国只是旅游,不打算做别的事。

(连)(conjunction)

(3)这儿环境很好,只是交通不太方便。

(4)他汉语说得很流利,只是声调有些问题。

5. 本

(名)(noun)

(1)你的作业本交了没有?

(2)请问,电话本在哪儿?

(量)(measure word)

(3)他手里拿着一本新杂志。

(4)你帮我把这儿本书还了,好吗?

(代)(pronoun)

(5)我家在本市郊区,你家也在本市吗?

(6)他本人同意了,但他父母还不太同意。

(7)本周末我们可以上完第七课。

六 阅读课文

Reading Comprehension

刮骨疗毒

"刮骨疗毒"是说用刀子刮去病人骨头上的毒物。这是1700多年以前华佗给关羽治病的故事。

华佗是中国古代著名的医学家。一次,关羽的右胳膊中了毒箭,情况十分危险。华佗知道后,马上带着药物来给关羽看病。华佗检查完以后,说毒箭已经伤着骨头了,必须立即治疗,否则,右胳膊很难保留下来,生命也很危险。

关羽问:"您打算怎么治疗呢?"

华佗说:"我自然有办法治疗,只是担心您会受不了。"

关羽说:"您说说看吧。"

华佗接着说:"我先把你的右胳膊绑起来, 切开你受伤的地方,然后用刀子刮去您骨头上的毒物,最后把伤口缝好。您受得了吗?"

关羽大笑起来,他说:"这有什么受不了的,右胳膊也用不着绑起来。"

于是,关羽找来一个人,一边喝酒,一边下棋。华佗就在旁边给他治疗。胳膊切开后,只见被毒箭伤着的骨头已经开始变黑了。华佗用刀子一下一下地刮着骨头上的毒物, 关羽却像没事儿似的下着棋,脸上根本没有痛苦的样子。

不一会儿,骨头上的毒物刮完了。华佗给伤口上了些药,缝好以后,对关羽说:"胳膊上的毒物已经刮干净了,您回去要好好儿休息,一百天以后就能好。"

关羽伸了伸右胳膊，笑着对华佗说："您真是一个神医啊！"

生词 New Words

1	刮骨疗毒		guā gǔ liáo dú	to clean an infected bone to remove the poison
2	古代	(名)	gǔdài	ancient times
3	医学家	(名)	yīxuéjiā	an expert of medical science
4	胳膊	(名)	gēbo	arm
5	中	(动)	zhòng	to hit exactly
6	箭	(名)	jiàn	arrow
7	伤	(动)	shāng	to be wounded
8	担心		dān xīn	to worry about
9	受不了		shòubuliǎo	cannot bear
10	绑	(动)	bǎng	to tie
11	伤口	(名)	shāngkǒu	wound
12	缝	(动)	féng	to sew up
13	下棋		xià qí	to play chess
14	上药		shàng yào	to apply medicine to
15	伸	(动)	shēn	to stretch

16 神医 (名) shényī highly skilled doctor

专名 Proper Nouns

1 华佗 Huà Tuó name of a person

2 关羽 Guān Yǔ name of a person

第八课 Lesson 8

吸烟有害健康

一 课 文 Text

吸烟对身体没有任何好处,这是谁都知道的健康常识。

现代医学证明,烟雾中含有大量的有毒物质,其中主要是尼古丁,一支香烟大约含有20毫克。尼古丁对成年人的致死量是40 — 60毫克。由于多种原因,人吸烟时,不是每次都把全部尼古丁吸进去,所以不会立即发生危险。科学研究表明,吸烟的人得肺癌的比不吸烟的高十倍。每天吸25支以上的比不吸烟的高三十倍。除此之外①,吸烟还会引起心血管、脑血管疾病。

吸烟不仅害自己,而且也害别人。吸烟时呼出的烟雾污染环境,别人吸进去,成了被动吸烟者。父母吸烟,孩子容易得呼吸系统的病。妇女如果怀孕时吸烟,对胎儿发育很不利。有资料表明,全世界每年有几十万被动吸烟者得心脏病或癌症死去②。以美国为例,每年因被动吸烟而死于肺癌的有三千多人，还有近30万名不满[③]一岁和一岁半的孩子得肺炎、支气管炎等疾病。

为了保护人们的健康，世界上许多国家都采取了各种措施，比如：规定在办公室、电影院以及其他公共场所不准吸烟；新闻媒体不得[④]为香烟做宣传广告；每包香烟上要印上"吸烟有害健康"，提醒人们注意，对香烟征收高税。另外，每年5月31日已被定为"世界无烟日"，人们开展各种活动，宣传戒烟。

随着人们对吸烟害处认识的提高，吸烟的人数是在逐渐减少，但是一个不可否认[⑤]的事实是，现在世界上吸烟的人还是很多很多[⑥]，女的吸烟者比例也不小。有的国家二十至六十岁吸烟者达到20%，在中国吸烟的人就有几亿。

既然[⑦]吸烟对身体没有好处，而且还要多花钱，那么有人为什么还要吸呢？张力、田中平、苏姗他们是怎么说的呢？

"抽烟没有好处，这我清楚，但也没有像医学上说得那么严重。不抽烟的也有早死的，抽烟的也有长寿的。我觉得关键还是自己的身体好不好。"张力说。

"我几次想戒掉[⑧]，但是烟瘾一上来[⑨]也就没有决心了。习惯很难改啊！"田中平说。

苏姗抽过几年烟，后来戒掉了。她说："我抽烟那几年，一直有支气管炎。一到冬天，身体就不好。白天咳嗽，夜里咳嗽，常常咳得不能睡觉。有一次得了肺炎，住进了医院。大夫问我是要烟还是要命，他说，如果不把烟戒掉，身体不仅不可能好起来[10]，还会引起其他的病，我听完以后害怕了，这才把烟给戒掉。[11]"

二 生 词 New Words

1 好处	(名)	hǎochù	good, benefit
2 常识	(名)	chángshí	common knowledge
3 医学	(名)	yīxué	medical science
4 烟雾	(名)	yānwù	smoke
5 含	(动)	hán	to contain
6 (有)毒	(名)	(yǒu)dú	poison
7 物质	(名)	wùzhì	material, substance
8 尼古丁	(名)	nígǔdīng	nicotine

9	香烟	(名)	xiāngyān	cigarette
10	大约	(副)	dàyuē	about
11	毫克	(量)	háokè	milligram
12	成年人	(名)	chéngniánrén	adult
13	致死量	(名)	zhìsǐliàng	lethal dose
14	吸	(动)	xī	to inhale, to breathe in
15	危险	(形)	wēixiǎn	dangerous
16	表明	(动)	biǎomíng	to show
17	肺	(名)	fèi	lungs
18	除此之外		chú cǐ zhīwài	apart from this
19	引起	(动)	yǐnqǐ	to give rise to
20	血管	(名)	xuèguǎn	blood vessel
21	脑	(名)	nǎo	brain
22	害	(动)	hài	to do harm to somebody
23	呼	(动)	hū	to exhale, to breathe out
24	被动	(形)	bèidòng	passive
25	呼吸	(动)	hūxī	to breathe
26	系统	(名,形)	xìtǒng	system; systematic
27	怀孕		huái yùn	to be pregnant
28	胎儿	(名)	tāi'ér	foetus, embryo
29	发育	(动)	fāyù	to grow

30	不利	(形)	búlì	harmful, unfavourable
31	资料	(名)	zīliào	data, material
32	心脏病	(名)	xīnzàng bìng	heart disease
33	(肺)炎	(名)	(fèi)yán	(lung) inflammation (as in "pneumonia")
34	支气管	(名)	zhīqìguǎn	bronchial
35	以及	(连)	yǐjí	and, as well as
36	场所	(名)	chǎngsuǒ	place
37	准	(动,形,副)	zhǔn	to permit, to allow; exact; definitely
38	媒体	(名)	méitǐ	medium
39	广告	(名)	guǎnggào	advertisement
40	包	(量)	bāo	packet, parcel
41	印	(动)	yìn	to print
42	提醒	(动)	tíxǐng	to remind, to warn
43	征收	(动)	zhēngshōu	to collect (taxes), to levy
44	税	(名)	shuì	tax, duty
45	无	(副)	wú	no, free of
46	开展	(动)	kāizhǎn	to carry out, to unfold
47	戒(烟)	(动)	jiè(yān)	to give up (smoking)
48	害处	(名)	hàichù	harm
49	逐渐	(副)	zhújiàn	gradually

50	否认	(动)	fǒurèn	to deny
51	既然	(连)	jìrán	since
52	关键	(名,形)	guānjiàn	key, crux; crucial
53	掉	(动)	diào	to get rid of, to lose
54	瘾	(名)	yǐn	addiction
55	决心	(名)	juéxīn	determination
56	改	(动)	gǎi	to change, to correct
57	白天	(名)	báitiān	daytime
58	命	(名)	mìng	life
59	害怕	(动)	hàipà	to fear

1. 引进对象或关系者 yǐnjìn duìxiàng huò guānxì zhě

Introduce a person or a thing under discussion

(a)对 b+…

(1)医生对我说,抽烟对身体没有什么好处,你应该戒掉。

(2)对家庭问题,大家都很感兴趣。

(3)我对他说,你有什么困难可以找我。

2. 引出结论或结果 yǐnchū jiélùn huò jiéguǒ (2)

Conclusion or result

a 证明：b(b_1, b_2…)

(1)现代医学证明:从烟雾中可以分离出几千种有毒的物质,其中主要是尼古丁。

(2)事实证明,妇女要得到跟男人一样的地位,必须付出更大的代价。

a 表明：b(b_1, b_2…)

(3)有资料表明,吸烟的人得肺癌的比不吸烟的高十倍。

(4)这一成绩表明,你平时学习不太努力。

3. 补充说明 bǔchōng shuōmíng (1)

Additional remarks

a(a_1, a_2…)b。除此之外,b(b_1, b_2…)

(1)科学研究表明:吸烟的人得肺癌的比不抽烟的高十倍。除此之外,吸烟还会引起心血管和脑血管疾病。

(2)我想去北京、西安、杭州等地旅行,除此之外有时间的话还想去广州和桂林。

4. 举例说明 jǔlì shuōmíng (2)

Illustration with examples

a(a_1, a_2…)。以 b 为例，c(c_1, c_2…)

(1)全世界每年有几十万被动吸烟者得心脏病或癌症而死。以美国为例,每年因被动吸烟而死于肺癌的就有三千多人。

(2)喜欢足球的人越来越多,以我们家为例,我们家四口人都喜欢看足球比赛。

5. 禁 止 jìnzhǐ

Prohibition

a(a_1, a_2…)，不准 b(b_1, b_2…)

(1)许多国家规定,不准在办公室、电影院等公共场所吸烟。

(2)爸爸不准我和弟弟喝这种酒。

a(a_1, a_2…)，不得 b(b_1, b_2…)

(3)我国法律规定,新闻媒体不得为香烟做广告。

(4)不得把狗带到学校里。

a(a_1, a_2…)，不允许 b(b_1, b_2…)

(5)结婚后她想保留自己原来的姓，不用丈夫的姓，但是社会不允许她这样做。

(6)今天的考试不允许看书和查词典。

6. 由前提推断结论 yóu qiántí tuīduàn jiélùn

A conclusion inferred from the prerequisite

以某一已知的事实作为前提或理由，来推断出某一结论或结果。

A conclusion or a result may be inferred from the known fact as its prerequisite or reason.

既然 a(a_1, a_2…)，那么／就 b(b_1, b_2…)

(1)既然吸烟没有好处，那么为什么你还吸呢？

(2)你既然不想说，我也就不问了。

(3)你们既然已经学习了一年多，就要坚持下去。

四 注释 Notes

1. 除此之外

“除此之外”是“除了这…以外”的意思，后面有其他成分加以补充说明，构成完整的句子，多用于书面。

“除此之外”， or “除了这…以外”， is used to form a sentence, often in written Chinese, when followed by some other necessary elements.

例如 E.g.

(1)他会说英语、法语，除此之外还会说汉语。

(2)我书包里只有书、本子和笔，除此之外什么东西也没有。

2. 全世界每年有几十万被动吸烟者得心脏病或癌症死去。

动词"去"用在别的动词后表示人或事物随动作离开原来的地方。

When used after another verb, the verb "去" means that people or things move away from where they were.

例如 E.g.

(1)他昨天从我这儿拿去了两本画报。

(2)上星期我买皮鞋用去了150块钱。

3. 还有近30万名不满一岁和一岁半的孩子得肺炎、支气管炎等疾病。

这儿"近"是"接近"的意思,后面是数量词语。

Equal to "接近", "近" here is followed by a numeral and measure word phrase.

例如 E.g.

(1)阅览室有近百种杂志和报纸。

(2)中文系有近20个教授和副教授。

"满"在数量词前表示达到某一限度。

Before a numeral and measure word phrase "满" indicates that a point has been reached.

例如 E.g.

(1)他去年戒烟了,到现在还不满一年。

(2)我估计他妈妈不满50岁。

4. 新闻媒体不得为香烟做宣传广告

动词"得"这儿表示许可,多用于法令等。后面要带动词词组,否定式用"不得"。

When followed by a verbal phrase the verb "得" expresses "permission" in laws and regulations. Its negative form is "不得".

例如 E.g.

(1)无票者不得进电影院。

(2)马路边不得随便停车。

5. 但是一个不可否认的事实是

"否认"是"不承认"的意思,"不可否认"是双重否定,意即肯定,"必须承认"的意思。

"否认"carries the same meaning of "不承认". "不可否认" is formed by two negatives, therefore it means "必须承认".

例如　E.g.

(1)不可否认的是,许多病与环境污染有关。

(2)不可否认,你结了婚就要对家庭负责。

6. 现在世界上吸烟的人还是很多很多。

某些副词+形容词(多为单音节)重叠后表示程度深。

Some repeated forms of "adverb+adjective" (usually monosyllabic ones) indicates "to a fairly high degree".

例如　E.g.

(1)前面还有好长好长的路呢,快点儿走吧。

(2)他给了我好多好多邮票。

7. 既然吸烟对身体没有好处…那么…

连词"既然"常用于前一分句,表示先承认某种事实,后一分句根据这事实得出结论或结果,常用"那么、就、也、还、则"等呼应。

The conjunction "既然", often used in the first clause, indicates one's recognition of the statement from which a conclusion is possibly drawn. A word such as "那么"、"就"、"也"、"还" or "则" is very likely to be used in the following part of the complex sentence.

例如　E.g.

(1)你既然不想去,就别去了。

(2)既然他一定要去参观,那么你就跟他一起去吧。

(3)既然大家都同意,我也没有什么意见。

8. 我几次想戒掉

动词"掉"用在及物动词后,做结果补语,表示"去除"的意思。

When used after a transitive verb the verb "掉" functions as a resultative complement, meaning "out" or "off".

例如　E.g.

(1)这家商店一天卖掉了 20 台洗衣机。

(2)鱼被猫吃掉了。

"掉"如用在不及物动词后,表示"离开"。

When used after an intransitive verb, "掉" means "away" or "out".

(3)他家的小狗跑掉了,找不到了。

(4)由于河水污染,不少鱼虾都死掉了。

9. 但是烟瘾一上来也就没有决心了。

这里"上来"是"开始发作"的意思。

Here "上来" means "begin to crave for".

10. 身体不仅不可能好起来

这里"起来"是引申用法,用在某些形容词后,表示状态开始发展,程度在继续加深。

Here "起来" is used in an extended way. When appearing after some adjectives, it implies that a state begins to develop or a degree is becoming higher.

例如 E.g.

(1)我们前些时候不太忙,最近又忙起来了。

(2)天冷起来了,该穿上毛衣了。

(3)小张的病一天天好起来了。

11. 这才把烟给戒掉。

介词"给"用在"把"字句中的动词前,表示被动,并起强调作用,多用于口语。

When used before a verb in a "把" sentence the preposition "给" expresses a passive mood and enforces the statement given, often in spoken Chinses.

例如 E.g.

(1)弟弟把自行车给骑坏了。

(2)对不起,我把这事给忘了。

(3)大夫把苏姗的病给治好了。

五 词语例解

Word Study

1. 大约

(副)(adverb)

(1)学校大约6月初放假。

(2)这儿离火车站大约10公里。

(3)我们系女生大约占45%。

(4)我想他大约会同意这样做。

2. 得

(动)(verb)

得到、取得

To obtain, to receive

(1)抽烟的人容易得肺病。

(2)这次语法考试我得了 90 分。

用在别的动词前,表示许可。

When used before a verb it expresses a permission.

(3)请注意,这儿不得抽烟。

(助)(particle)

(4)这些广告做得不错。

(5)你的烟戒得掉戒不掉?

(助动) děi (auxiliary verb)

(6)你这事得跟家里说一下儿。

(7)后天去不去我还得考虑考虑。

(8)翻译完这篇文章得一个多星期。

3. 近

(形)(adjective)

(1)这儿离医院很近,走路 10 分钟。

(2)声音由远而近,听得很清楚。

(3)这个国家每年死于心脏病的近一万人。

(4)他近 60 岁的人了,当然不如你们年轻人。

4. 另外

(形)(adjective)

(1)这个问题不谈了,现在我要谈另外的一个问题。

(2)你们几个人坐公共汽车,另外的人骑自行车。

(副)(adverb)

(3)除了这一张以外,我再另外送你一张。

(4)你就住在这儿,我另外找个地方住。

(连)(conjunction)

(5)香蕉、苹果我都买了,另外,我又买了一些橘子。

(6)一会儿我到图书馆借书还书,另外,我还得复印几份资料。

5. 既然

(连)(conjunction)

(1)既然抽烟有害身体,你为什么不戒掉呢?

(2)既然大家都同意,那就这样定下来了。

(3)既然东西又好又便宜,就多买一些吧。

六 阅读课文

香烟广告模特的心里话

香烟中含有多种有毒物质,吸烟有害健康,这已被无数的事实所证明了。下面让我们来听听世界著名香烟广告模特说的心里话吧。

麦克拉伦是万宝路(Marbollo)香烟广告模特,他在 Marbollo 香烟广告中的"西部牛仔"形象为世界各国人们所熟悉,但是他最后却因吸烟而死于肺癌,年仅 51 岁。麦克拉伦临死前的最后一句话是"香烟会杀害你们！”

另一位香烟广告女模特的心里话，听了更会使人觉得一定不要吸烟。她说：

我已经60多岁了，如果能让我回到年轻时代，我决不会做香烟广告模特。因为这个工作给我的老年生活带来了深深的痛苦和懊悔。

记得在我14岁时，我当上了香烟广告模特。一次，一家烟草公司要我为他们公司拍一张广告照片，照片上的我笑着站在一座大雪山上，两手握着滑雪杆，右手手指夹着一支烟，旁边有广告词“最美的感觉”。当时我不会滑雪，更不会抽烟。记得就在拍这张广告照片时，这家烟草公司的经理说：“你要是会抽烟的话，夹烟、抽烟的样子，就更有吸引力了。”于是，我便抽上了烟，而且越抽越多，越抽瘾越大。后来，我结婚了，有了孩子了，也就不再干香烟广告模特工作了，可是当香烟广告模特时染上的烟瘾，却一直折磨着我，我从51岁起先后得过喉癌、肺癌。大夫切除了我的整个喉咙，从此，我不能说话了，也不能大声地笑了，甚至不能自由自在地呼吸了，这一切都是香烟造成的。我恨透了香烟。

现在我已经老了，每当我看见年轻姑娘抽烟时，就感到自己有责任劝告她们别抽烟。我无数次地向她们讲自己做香烟广告模特的经历,讲自己因为抽烟而得病的痛苦,我真想大声告诉她们:亲爱的姑娘们,别走我的路啊!

生词 New Words

1	模特	(名)	mótè	model
2	心里话		xīnlǐhuà	one's innermost thoughts
3	著名	(形)	zhùmíng	famous
4	牛仔	(名)	niúzǎi	cowboy
5	形象	(名)	xíngxiàng	image
6	熟悉	(动)	shúxī	be familiar with
7	临(死)	(副)	lín(sǐ)	just before (die)
8	杀害	(动)	shāhài	to murder
9	懊悔	(形,动)	àohuǐ	remorseful; to regret
10	拍(照片)	(动)	pāi(zhàopiàn)	to take (photos)
11	滑雪杆	(名)	huáxuěgān	ski pole
12	手指	(名)	shǒuzhǐ	finger
13	夹	(动)	jiā	to hold between two fingers or chopsticks
14	吸引力	(名)	xīyǐnlì	an appeal

15	染(上)	(动)	rǎn(shàng)	to be tainted (with bad habits)
16	折磨	(动)	zhémó	to torment
17	喉咙	(名)	hóulóng	throat
18	切除	(动)	qiēchú	to cut
19	恨透	(动)	hèntòu	to have a deep hatred
20	劝告	(动)	quàngào	to advise

专名 Proper Nouns

1	麦克拉伦	Màikèlālún	name of a person
2	万宝路	Wànbǎolù	Marbollo
3	西部牛仔	Xībù Niúzǎi	the West cowboy

第九课 Lesson 9

“安乐死”带来的不幸

一 课文 Text

李天明两天没来上课了，因为他爷爷去世，他请假回去参加葬礼。

“他爷爷什么病？”苏姗问田中平。

“好像是肝癌，已经住了好几个月医院了。”

“听说肝癌病人非常痛苦，有的人到了肝癌晚期，希望医院能实施安乐死，但是医院都不同意。”

“据调查，社会上是有些人赞成安乐死，但是由于法律不承认，所以医院也没办法。昨天的中文报纸有一篇这方面的文章，丈夫帮助妻子实施安乐死，被法院判处三年徒刑。”

“文章的题目叫什么？”

“好像叫‘安乐死’带来的不幸。”

苏姗下午来到阅览室，很快就找到了这篇文章。

"安乐死"带来的不幸

王祖安是个商店售货员,今年58岁。他跟林美英结婚30多年了,夫妻感情一直很好,生有一子一女。家里经济虽然不太富裕,但一家人生活也过得和和美美。

俗话说,"天有不测风云[①]。去年年底,林美英被一家大医院确诊为晚期肝癌,一家人陷入了极大的悲痛之中[②]。由于林美英是农民,没有医疗保险,而且又是晚期肝癌,没有什么医疗价值,也没有治好的希望,只能拿些药在家里养着。几个月来, 她经常疼痛难忍。她几次请求丈夫给她一些安眠药。她要安乐死,但每次都被丈夫给[③]拒绝了。看到丈夫、子女为了照顾她,每天吃不好睡不好[④],她痛苦极了。

春节过完以后,林美英的身体一天不如一天。一天夜里,她又疼痛起来,她再一次请求丈夫给她安眠药,帮助她结束痛苦。妻子那痛苦难忍的样子,王祖安实在看不下去[⑤]。但是夫妻感情又使他怎么也下不了[⑥]决心去拿安眠药。根据医生的诊断,林美英活着的时间不多了,最多[⑦]也就是十天半个月。既然没有任何生的希望了,与其看着她痛苦地煎熬,不如[⑧]让她早点儿结束痛苦。在妻子的一再要求下,他终于含着眼泪拿出了一小瓶安眠药,就这样,林美英安安静静地离开了自己的亲人,走完了她56年的人生道路。

林美英去世以后,她娘家兄弟姐妹都来了。他们提出,医生不是说还能活十天半个月吗?再说,病人临死以前为什么不告诉他们一声[9]?他们怀疑这里面有问题,于是就向公安机关报了案。王祖安也如实地向公安机关说明了情况。经过化验,证明林美英是吃了安眠药死亡的。

林美英死后的第二天,子女在整理母亲的东西时,发现一封林美英写给子女的遗书,意思是:我让你父亲帮助我实施安乐死,我是完全自愿的,因为这是我结束痛苦的最好办法。你父亲没有任何责任。你们一定要把情况向大家说清楚。

林美英死亡的案子清楚了,县人民法院认为,王祖安帮助妻子自杀,虽然是在妻子请求下实施的,是妻子为了结束痛苦自愿做出的决定,但是安乐死目前并[10]没有得到法律的承认。根据现在的法律规定,接受别人的请求,帮助别人自杀,仍然构成故意杀人罪,因此必须判处徒刑。

当王祖安听到自己被判处三年徒刑后,他表示服从,不上诉了。

林美英也许连做梦也没想到,她结束了痛苦离开了亲人以后，却又给自己的亲人带来了新的不幸。

二 生 词 New Words

1	葬礼	(名)	zànglǐ	funeral
2	肝	(名)	gān	liver
3	晚期	(名)	wǎnqī	advanced stage
4	实施	(动)	shíshī	to carry out, to use
5	安乐死	(名)	ānlèsǐ	euthanasia
6	调查	(动，名)	diàochá	to investigate; investigation
7	赞成	(动)	zànchéng	to agree with; to be in favour
8	承认	(动)	chéngrèn	to recognize, to admit
9	遗书	(名)	yíshū	statement in writing by one before one's death
10	自愿	(动)	zìyuàn	of one's own free will

11	判处	(动)	pànchǔ	to sentence
12	徒刑	(名)	túxíng	imprisonoment
13	富裕	(形)	fùyù	rich
14	天有不测风云		tiān yōu bú cè fēng yún	There are unexpected storms (figuratively, sudden misfortune may come without one's knowledge)
15	陷入	(动)	xiànrù	to be put (in a difficult position)
16	极(大)	(副)	jí(dà)	greatly
17	悲痛	(形)	bēitòng	grieved, sorrowful
18	…之中		…zhīzhōng	in, in the middle of
19	农民	(名)	nóngmín	farmer, peasant
20	保险	(形,名)	bǎoxiǎn	safe; insurance
21	价值	(名)	jiàzhí	value
22	养	(动)	yǎng	to recuperate
23	疼痛	(动)	téngtòng	to ache
24	难忍	(形)	nánrěn	unbearable
25	请求	(动)	qǐngqiú	to request
26	安眠药	(名)	ānmiányào	sleeping pills
27	拒绝	(动)	jùjué	to refuse
28	下(决心)		xià(juéxīn)	to make up (one's mind)
29	了	(动)	liǎo	to finish

30	根据	(动)	gēnjù	according to
31	诊断	(动)	zhěnduàn	to diagnose
32	与其…不如…		yǔqí…bùrú…	Not so much…as; It would be better … than
33	煎熬	(动)	jiān'áo	to suffer
34	一再	(副)	yízài	repeatedly
35	终于	(副)	zhōngyú	finally, at last
36	安静	(形)	ānjìng	peaceful
37	人生	(名)	rénshēng	life
38	娘家	(名)	niángjiā	a married woman's parents' home
39	兄弟	(名)	xiōngdì	brother
40	临	(副)	lín	just before
41	怀疑	(动)	huáiyí	to suspect, to doubt
42	公安	(名)	gōng'ān	public security
43	报案		bào'àn	to report a case (to the security authorities)
44	如实	(副)	rúshí	to give strict facts
45	说明	(动)	shuōmíng	to explain
46	化验	(动)	huàyàn	to give laboratory tests
47	整理	(动)	zhěnglǐ	to pack, to straighten out

48	县	(名)	xiàn	county
49	自杀	(动)	zìshā	to commit suicide
50	并	(副)	bìng	(an adverb used before a negative word, as in "not … at all")
51	构成	(动)	gòuchéng	to constitute
52	故意	(形)	gùyì	deliberate
53	杀	(动)	shā	to kill
54	罪	(名)	zuì	crime
55	服从	(动)	fúcóng	to obey
56	上诉	(动)	shàngsù	to appeal to a higher court
57	也许	(副)	yěxǔ	perhaps
58	梦	(名)	mèng	dream

专名 Proper Nouns

1	王祖安	Wáng Zǔ'ān	name of a person
2	林美英	Lín Měiyīng	name of a person

三功能 Function

1. 表示论断的依据 biǎoshì lùnduàn de yījù
Grounds of inference

(根)据 a，b(b_1，b_2…)

(1)据调查，社会上许多人都赞成安乐死。
(2)据估计，今后学习汉语的青年人还会增加。
(3)根据交通法律的规定，喝酒以后不准开车。

经(过)a，b(b_1，b_2…)

(4)经过化验，证明她是吃了安眠药死亡的。
(5)经研究发现，环境污染主要来自工业生产。
(6)经讨论决定，我们班不参加这次比赛了。

2. 表示唯一的选择 biǎoshì wéiyī de xuǎnzé (1)
The only choice

表示只能做出某种选择，这种选择往往是被迫的，不如人愿的。

It indicates that the undesirable choice was what one can only make or has to make.

a(a_1，a_2…)，只能 b(b_1，b_2…)

(1)她已经没有治好的希望了，只能拿些药在家里养着。
(2)飞机票太贵，我们只能坐火车去。
(3)这件事只能找他，别人决定不了。

3. 表示最大限度地估量 biǎoshì zuìdà xiàndù de gūliàng
The maximum estimation

a 最 b(+也就是)c(c_1，c_2…)

(1)林美英活着的时间不多了，最多也就是十天半个月。

(2)他家离学校很远,最快也要两个小时才能到。

(3)李老师的年纪好像不大,看样子最大也就40岁。

4. 表示取舍 Biǎoshì qǔshě (1)

Preference

表示经过比较,说话人认为应舍弃前者,选取后者;或认为后一种说法更合适。

After a comparison, the speaker chooses the latter in preference to the former, or considers the latter the best way to say it.

与其 $a(a_1, a_2\cdots)$, 不如 $b(b_1, b_2\cdots)$

(1)与其看着她痛苦地煎熬,不如让她早点儿结束痛苦。

(2)与其让你来我这儿,不如我去你那儿方便。

(3)挣的钱那么少,与其出去打工,还不如在家学习外语。

与其说 $a(a_1, a_2\cdots)$, 不如说 $b(b_1, b_2\cdots)$

(4)与其说是没考好,不如说是没学好。

(5)与其说是自愿参加,不如说是必须参加。

(6)你的这些话,与其说是安慰她,还不如说是让她更着急。

5. 承接关系 chéngjiē guānxi (3)

Connective relation

$a(a_1, a_2\cdots)$, 就这样, $b(b_1, b_2\cdots)$

(1)他终于含着眼泪给她吃了一小瓶安眠药。就这样,她安安静静地离开了亲人。

(2)面试通过了,就这样我当上了这家公司的秘书。

(3)他又爱上了别人,还经常和我吵架,就这样,我们终于在去年分手了。

6. 怀疑 huáiyí

Doubt

表示猜测或不相信。

The way to express one's conjecture or disbelief.

a 怀疑 $b(b_1, b_2\cdots)$

(1)他们怀疑这里面有问题,于是向公安机关报了案。

(2)我怀疑他今天不会来了。

(3)有人怀疑这种说法,我也怀疑。

(4)对于是不是发生了这样的事,我表示怀疑。

7. 表示某种情况持续不变 biǎoshì mǒuzhǒng qíngkuàng chíxù búbiàn (1)

Remain unchanged

$a(a_1, a_2\cdots)$仍然 $b(b_1, b_2\cdots)$

(1)根据现在的法律，他仍然构成故意杀人罪。

(2)据说她现在仍然在医院工作。

(3)下课后，大家仍然在讨论这个问题。

四 注释 Notes

1. 天有不测风云。

这是一句成语。“不测”是料想不到的意思，本来指自然界天气变化难以预料，后多比喻人有难以预料的灾祸。

This is a proverb. “不测” means “unexpected”. The unpredictable weather change is figuratively used as a sudden misfortune that takes place without one's knowledge.

2. 一家人陷入了极大的悲痛之中。

“…之中”表示一种状态。

“…之中” is used to describe a state.

3. 但每次都被丈夫给拒绝了。

同“把”字句中的“给”一样，在“被”、“叫”、“让”等组成的介词结构修饰动词时，动词前可以加“给”，表示被动，并起强调作用。

Just like the “给” in a “把” sentence, the same word can be used before a verb modified by a prepositional phrase formed with “被”, “让” or “叫”, to indicate the passive mood and enforcement.

例如　E.g.

(1)这么好的花被她给养死了。

(2)老李被医院给确诊为心脏病。

(3)自行车叫弟弟给骑坏了。

4. 每天吃不好睡不好

这儿"不好"是动词"吃"、"睡"的可能补语的否定形式。动词后如有宾语,可放在可能补语后面。

Here "不好" is the negative form of the potential complement taken by such a verb as "吃" or "睡". The object, if any, should go after the complement.

例如　E.g.

(1)这几天太热了,不少人睡不好觉。

(2)你看得清楚前面的汉字吗?

5. 王祖安实在看不下去

这里的"下去"是引申用法,表示动作状态的继续。

This extended "下去" denotes the continuation of an action or a situation.

例如　E.g.

(1)他的朋友失了业,家里的孩子经常吃不饱,他看不下去,常给孩子们送些吃的东西。

(2)这本书太没意思了,我只看了几段就看不下去了。

(3)天气再冷下去,我带来的衣服就不够穿了。

6. 但是夫妻感情又使他怎么也下不了决心去拿安眠药。

这里的"怎么"表示任指,前面可用"不论、无论、不管"等,后面常用"也、都"呼应。

Here "怎么" is used for indefinite reference, possibly preceded by "不论","无论" or "不管" and followed by "也" or "都".

例如　E.g.

(1)这支歌太难学了,我怎么也学不会。

(2)这种癌症怎么治也治不好。

(3)不管你怎么跟他说,他都不同意。

动词"了"有"结束、完"的意思,用在动词后做可能补语时,表示对动作行为能否完成或有无能力做出估计。

The verb "了", in the sense of "finish" or "complete", goes after the predicate verb as the potential complement which indicates the estimation of the possibility of an action or of somebody's ability.

例如 E.g.

(1)这么多东西,你一个人吃得了吗?

(2)他没学过中文,这篇文章他翻译不了。

(3)明天晚上有音乐会你们去得了吗?

7. 最多也就是十天半个月。

副词"最多"表示估计到最大数量,后面有数量词语。也可以表示估计到最高程度。可用于句中或句首,也说"至多"、"顶多"。

The adverb "最多" shows the greatest in number, degree or quantity, usually with a following numeral and measure word phrase. It may appear at the beginning or in the middle of a sentence, and sometimes can be alternatively replaced by "至多" or "顶多".

例如 E.g.

(1)这辆自行车最多值 200 块钱。

(2)那个孩子最多 15 岁。

(3)这个工作最多两个星期就能完成。

(4)丁文月病得什么也吃不下去,最多只能喝点儿水。

8. 与其看着她痛苦地煎熬,不如让她早点儿结束痛苦。

连词"与其"常与"不如"用在复句的前后分句中,表示取舍关系,在经过比较之后,不选择前者而选择后者。

The conjunction "与其" is usually used with "不如" in different clauses of a complex sentence for comparison by which the second choice is made rather than the first one.

例如 E.g.

(1)与其以后做,不如现在做,早做完不是更好吗?

(2)与其给他写信,不如打电话,打电话快得多。

(3)与其花这么多钱修,不如买一个新的。

9. 病人临死以前为什么不告诉他们一声?

这儿"声"做动量词,"告诉一声"意思是"告诉一下儿"。

Here "声" functions as a verbal measure word. "告诉一声" is equal to "告诉一下儿".

例如 E.g.

(1)你走的时候叫我一声,咱们一起走。

(2)你去通知他们一声,明天的会不开了。

(3)刚才我听到几声鞭炮响。

10. 但是安乐死目前并没有得到法律的承认。

这里的"并"是副词,只用在否定词语前,以强调否定语气。

Here the adverb "并" only goes before the negative phrase to strengthen the negative tone.

例如 E.g.

(1)吸烟的害处他并不是不知道,而是下不了决心戒烟。

(2)我和他只是朋友,并无工作关系。

(3)他表哥去过中国,表妹并没有去过。

五 词语例解

Word Study

1. 养

(动)(verb)

使身心恢复健康

Recover physically and mentally

(1)最近他身体不好,一直在家养着。

(2)老刘半年没上班了,在家养病呢。

饲养动物、培植花草

Keep pets or grow plants

(3)你家养猫养狗吗?

(4)退休以后,他除了上老年大学外,还在家养鱼养花。

生育

Give birth to a baby

(5)去年张太太又养了一个儿子。

2. 实在

(形)(adjective)

(1)他这个人很实在，你有什么要帮忙的可以找他。

(2)说实在的，我不喜欢他这样做。

(副)(adverb)

(3)我实在没有办法了，只好来请求你的帮助。

(4)林美英看到丈夫、子女为了照顾她，每天吃不好睡不好，她实在痛苦极了。

3. 终于

(副)(adverb)

(1)听完大夫的话，田中平终于把烟戒掉了。

(2)等了三个月，问题终于解决了。

(3)经过调查和化验，林美英的死亡案子终于清楚了。

(4)在家养了半年，他身体终于好起来了。

4. 经过

(名)(noun)

(1)请你把案子的经过给大家介绍一下儿。

(动)(verb)

(2)从办公楼到教室要经过图书馆。

(3)经过两个多月，他才找到一个工作。

(4)经过讨论，公司同意签订这份合同。

5. 也许

(副)(adverb)

(1)他今天也许来，也许不来。

(2)你再认真找一找，也许能找到。

(3)让他找一下儿校长，也许校长能帮助他解决。

六 阅读课文

他是这样安乐死的

他叫约德,是一位60多岁的荷兰人。一年前他不幸得了一种医学史上极其少见的疾病,到目前为止,还没有任何药物能控制这种病情的发展。约德很快就不能说话了,只能靠电脑和人们交流。后来,当他知道这种病最终会非常痛苦地死去时,一个念头突然出现,并且越来越坚定,这就是,与其让疾病折磨着痛苦而死,不如自己痛快地安乐而死。他想起了荷兰政府不久前通过的世界上第一个《安乐死法案》,于是,他写信给他的好朋友奥伦大夫,请他为自己实施安乐死。约德认为:"我虽然不能选择出生时间,却能为自己选择死亡时间而感到幸福,它给了我力量,使我忘记了疾病给我带来的痛苦。"

奥伦大夫收到约德的请求信后,既矛盾又痛苦。作为大夫,他的责任就是为病人治病,怎么能亲手处死一位病人呢?可是看着自己的好朋友在已经知道不能治好的情况下,被疾病折磨而死也是很痛苦的,他通过与有关人员进行了一系列认真研究后,终于同意了约德的要求。

约德知道奥伦大夫同意为他实施安乐死后，得到了很大的安慰。他把自己的死亡时间定在他 63 岁生日那一天。

这一天来到了。

约德和他亲爱的妻子以及奥伦大夫在一起十分平静地“聊天”。过了一会儿,约德说:“让我们别再耽误时间了。”——他这是让奥伦大夫作好实施安乐死的准备。接着,他又对妻子说:“我将去天国了,以后你会在那儿找到我的。”——他这是在与妻子告别。

奥伦大夫先给约德注射了麻醉剂,只见约德很快入睡了。奥伦又给约德注射了导致他死亡的药物。约德就这样安详而永远地与亲人告别了。

在约德安乐死的过程中,他的妻子一直忍受着极大的悲痛在他的身边,最后她说:“我从没见过他那样安详,他不再有痛苦,这是对我最大的安慰。”

荷兰最高检察院宣布不追究奥伦大夫的责任。

以上就是纪录片《他自己选择死亡》的故事。

生词 New Words

1	电脑	(名)	diànnǎo	computer
2	字幕	(名)	zìmù	screen
3	念头	(名)	niàntou	idea
4	坚定	(形)	jiāndìng	firm
5	选择	(动)	xuǎnzé	to choose
6	忘记	(动)	wàngjì	to forget
7	矛盾	(形, 名)	máodùn	contradictory; contradiction
8	亲手	(副)	qīnshǒu	with one's own hands
9	处死		chǔ sǐ	to kill
10	平静	(形)	píngjìng	calm
11	聊天		liáo tiān	to chat
12	耽误	(动)	dānwu	to delay
13	天国	(名)	tiānguó	paradise
14	告别	(动)	gàobié	to say good-bye
15	注射	(动)	zhùshè	to give an injection
16	麻醉剂	(名)	mázuìjì	anaesthetic
17	导致	(动)	dǎozhì	to lead to

18	安详	(形)	ānxiáng	calm
19	忍受	(动)	rěnshòu	to bear
20	宣布	(动)	xuānbù	to announce
21	追究	(动)	zhuījiū	to investigate
22	纪录片	(名)	jìlùpiān	documentary film

专名 Proper Nouns

1	约德	Yuēdé	name of a person
2	荷兰	Hélán	Holland
3	《安乐死法案》	《Ānlèsǐ Fǎ'àn》	*Euthanasia Bill*
4	奥伦	Àolún	name of a person
5	最高检察院	Zuìgāo Jiǎncháyuàn	Supreme Procuratorate

第十课 Lesson 10

捡到钱怎么办

一 课 文 Text

一个星期天，丁文月、田中平、林达三个人来到海边游泳、划船。他们玩儿了几个小时以后，觉得又渴又累，于是三个人就上了岸，坐在沙滩上，一边喝着吃着自己带来的东西，一边晒着太阳。这时，坐在他们旁边的两个小伙子正在热烈地争论着[①]：

“我觉得这个妇女是个大傻瓜。钱是捡来的，不是抢来的，也不是偷来的[②]。应该说，你捡到钱，这是你的运气好，叫你赶上了。”一个高个儿的小伙子大声地说着。

“你这种看法，我很难同意。这钱本来就不是属于你的，如果你把捡来的钱看作是自己的，并且为此而感到高兴[③]，你是否想到，在你高兴的同时，丢钱的人会是多么着急和痛苦啊！说不定丢钱的人会因此倾家荡产。我们为什么要让人家那么痛苦呢？”矮个儿的小伙子说。

"如果丢钱的人会感到痛苦,那他怪[4]不了别人,谁叫他粗心大意呢?痛苦是他自己造成的,痛苦是对他粗心大意的一种惩罚。"

"不能这么说,丢钱不一定都是粗心大意造成的。"

两个人争论了一阵[5],又一起游泳去了。

丁文月、田中平、林达他们知道两个小伙子争论的是什么?因为昨天晚上电视节目报道了这么一件事儿。

不久前的一天,一个40岁上下[6]的普通农村妇女,在回家的路上,捡到一个黑皮包。她打开一看,里面有身份证一张,两万元存款单一张,现款一万多元。面对这天上掉下来[7]的钱,这个普通妇女想的是什么呢?"丢钱的人一定着急死[8]了。我得赶快把它送还给失主。"按照身份证上提供的地址,她骑了一个多小时自行车来到失主家。当皮包里的身份证、存款单和现款一样不少地出现在失主面前时[9],失主感动得不知道说什么好[10]。他立即拿出五千元现款表示感谢,这个农村妇女微笑着摇摇头表示拒绝,然后骑上自行车回去了。

两个小伙子走了以后, 丁文月他们三个人也议论了起来。

丁文月说:"人嘛,还是应该有点儿同情心。你想想,如果钱是你丢的,你是希望别人能同情你,把钱送还给你,还是认为自己丢了钱活该呢?"

林达接着说:"我是这样看的,社会还是应该提倡互相关心,互相帮助,助人为乐。你把钱交出来, 你并没有失去什么⑪,而丢钱的人却可以免去许多痛苦,这有多好啊!"

"我也是赞成我为人人,人人为我这种精神的。但是各人的价值观念不同,做法自然也就不一样了。社会上哪能只有一种做法呢?捡到钱,主动交出来,自然值得赞扬,但是,只要不被发现,他不交出来,你也没有什么办法。"田中平发表自己的看法。

二 生 词 New Words

1	海	(名)	hǎi	sea
2	划(船)	(动)	huá(chuán)	to row
3	渴	(形)	kě	thirsty

4	岸	(名)	àn	bank, shore
5	沙滩	(名)	shātān	sandy beach
6	晒	(动)	shài	to be exposed to the sun, (of the sun) to shine upon
7	太阳	(名)	tàiyáng	sun
8	小伙子	(名)	xiǎohuǒzi	young man
9	热烈	(形)	rèliè	warm, enthusiastic
10	傻瓜	(名)	shǎguā	fool
11	捡	(动)	jiǎn	to find, to pick up
12	抢	(动)	qiǎng	to rob, to grab
13	偷	(动)	tōu	to steal
14	运气	(名)	yùnqì	luck
15	赶(上)	(动)	gǎn(shang)	to be lucky enough to get, to get by chance
16	大声	(名)	dàshēng	loud voice
17	属于	(动)	shǔyú	to belong to
18	并且	(连)	bìngqiě	and, moreover
19	此	(代)	cǐ	this
20	而	(连)	ér	(a particle used to connect two logical parts of the sentence)
21	倾家荡产		qīng jiā dàng chǎn	to lose a family fortune

22	矮	(形)	ǎi	short
23	怪	(动)	guài	to blame
24	粗心大意		cū xīn dà yì	careless
25	(一)阵		(yí)zhèn	(measure word)
26	报道	(名,动)	bàodào	report; to report
27	上下	(名)	shàngxià	around, about
28	普通	(形)	pǔtōng	ordinary
29	皮包	(名)	píbāo	leather handbag; portfolio
30	里面	(名)	lǐmiàn	inside
31	身份证	(名)	shēnfènzhèng	identity card
32	存款单	(名)	cúnkuǎndān	document of deposit account, deposit paper
33	现款	(名)	xiànkuǎn	cash
34	天上	(名)	tiānshàng	sky, heaven
35	失主	(名)	shīzhǔ	loser
36	按照	(介)	ànzhào	according to
37	提供	(动)	tígōng	to provide
38	地址	(名)	dìzhǐ	address
39	当…时		dāng…shí	at the time of, when
40	样	(量)	yàng	(measure word)
41	感动	(动)	gǎndòng	to be touched
42	出现	(动)	chūxiàn	to appear

43	面前	(名)	miànqián	in the face of, in front of
44	微笑	(动)	wēixiào	to smile
45	摇(头)		yáo(tóu)	to shake(one's head)
46	议论	(动)	yìlùn	to discuss, to talk about
47	同情心	(名)	tóngqíngxīn	sympathy
48	同情	(动)	tóngqíng	to sympathize
49	活该	(动)	huógāi	to serve somebody right, to get what one deserves
50	提倡	(动)	tíchàng	to encourage; to promote
51	助人为乐		zhù rén wéi lè	It's a pleasure to help others
52	免去	(动)	miǎnqù	to save, to avoid
53	我为人人		wǒ wèi rénrén	I care for everybody
54	人人为我		rénrén wèi wǒ	everybody cares for me
55	观念	(名)	guānniàn	idea, concept
56	主动	(形)	zhǔdòng	initiative
57	赞扬	(动)	zànyáng	to praise
58	发表	(动)	fābiǎo	to express, to publish

1. 某时发生某事 mǒushí fāshēng mǒushì (2)
Time and occurrence

a(a_1, a_2…)，这时(候)，b(b_1, b_2…)

(1)他们坐在沙滩上，吃着喝着，晒着太阳。这时，坐在他们旁边的两个小伙子正热烈地争论着什么。

(2)吃完午饭，我正要去买东西，这时候，外边下起了雨。

(在)a 的同时，b(b_1, b_2…)

(3)捡到钱你很高兴，可是，在你高兴的同时，丢钱的人正为此着急和痛苦呢。

(4)他学习汉语的同时，还在学习专业课。

2. 客气地否定对方的说法 kèqi de fǒudìng duìfāng de shuōfǎ (2)
Polite refutation

a(a_1, a_2…)，我很难同意(b_1, b_2…)

(1)你这种看法，我很难同意。

(2)有人认为生不生孩子，生几个孩子完全是个人的问题。我很难同意这种看法。

a(a_1, a_2…)很难让人同意／接受。

(3)您这种想法很难让人同意。

(4)不去中国就学不好汉语，这种看法太绝对，很难让人接受。

3. 唤起注意 huànqǐ zhùyì (2)
Call somebody's attention

你是否想到，a(a_1, a_2…)

(1)你是否想到，在你为捡到钱而高兴的同时，丢钱的人会是多么着急和痛苦！

(2)你是否想到，找到自己满意的工作不是件很容易的事，能找到这样的工作应该感到高兴。

唤起注意下面假设的情况。

Call somebody's attention to the following supposition.

设想一下，如果 a(a_1, a_2…),(那么) b(b_1, b_2…)

(3)设想一下,如果丢钱的是你,那么你是希望别人把捡到的钱还给你,还是认为自己活该呢?

(4)我们设想一下,他如果不来,我们怎么办?

4. 客气地否定对方的说法 kèqi de fǒudìng duìfāng de shuōfǎ (3)

Polite refutation

(好像)不能这么/这样说。(b_1, b_2……)

(1)"丢钱是他自己粗心大意造成的,活该!"

"不能这么说,丢钱不一定都是粗心大意造成的。"

(2)"便宜的东西一定不是好东西。"

"好像不能这样说,便宜的东西也有好的。"

5. 赞成/不赞成 zànchéng / bú zànchéng

Agree or disagree

赞成/不赞成 b(b_1, b_2…)

(1)我赞成"我为人人,人人为我"这种精神。

(2)社会上有许多人不赞成实施安乐死。

(3)我不赞成这种看法。

6. 叙述结构 xùshù jiégòu

Formation of statement

叙述一件事情或讲述一个故事,一般要交待时间、人物、地点、事件、经过、结果等六个方面的内容,构成叙述结构。这六个部分的叙述顺序前后可以有所变动。

In a statement or story-telling sequence what should be made clear is the time, people concerned, place, event, course and result, all of which form a statement or a narration. The order of the six parts are changeable.

时间 (shíjiān, time):不久前的一天,……

人物 (rénwù, people concerned):一个农村妇女,……

地点 (dìdiǎn, place):在回家的路上,……

事件 (shìjiàn, event):捡到一个黑皮包,……

经过 (jīngguò, course):她骑车找失主,……

结果 (jiéguǒ, result):把钱交给了失主,……

四 注 释 Notes

1. 坐在他们旁边的两个小伙子正在热烈地争论着

副词"正在"+动词(或形容词)+助词"着"表示动作在进行中或状态在持续中。动词如有宾语,要放在"着"后,没有否定式。

The structure of "正在"+verb (or adjective)+"着" can be used to indicate the progress of an action or the continuation of a state. The object, if any, should go after the particle "着". There is no corresponding negative form of this sentence pattern.

例如 E.g.

(1)老陈正在抽着烟看书。

(2)他正在爱着一个姑娘。

(3)哥哥正在忙着工作,不能马上回家。

2. 钱是捡来的,不是抢来的,也不是偷来的。

用"不是…也不是…"来否定两方面的情况。

"不是…也不是…" can be used for a double negation.

例如 E.g.

(1)他不是广州人,也不是上海人,他是西安人。

(2)我不是骑自行车去的,也不是坐汽车去的,而是走着去的。

3. 如果你把捡来的钱看作是自己的,并且为此而感到高兴

连词"并且"表示更进一层的意思,可以连接并列的动词、形容词等或连接分句。

The conjunction "并且" can be employed to connect a coordinating verb, adjective or a clause for further statement.

例如 E.g.

(1)他去图书馆借书并且还书。

(2)这里的环境优美,并且十分安静。

(3)吸烟不但对自己的身体有害,并且污染环境。

在“为…而”这一结构中,介词“为(为了)”表示目的,后面连词“而”起连接作用,多用于书面。

In the structure of “为…而” the preposition “为” or “为了” that denotes the purpose is followed by the conjunction “而” for liaison, mostly in written Chinese.

例如 E.g.

(1)医学家为研究治疗心脏病而辛勤工作。

(2)那个人为保护自己的合法权益而上诉。

(3)政府为提倡戒烟而对香烟征收高税。

4. 那他怪不了别人

动词“怪”是责备、埋怨的意思。“了”这儿做可能补语。“怪不了”即不能怪的意思。

The verb “怪” means “blame” or “complain”. “了” here functions as a potential complement. “怪不了” suggests that somebody is not to be blamed.

例如 E.g.

(1)这事是他自己搞错的,怪不了别人。

(2)我这次迟到应该怪公共汽车,怪不了我,因为公共汽车在路上坏了。

(3)这次考得不好,怪不了老师,只能怪自己没有复习好。

5. 两个人争论了一阵,又一起游泳去了。

这儿“阵”是动量词,用于动词、形容词之后,表示延续一段时间的动作或状态,数量词多为“一”。

The verbal measure word “阵” usually goes after a verb or an adjective to indicate an action or a state that is going to continue for a while. The numeral is, more often than not, “一”.

例如 E.g.

(1)雪下了一阵又停了。

(2)今天的天气晴一阵阴一阵。

(3)我受伤的腿一阵阵疼痛,实在难忍。

6. 一个40岁上下的普通农村妇女

“上下”这儿用在数量词后,表示比该数量稍多或稍少。

Here “上下” is used after a numeral and measure word phrase to show an approximate number which is either bigger or smaller than the one given.

例如 E.g.

(1)这种手表大约要200块钱上下。

(2)今年报名参加暑期班的有80人上下。

(3)我猜这些东西也就30公斤上下。

7. 面对这天上掉下来的钱

"面对"是当面对着的意思。

"面对" means "in the face of".

例如 E.g.

(1)面对着好朋友,他说出了心里话。

(2)面对这些复杂的情况,经理让大家一起研究解决。

(3)面对困难,大家不要害怕。

"天上掉下来"表示出现意想不到的情况。

"天上掉下来" implies an unexpected situation.

8. 丢钱的人一定着急死了。

这里的"死"是形容词,做程度补语形容达到极高的程度,句末多有语气助词"了"。

Here "死" is an adjective. It functions as a complement of degree, carrying the meaning of "extremity", often with a modal particle "了" at the end of the sentence.

例如 E.g.

(1)最近工作太多,忙死了。

(2)今年冬天冷死了。

(3)女朋友同意跟他结婚了,他高兴死了。

9. 当皮包里的身份证、存款单和现款一样不少地出现在失主面前时

介词"当"后有"时(的时候)"表示事件、状态发生的那个时间,在句中做时间状语。"当…时"中间必须有动词词组或小句,不能跟单独的时间词组合。

As an adverbial of time "当…时" indicates the time at which a thing or an action takes place. The structure should be inserted with a verbal phrase or a minor sentence, and cannot be combined with a time word alone.

例如 E.g.

(1)当人感到痛苦时,最需要精神安慰。

(2)当我回到家时,哥哥早已睡了。

(3)当他收到这封信时,他高兴得跳了起来。

10. 失主感动得不知道说什么好。

“不知(道)…好”表示在一件事情面前想不出应该怎么说怎么做。在“不知(道)”后面有疑问代词“怎么”、“什么”、“哪儿”等，“好”前还可以有副词“才”。

“不知(道)…好” describes the difficult situation in which one does not know what to say or what to do. “不知(道)” is often followed by interrogative pronouns such as “怎么”,“什么” or “哪儿”. The adverb “才” may be used before “好”.

例如 E.g.

(1)电影、京剧、音乐会都不错，我也不知道去看哪一个好。

(2)这学期你给了我很多帮助，我不知道怎么感谢你才好。

(3)遇到这种事我也不知道跟谁商量好。

“不知(道)…好”还可以用作程度补语，说明动作达到的程度。

“不知(道)…好” may act as a complement of degree as well, indicating to what extent an action has reached.

例如 E.g.

(4)这一消息使他高兴得不知说什么好。

(5)病人疼痛得不知道吃什么药好。

11. 你并没有失去什么。

这里疑问代词“什么”表示一种不确指的事物。

The interrogative pronoun “什么” here denotes something unspecified.

例如 E.g.

(1)我饿了，我想吃点儿什么。

(2)一个学期过去了，我没有学到什么。

(3)一会儿你就知道了，我不说什么了。

五 词语例解

Word Study

1. 本来

(形)(adjective)

原有的

the original

(1)这件毛衣本来的颜色是红的，现在变成这个样子了。

(副)(adverb)

原先

originally

(2)我本来不会中文,是去年才开始学习的。

(3)他本来就不想去,现在下雨了,他更不会去了。

理所当然

It goes without saying

(4)这本来就是你的责任,你怎么能说别人呢?

(5)本来嘛,学好一种语言就应该付出很大的代价,不付出劳动哪能学好呢?

2. 人家

(代)(pronoun)

指说话人和听话人以外的人,相当于"别人"。

It refers to "others"—people other than the speaker and listener.

(1)这钱是人家丢的,你应该把它还给人家。

(2)人家赞成是人家的事,你的看法是什么?

指某个人或某些人,所说的人前面已经提到,相当于"他"或他们。

It refers to "he" or "they"—people mentioned previously.

(3)他去医院看过大夫了,人家说这种病能治好。

(4)林达刚才来找你,你赶快给人家打个电话。

指说话人自己,相当于"我"。

It is for self-reference, corresponding to "I"

(5)你说慢点儿,人家听不清楚你在说什么?

3. 掉

(动)(verb)

(1)这是楼上掉下来的东西,你看是什么?

(2)他感动得掉下了眼泪。

(3)东西请拿好,别掉了。

(4)他身体不好,烟和酒都戒掉了。

(5)那些过去的不愉快的事我早已忘掉了。

4. 死

(动)(verb)

(1)他十岁的时候他爷爷就死了。

(2)林美英是吃安眠药死的。

(形)(adjective)

(3)那儿有一只死猫,我们过去看看。
(4)门别关死,一会儿还有人要进来。
(5)这次考试他得了100分,高兴死了。
(6)上个月我忙死了,一天都没有休息。

5. 而

(连)(conjunction)

连接意思相反的并列形容词、动词

It is used to connect coordinating adjectives or verbs in contrary meaning.

(1)这种工作不错,花的时间少而收入多。

连接意思相反或相对的分句

It is used to connect clauses in opposite or contrary meaning.

(2)我们系今天已经考完了,而他们系今天才刚刚开始考试。

连接互相补充的并列形容词。

It is used to connect coordinating adjectives adding to one the other.

(3)这是一个漂亮而又聪明的小姑娘。

把表示目的、原因、方式的成分连接到动词上

It is used to connect the verb with elements of purpose, reason and form.

(4)我们不能因为是捡到的而不送还人家。
(5)这次你们考得很好,我为你们的进步而感到高兴。

六 阅读课文

Reading Comprehension

此地无银三百两

从前,有个叫张三的人,生活过得很简朴,省下了300两银子,

高兴得不得了。他担心这么多银子放在家里不安全,想找个地方把它藏起来。可是藏到哪儿才安全呢?开始他把银子放在一个箱子里,外面又加上两把锁。过了一会儿,他又觉得不安全,要是有人连箱子一起偷走怎么办呢?想来想去,最后他决定把银子放在坛子里,然后把放有银子的坛子埋到地下,这样最安全。

夜里,等人们都睡了以后,张三一个人在自己房屋的后面挖了个坑,把那个坛子埋起来了。他想想还有点儿不放心,就在埋银子的地方插了一块木牌,上面写着"此地无银三百两"。做完这一切,张三才觉得保险了。他哪儿知道,他挖坑、埋银子,早被邻居阿二全都看在眼里了。夜里,阿二等张三睡着了以后便来到张三的房屋后面,挖出那个坛子,偷走了里面的三百两银子。阿二怕被人发现自己偷了张三的银子,就在埋银子的地方也插了一块木牌,上面写着"邻居阿二不曾偷"。

这是一个民间故事,常用来比喻有的人所说的话或所做的事正好暴露了他所要掩盖的内容。

生词 New Words

1	此地无银三百两	cǐ dì wú yín sānbǎi liǎng	No 300 taels of silver buried here — a stupid

denial to invite trouble

2 简朴	(形)	jiǎnpǔ	simple
3 省	(动)	shěng	to save
4 两	(量)	liǎng	(a measure word)
5 银子	(名)	yínzi	silver
6 安全	(形)	ānquán	safe
7 藏	(动)	cáng	to hide
8 箱子	(名)	xiāngzi	box
9 锁	(名,动)	suǒ	lock; to lock
10 坛子	(名)	tánzi	earthen jar
11 埋	(动)	mái	to bury
12 地下	(名)	dìxià	underground
13 挖	(动)	wā	to dig
14 坑	(名)	kēng	pit, hole
15 木牌	(名)	mùpái	wooden sign
16 不曾	(副)	bùcéng	never
17 民间	(名)	mínjiān	folk
18 暴露	(动)	bàolù	to expose
19 掩盖	(动)	yǎngài	to cover

专名 Proper Nouns

1 张三 Zhāng Sān name of a person

2 阿二 Ā'Èr name of a person

第十一课 Lesson 11

中国的社会习俗(一)

一 课 文 Text

经过一年多的学习，苏姗不但初步地掌握了汉语，对中国历史、中国文化也产生了浓厚的兴趣。她决定明年到中国再学一年汉语，进一步提高自己的听说读写能力。

苏姗经常听老师说，学习一种语言，必须同时了解那个民族的文化，否则，有时就会影响交际，甚至会产生误会，导致交际的失败。在实践中，苏姗也有这方面的体会，因此，她除了努力学好汉语以外，一有空儿就喜欢跟汉语老师、中国留学生或去过中国的朋友谈论中国的一些日常生活习俗。

丁文月的哥哥丁文海在中国学了四年汉语，现在又在一家公司从事与中国有关的贸易工作，可以称得上①是个“中国通”了。周末或节假日，苏姗常到丁文月家来，她喜欢听丁文海介绍中国社会各方面的情况，也喜欢听他谈自己在中国学习时的亲身经历。

一次,丁文海说:“在中国生活一段时间以后,你会发现中国有许多社会习俗跟西方的不一样。比如说,在西方,年龄、婚姻状况、工资收入以及家庭财产等许多个人的事儿是不谈论的。询问这类事儿会被认为是干涉别人的私事,是不礼貌的[2]。但是,在中国,同学、同事、朋友之间,这些事儿却是时常谈起的话题。‘吃饭了吗?’‘上哪儿去?’是中国老百姓常用的招呼语。‘结婚了吗?’‘最近在忙什么呢?’‘天气冷了,注意身体啊!’等被看成是同事、朋友之间互相关心的表现”。

“当然,对不熟悉的人,对上级和师长随便询问个人的事儿也是不适宜、不礼貌的。有关性的问题,是不谈论的,尤其是异性之间,更是不能谈论。”

“听说在请客吃饭方面也有一些不同,是吗?”苏姗问。

“中国人一般不轻易请人吃饭。但是,一旦请了,就要做充分的准备。吃饭时,主人要主动为客人添饭夹菜。即使客人表示‘不要了’,主人也还会一再劝让。”

苏姗感到奇怪,不好[3]理解,于是又问:“为什么要这样做呢?”

“问题就在这个地方。西方人认为请客吃饭主要不是为了吃饭,而是为了见见面、聊聊天、交换交换各自的看法。但是,中国人认为,既然是请客吃饭,那么让客人多吃、吃好是最重要的。饭菜不丰盛会被认为是丢面子,而且也是对客人的不尊重。”

“这是不是人们所说的中国人‘热情好客’的具体体现呢?”苏姗说。

“我想是这样的。西方人讲的是尊重个人的意愿,能吃多少吃多少④,不勉强别人,不劝吃劝喝。”

苏姗又问:“那么,我们招待中国客人是不是也应该劝人家多吃多喝呢?”

“怎么做可以根据具体情况。但是有一点要注意,招待中国客人时,当你问他们‘来点儿什么呢?’‘再来一点儿,好吗?’他们常常会说‘不用了’、‘不要了。’”

听到这儿苏姗马上接着问:“遇到这种情况怎么办?”

“他们说这话,一种可能是客气,不好意思说要,另一种可能是真的不要了。你可以多问两次,如果是真的不要了,那就算了⑤。”

二 生 词 New Words

1	初步	(形)	chūbù	preliminary, basic
2	掌握	(动)	zhǎngwò	to master
3	浓厚	(形)	nónghòu	great, strong
4	进一步	(副)	jìnyíbù	further
5	影响	(动,名)	yǐngxiǎng	to influence, to affect; influence
6	甚至	(副,连)	shènzhì	even
7	误会	(名,动)	wùhuì	misunderstanding; to misunderstand
8	导致	(动)	dǎozhì	to lead to, to result in
9	失败	(动,名)	shībài	to fail; failure
10	实践	(动,名)	shíjiàn	to practise; practice
11	体会	(名,动)	tǐhuì	experience; to realize
12	从事	(动)	cóngshì	to work on, to be engaged in
13	贸易	(名)	màoyì	trade
14	称	(动)	chēng	to call; to be called

15	中国通	(名)	zhōngguótōng	an old China hand; an expert on China
16	年龄	(名)	niánlíng	age
17	状况	(名)	zhuàngkuàng	state, situation
18	工资	(名)	gōngzī	wages, salary
19	财产	(名)	cáichǎn	property
20	询问	(动)	xúnwèn	to ask about
21	类	(量)	lèi	sort, kind (measure word)
22	私事	(名)	sīshì	private affairs
23	同事	(名)	tóngshì	colleague
24	…之间		…zhījiān	between, among
25	时常	(副)	shícháng	often
26	话题	(名)	huàtí	topic of conversation
27	老百姓	(名)	lǎobǎixìng	ordinary people
28	招呼语	(名)	zhāohuyǔ	expressions used when friends meet
29	表现	(动,名)	biǎoxiàn	to indicate; expression
30	熟悉	(形)	shúxī	familiar
31	上级	(名)	shàngjí	superior, higher authorities
32	师长	(名)	shīzhǎng	teacher
33	适宜	(形)	shìyí	appropriate, suitable
34	尤其	(副)	yóuqí	especially
35	异性	(名)	yìxìng	opposite sex

36	轻易	(形)	qīngyì	easily, rashly
37	一旦	(副)	yídàn	once, in case, now that
38	充分	(形)	chōngfèn	full
39	主人	(名)	zhǔrén	host, owner, master
40	添	(动)	tiān	to add
41	夹	(动)	jiā	to pick up with chopsticks
42	即使	(连)	jíshǐ	even if
43	劝	(动)	quàn	to urge, to try to persuade
44	奇怪	(形)	qíguài	strange
45	聊天		liáo tiān	to chat
46	交换	(动)	jiāohuàn	to exchange
47	各自	(代)	gèzì	individual, each
48	丰盛	(形)	fēngshèng	rich
49	面子	(名)	miànzi	face
50	好客	(形)	hǎokè	hospitable
51	体现	(动)	tǐxiàn	to embody, to reflect
52	意愿	(名)	yìyuàn	wish
53	勉强	(动，形)	miǎnqiǎng	to force; strained
54	招待	(动)	zhāodài	to entertain
55	不好意思		bù hǎoyìsi	embarrassed

56	算	(动)	suàn	to count; followed by 了 let's forget it (as in "算了")

专名 Proper Noun

西方	Xīfāng	the west

1. 表示语意递进 biǎoshì yǔyì dìjìn

Semantic progress

用"也/还 b"表示除前面所说的意思之外,还有更进一层的意思。

With "也 or 还 b" additional points can be made to what was said previously.

…不但 a(a_1, a_2…),也/还 b(b_1, b_2…)

(1)苏姗不但初步掌握了汉语,对中国的历史和文化也产生了浓厚的兴趣。

(2)京剧不但中国人喜欢看,不少外国人也喜欢看。

(3)他不但请我吃了中国菜,还给我介绍了中国菜的做法。

(4)王教授不但是一位社会学家,还是一位音乐学家。

2. 表示进一步说明 biǎoshì jìnyībù shuōmíng (2)

Further explanation

用"甚至"引出突出的事例来进一步说明。

With "甚至" striking points can be made for further explanation.

…(不但/不仅 a),甚至 b(b_1, b_2…)

(1)不了解所学语言的文化,不但会影响交际,甚至会产生误会,导致交际的失败。

(2)这个故事很生动,不仅孩子喜欢听,甚至成年人也喜欢听。

(3)许多50多岁的人参加了游泳比赛,甚至60岁、70岁的人也有。

3. 强调 qiángdiào (1)

Emphasis

引进同类事物中需要强调的一个或几个。

Bring in one or more of the similar things for emphasis.

$a(a_1,\ a_2\cdots)$, 尤其(是)$b(b_1,\ b_2\cdots)$

(1)有关性的问题是不谈论的,尤其是异性之间。

(2)我的汉语还很差,尤其是听的能力。

(3)最近一直很热,尤其昨天和前天。

4. 表示假设 biǎoshì jiǎshè (1)

Hypothesis

表示只要经过某个步骤或行为,就能够或应该产生相应的结果。

Corresponding results can be expected so long as a proper step or action is taken.

…一旦 $a(a_1,\ a_2\cdots)$, (就)$b(b_1,\ b_2\cdots)$

(1)中国人轻易不请人吃饭,一旦请了,就要做充分的准备。

(2)这次考试一旦不及格,明年的奖学金可就没有了。

(3)我一旦找到好的工作,首先告诉你。

5. 表示假设兼让步 biǎoshì jiǎshè jiān ràngbù (1)

Hypothesis and concession

即使 $a(a_1,\ a_2\cdots)$,也/还 $b(b_1,\ b_2\cdots)$

如果前后两部分指的是有关的两件事,那么前面常表示一种假设的情况,后面表示就是在这种情况下,结果或结论也不变。

If two parts of a sentence are in reference to two different things, the first part generally indicates a hypothesis, and the second part indicates that under the given circumstances the result or conclusion would be unchanged.

(1)吃饭时主人不断地给客人添饭夹菜,即使客人表示不要了,主人也还会一再劝让。

(2)明天不下雨,我们当然去;即使下雨,我们也要去,否则就没有机会了。

如果前后两部分指的是同一件事,那么后一部分表示在前面假设情况的基础上做退一步的估计。

If two parts of a sentence are in reference to the same thing, the second part

indicates that further consideration is needed on the basis of the previous hypothesis.

(3)明天不会下雨,即使下雨也不会太大。

(4)参加短期留学的人不少,即使没有50人,也有30人。

四 注释 Notes

1. 可以称得上是个"中国通"了。

这里的"上"是引申用法,用在动词后作可能补语,表示能或不能达到一定目的或标准。

Here "上" is used in an extended way after the verb as a potential complement, indicating the possibility to achieve one's goal or reach a level.

例如　E.g.

(1)上海称得上是世界最大最有名的城市之一。

(2)他们俩称不上是好朋友,只是一般的朋友。

(3)他能当得上公司经理吗?

(4)比尔的成绩比不上苏姗。

2. 询问这类事儿…是不礼貌的。

"是…的"句还可以表示语气,用来表示说话人的看法、见解或态度。谓语一般是解释说明主语的。不同句子中语气也不同,可以表示强调、肯定或态度坚决等。

"是…的" may be used in a tone which shows the speaker's viewpoint, opinion or attitude. Different sentences have different tones for emphasis, approval or a firm stand. The predicate generally explains the subject.

例如　E.g.

(1)我朋友的婚姻是很幸福的。

(2)随着医学科学的发展,癌症将来是一定可以治好的。

(3)他非常坚决地说:我是不会去的。

有时用双重否定表示缓和或委婉的语气。

Sometimes double negation is employed to soften the tone or to give a tactful statement.

(4)做任何事情不努力是做不好的。

(5)问题不是不能解决的,你不要着急。

3. 苏姗感到奇怪,不好理解

形容词"好"这里是"容易"的意思,用在动词前,其作用类似助动词。

As the equivalent of "easy" the adjective "好" is put before the verb functioning like an auxiliary.

例如 E.g.

(1)这条路不好走,你别走这条路。

(2)今天上的这篇课文好懂。

(3)这种饭好做,我都会做。

4. 能吃多少吃多少

这是一个表示假设条件的紧缩句。意思是:"如果你能吃多少东西就吃多少(东西)。"这里的"多少"是疑问代词,指不定的数量。

This is a hypothetical contracted sentence, meaning "eat as much as you can". Here "多少" is an interrogative pronoun for an indefinite number or quantity.

例如 E.g.

(1)今天我只带了一百块钱,能买多少买多少吧。

(2)你身体不太好,不要勉强,工作能做多少做多少。

(3)这本书大家不一定要今天看完,能看多少看多少。

5. 那就算了

动词"算"有多种意思。这里"算+了"表示作罢。

The verb "算" is meaningful. Here it is used in the sense of "let's forget it".

例如 E.g.

(1)这么贵啊,算了,别买了。

(2)他不想去算了,我们两个人去吧。

(3)算了,不要再说了,再说就没意思了。

五 词语例解

Word Study

1. …之间

(1)东教学楼和西教学楼之间是办公楼。

(2)中国的春节在每年的一月和二月之间。

(3)他们两个人之间有点儿误会。

(4)王先生每年全家的收入大约在15万到20万元之间。

2. 尤其

(副)(adverb)

(1)我很喜欢音乐,尤其喜欢古典音乐。

(2)弟弟每门课学得都很好,尤其是数学学得最好。

(3)抽烟对身体不好,尤其影响心脏。

3. 即使

(连)(conjunction)

(1)明天即使下雨,我们也要去。

(2)大家一定要多练习说,即使说错了也没关系。

(3)即使他每天工作很忙,也坚持锻炼身体。

4. 好

(形)(adjective)

表示优点多,使人满意

It means "good" or "satisfied".

(1)这是一个好办法,可以试试。

(2)这个女主人公演得很好。

表示健康,病愈,问候

It can be used for greetings or asking after someone's health.

(3)李天明的病好了,明天就可以来上课了。

(4)我身体一直很好,你呢?

(5)你好,林小姐!

表示友好、亲爱

It expresses the speaker's friendly or intimate feeling.

(6)我们俩是好朋友。

(7)她既是好女儿又是好妈妈。

用疑问形式征求对方意见

It is used to invite comments when appearing in an interrogative form.

(8)一会儿我们一起去打网球,好吗?

(9)你等我几分钟好不好?我很快就回来。

表示某种语气

It expresses a certain tone.

(10)好,今天的课我们就上到这儿。

(11)好,就按照你们说的办吧。

表示容易

It means "easy".

(12)这个问题很简单,好解决。

(13)今天的作业好做,一会儿就能做完。

用在动词后做结果补语,表示完成

It can be put after a verb as a resultative complement, indicating the completion of an action.

(14)饭做好了,吃饭吧。

(15)王先生,计划制定好了,你看看。

(副)(adverb)

强调多或久

It means a great number or long time.

(16)妹妹过生日时,收到好多礼物。

(17)我等了好久,他才来。

表示程度深

It means a high degree.

(18)好漂亮的风景啊!我们多玩儿一会儿吧。

5. 让

(动)(verb)

表示致使、容许、听任,必须带兼语

It should be used in a pivotal sentence in the sense of "cause","permit" or "let".

(1)妈妈让妹妹去买牛奶。

(2)对不起,我来晚了,让你久等了。

(3)你让我做吧,我会做好的。

表示谦让,或请人接受招待。

It means hospitality or to entertain somebody.

(4)客人来了,主人热情地让茶,吃饭时又不停地让吃让喝。

(5)公共汽车上,人们都给老人让座。

(介)(preposition)

引进动作的施动者,常用于口语

It is used to introduce the performer of an action, often in spoken Chinese.

(6)"汉英词典"让田中平拿走了。

(7)窗户让风刮开了。

六 阅读课文

Reading Comprehension

语言交际与习俗

学习一种语言，必须同时了解使用这种语言的民族习俗和文化,否则就会影响交际的有效进行,甚至还会产生误会。

同样,学习汉语也必须同时了解中国的社会习俗和文化。历史悠久的中国,有许多习俗和观念与西方国家不同。例如,访问他人之前要事先约定一下时间,这是许多国家的共同习惯。但是,传统上中国人对这一点就不那么严格。去看亲戚朋友、祝贺他人等,常常可以不用事先约定时间;邻居或同事之间的拜访也可以不必事先约定时间。不过,近些年来随着电话的增多和人们观念的改变,许多人也开始在访问之前先打个电话,约一个时间,然后再去访问。告别的时候,客人常说"我该走了。"或"打扰您了,我该回去了。"主人则应挽留客人说"再坐会儿吧。""再聊会儿吧。"有时还要挽留客人在家里吃饭。当客人谢绝以后,主人要说"欢迎你有时间再来。"并要送客人到门外。这时客人要说"别送了,请留步。"主人常说"再见"或"您慢走。"中国人认为,挽留客人,把客人送到门外,都是对客人热情和尊重的表现;而有些国家在告别时主人说一声"再见"就可以了。

在请客方面中国也有不少跟西方国家不同的地方。中国人一般不轻易请人吃饭,往往是为了感谢对方的帮助或自己有了什么好事才请客。一旦决定请客,就要做好充分的准备,往往几天前就开始准备。并事先邀请对方。对方一般要推辞一番才接受邀请。吃饭时,即使饭菜很丰盛,主人也要说"没什么好菜,请随便吃点吧。"客人则要说"做这么多的菜,您太客气了。""让您破费了,真不好意思。"主人和客人这样说,是自己谦虚和尊敬对方的表现。

中国人请客主要是为了表达心意,不只是为了见见面、聊聊天。所以很重视吃,客人多吃多喝主人才高兴。与有些西方国家不同的还有,在中国,主人请客时是决不会让客人自己带饭菜的。请客人或朋友到饭馆吃饭时,也一定是主人付钱,而不能让客人或朋友自己付钱。吃饭时,主人和客人要每一种菜都吃,一般不能各吃不同的菜。

生词 New Words

1	使用	(动)	shǐyòng	to use
2	悠久	(形)	yōujiǔ	long standing
3	事先	(副)	shìxiān	beforehand
4	严格	(形)	yángé	strict
5	祝贺	(动)	zhùhè	to congratulate
6	打扰	(动)	dǎrǎo	to bother
7	挽留	(动)	wǎnliú	to urge someone to stay
8	谢绝	(动)	xièjué	to refuse
9	留步	(动)	liúbù	don't bother to see me out
10	邀请	(动)	yāoqǐng	to invite
11	推辞	(动)	tuīcí	to decline
12	破费	(动)	pòfèi	to go to some expense
13	心意	(名)	xīnyì	kindly feelings

第十二课 Lesson 12

中国的社会习俗(二)

一 课 文 Text

田中平送走[1]朋友后，一看表五点三刻了，他立刻拿起早已准备好的礼物朝[2]车库走去。今天是丁文月的生日，大伙儿约好六点钟在丁家见面。眼看时间来不及[3]了，他只好开车去。

路上汽车很多，田中平晚了十几分钟。他到的时候，大家已经到了。他把礼物送给丁文月以后随便找个座位坐了下来。

丁文月打开礼物高兴地说："这本画报太好了，谢谢你。"这时丁文月对妹妹说："你这是西方人接受礼物的做法。中国人可不是这样的。"

几个人谈论的话题一下子[4]就转到了各国送礼的习俗。丁文海说："送礼是人们交往中都有的习俗。但是在具体做法上，中国人和西方人却有很大的不同。

“中国人送礼时比较注意身份和礼物的质量。他们一般不会用自己做的小东西或者自己用过的东西送人。他们认为这样做是看不起对方，自己也会丢身份，被人家看不起。还有，中国人把礼物送给主人时，还会常常表示所送的东西不好，不值钱，而主人接受礼物时，也往往要推辞一番[5]，表示不能接受。

“收下礼物后，中国人不是像西方人那样，当场把礼物打开赞扬一番，而是把礼物放到一边。”

苏姗问：“为什么？”

“中国人认为这样做是对客人的尊重。他们觉得，如果当场打开，无非[6]是想看看礼物好不好。”

丁文月把蛋糕切开，几个人边吃边聊，话题一会儿又转到中国人是怎样对待赞扬的。丁文海说：“别人赞扬自己时，西方人一般用‘谢谢’来回答。可是中国人却常用‘哪里、哪里’，‘差得远呢’来回答以[7]表示谦虚。中国人认为，知识、学问是无止境的，越是有知识有学问越是要谦虚。无论[8]是做人还是做学问，如果一听到别人的赞扬就高兴得不得了，会被认为是修养不够的表现。如果你有机会听听中国学者的学术报告，你可能会听到由于自己水平不高，准备得也不充分，今天就讲到这儿，浪费了大家不少时间，请原谅之类谦虚的话。中国出版的书，作者在前言或后记中也常有类似的话。”

“是，我好像在哪儿⑨也见过。对了，在一本《初级汉语课本》的前言里就有这类的话。”林达插了几句。

“由于对中国社会习俗不了解，有的西方人遇到这种情况时有些反感，觉得中国人这样做虚伪、不诚实。其实，这不能说是中国人的虚伪。社会习俗是一个国家一个民族在长期的社会历史中形成的，不同的社会有不同的习俗嘛。”

“是这样，”李天明把话接了过来⑩，“去年我在中国，看到有家人家办丧事，穿的用的都是白色的，我很吃惊。在西方，结婚时新娘才穿白色的婚纱，因为白色象征纯洁。”

“在中国，结婚时新娘要穿红色的鲜艳的衣服。中国人认为红色象征幸福、吉利，因此，结婚、过年等一些喜庆、热闹的活动都要用红色的。”丁文海补充了几句。

“你们看，丁文月今天的打扮可是中西结合啊。”田中平这么一说，大家才注意到，丁文月今天穿的是红色的衬衫白色的长裙，显得非常漂亮。

二 生 词 New Words

1	立刻	(副)	lìkè	at once
2	朝	(介)	cháo	towards
3	大伙儿	(名)	dàhuǒr	everybody
4	约	(动)	yuē	to make an appointment, to arrange in advance
5	眼看	(副)	yǎnkàn	obviously (something will take place)
6	来不及		láibùjí	late for
7	随便	(形,连)	suíbiàn	casual; as one pleases
8	座位	(名)	zuòwèi	seat
9	画报	(名)	huàbào	pictorial
10	一下子	(副)	yíxiàzi	immediately, in a moment
11	转	(动)	zhuǎn	to turn to
12	交往	(动)	jiāowǎng	to associate, to contact
13	身份	(名)	shēnfen	status

14	质量	(名)	zhìliàng	quality
15	看不起		kànbuqǐ	to look down upon
16	对方	(名)	duìfāng	the other side
17	值钱	(形)	zhíqián	costly, valuable
18	往往	(副)	wǎngwǎng	often
19	推辞	(动)	tuīcí	to decline
20	番	(量)	fān	(measure word)
21	当场	(名)	dāngchǎng	on the spot
22	无非	(副)	wúfēi	simply, no more than
23	切	(动)	qiē	to cut
24	以	(连)	yǐ	in order to
25	知识	(名)	zhīshi	knowledge
26	学问	(名)	xuéwèn	learning
27	止境	(名)	zhǐjìng	limit
28	无论	(连)	wúlùn	whether (… or), no matter how (what / which)
29	修养	(名)	xiūyǎng	training, cultivation
30	学术	(名)	xuéshù	learning
31	浪费	(动)	làngfèi	to waste
32	出版	(动)	chūbǎn	to publish
33	作者	(名)	zuòzhě	author
34	前言	(名)	qiányán	preface
35	后记	(名)	hòujì	postscript

36	类似	(形)	lèisì	similar
37	初级	(形)	chūjí	basic
38	课本	(名)	kèběn	textbook
39	反感	(形)	fǎngǎn	disgusted with
40	虚伪	(形)	xūwěi	hypocritical, false
41	诚实	(形)	chéngshí	sincere
42	其实	(副)	qíshí	in fact
43	形成	(动)	xíngchéng	to form
44	丧事	(名)	sāngshì	funeral
45	吃惊	(形)	chījīng	shocking, startled
46	婚纱	(名)	hūnshā	wedding dress
47	象征	(动)	xiàngzhēng	to symbolize
48	纯洁	(形)	chúnjié	pure
49	鲜艳	(形)	xiānyàn	bright-coloured
50	吉利	(形)	jílì	lucky
51	过年		guò nián	to celebrate the New year
52	喜庆	(形)	xǐqìng	jubilation
53	补充	(动)	bǔchōng	to add to
54	打扮	(动)	dǎbàn	to make up, to dress up
55	中西	(名)	zhōngxī	Chinese and Western
56	结合	(动)	jiéhé	to combine
57	显得	(动)	xiǎnde	to look, to appear

1. 表示某种情况即将发生 biǎoshì mǒuzhǒng qíngkuàng jíjiāng fāshēng (2)

Immediate occurrence

表示某种行为或情况很快就要发生。

This is another way to indicate that something will take place right away.

(a)眼看(就要)b(b_1, b_2…)

(1)大伙儿约好六点钟见面,眼看时间就要到了,田中平只好开车去。

(2)圣诞节眼看就要到了,我们应该准备礼物了。

(3)眼看要下雨了,我们快点儿走吧!

2. 表示唯一的选择 biǎoshì wéiyī de xuǎnzé (2)

The only choice

表示只能做出某种不得已的选择。

It indicates that the present choice has been made against one's own will.

a(a_1, a_2…), 只好 b(b_1, b_2…)

(1)大伙儿约好六点钟见面,眼看就要迟到了,田中平只好开车去。

(2)昨天没找到他,今天只好再去一次。

(3)张先生不懂法语,我只好用英语跟他说。

3. 表示随意 biǎoshì suíyì

Free action

表示动作行为在方式、范围、时间、质量等方面没有特别的要求。

It indicates that one's action is not limited in terms of the way, scope, time and quantity, etc.

a(a_1, a_2…),随便 b(b_1, b_2…)

(1)田中平把礼物送给丁文月,随便找个座位坐了下来。

(2)你现在有时间吗?我想和你随便聊聊。

(3)我们先到附近的饭馆随便吃点什么,然后就去,行吗?

4. 表示条件和结果 biǎoshì tiáojiàn hé jiéguǒ (1)

Conditions and results

表示在任何条件下,结论或结果都不变。

It indicates that under any conditions the conclusion or result would remain unchanged.

无论/不管 a(a_1, a_2…),都/也 b(b_1,b_2…)

(1)无论是做人还是做学问,都要谦虚。

(2)无论去不去,我都打电话告诉你。

(3)他不管遇到什么困难,也不想麻烦别人。

5. 反感 fǎngǎn

Disgust

表示对人、事或某种现象的不满

One's disgust can be expressed with people, things or phenomena.

a(对 b…)(很)反感,…

(1)我对他很反感,不想和他一起去。

(2)大家对这种情形很反感。

(3)我很反感劝吃劝喝的习惯。

6. 表述实情 biǎoshù shíqíng (2)

Describe the real situation

a(a_1, a_2…), 其实 b(b_1, b_2…)

(1)…其实这不能说是中国人的虚伪,这只能说明我们和中国人的习俗不同。

(2)他嘴上说不想去,其实他心里很想去。

(3)李教授对中国文化非常了解,很多人以为他去过中国,其实他并没有去过中国。

1. 田中平送走朋友后

动词"走"可以做结果补语,表示"离开"、"去"的意思。

The verb "走" can be used as a resultative complement in the sense of "away" or "off".

例如 E.g.

(1)同学借走了我的词典。

(2)今天寄走了两封信。

(3)弟弟要拿走报纸给爸爸看。

2. 他立刻拿起早已准备好的礼物朝车库走去。

介词"朝"可以指出动作的方向或指出动作的对象。

The preposition "朝" refers to the direction of an action or the target it aims at.

例如 E.g.

(1)你下车后朝南走不远就到了。

(2)奶奶朝着我和姐姐说:"你们怎么这时候才到?"

(3)他朝窗外一看,雪越下越大了。

3. 眼看时间来不及了

"来不及"表示因时间短促,无法顾到或赶上。后面只能带动词。肯定式是"来得及"。

"来不及" is, as a rule, followed by a verb. It implies that something rematins undone or is missing due to the shortage of time. Its affirmative form is "来得及".

例如 E.g.

(1)商店六点关门,现在去买东西来得及来不及?

(2)刚才我还来不及问他,他就走了。

(3)这个问题来不及讨论了,下次开会再说吧。

4. 几个人谈论的话题一下子就转到了各国送礼的习俗。

副词"一下子"表示动作发生或完成得快,或某种现象突然出现,后面常与"就"连用。多用于口语。

The adverb "一下子" is usually used with a following "就" in spoken Chinese, describing the quick occurrence or completion of an action, or sudden appearance of a phenomenon.

例如 E.g.

(1)见了面,我一下子就认出他来了。

(2)一到6月,天气一下子就热起来了。

(3)我一下子忘了这个字怎么念。

5. 也往往要推辞一番

这里"番"是量词,多用做动量词,数词多限于"一"和"几"。

Here "番" is a measure word, or mostly a verbal measure word. often used together with the numeral "一" or "几".

例如 E.g.

(1)赞扬中国人时,中国人总要谦虚一番。

(2)经过几番努力,事情终于有了结果。

(3)老师用英文讲了一番,我们才懂得这个句子的意思。

6. 无非是想看看礼物好不好。

副词"无非"是"只不过是"的意思,表示没有什么特别的。

The adverb "无非" means "only" or "nothing but…".

例如 E.g.

(1)他的早饭无非是面包、牛奶什么的。

(2)她找你,无非是为了聊聊天。

(3)他这样做,无非想表现一下他对你的关心。

7. 可是中国人却常用"哪里、哪里","差得远呢"来回答以表示谦虚。

这里连词"以"是文言虚词,用在两个动词词组中间,表示目的。

The conjunction "以" descends from the classical Chinese. When used between two verbal groups it serves as a connecter of purpose.

例如 E.g.

(1)我们应该努力治理污染以保护环境。

(2)我们要想出各种道理,以反驳对方。

(3)政府必须制定有关人口的政策,以控制人口的增长。

8. 无论是做人还是做学问

连词"无论'跟连词"不管"一样,表示在任何条件下结果或结论都不会改变,后边有"都"或"也"呼应。

Like the conjunction "不管","无论" refers to the unchangeable result or conclusion under whatsoever conditions. It generally takes up a following "都" or "也".

例如 E.g.

(1)比尔无论学习什么都很认真。

(2)他表示,无论困难有多么大,他都要把汉语学好。

(3)无论你同意还是不同意,学校都不会改变这个决定。

9. 我好像在哪儿也见过。

代词"哪儿"这里是虚指,表示不确定的地方。

The unspecified pronoun "哪儿" means "a certain place".

例如 E.g.

(1)刚才不知从哪儿打来一个电话,我一接声音没有了。

(2)我好像在哪儿也听过这个故事,现在想不起来了。

(3)昨天你没有到哪儿去过吗?

10. 李天明把话接了过来

这儿"过来"用在动词后,表示人或事物随动作从一个地方到另一个地方。

"过来" often goes after a verb, indicating people or things move from one place to another when the action takes place.

例如 E.g.

(1)孩子们跑过来了。

(2)这烤鸭的做法是从中国介绍过来的。

(3)请你把东西拿过来。

五 词语例解

Word Study

1. 眼看

(副)(adverb)

(1)眼看就要考试了,我还没开始复习呢。

(2)眼看天气就要冷起来了。

(3)眼看商店就要关门了,快点儿吧。

2. 随便

(形)(adjective)

(1)大家一边喝茶一边随便聊天。

(2)他在家的时候,穿得很随便。

(3)说话不能随随便便,否则会被认为是修养不够。

(连)(conjunction)

(4)随便什么电影,他都喜欢看。

"随便"还可以是一个词组,表示按照某人的方便。

"随便" may also be used as a word group, meaning "do as one pleases".

(5)明天上哪儿都可以,随你的便。

3. 往往

(副)(adverb)

表示某种情况经常出现,不能用于将来的事情。

It indicates the frequent occurrence of something, therefore it is not right for the reference of future.

(1)每到周末,我们往往去跳舞。

(2)中国人收到礼物后往往要把礼物放到一边,不是当场打开赞扬一番。

(3)西方人对待赞扬往往用"谢谢"来回答。

4. 用…来…

"来"这儿是虚义,也可以不用。

"来" has a very vague meaning, therefore can be left out.

(1)妈妈常常用饺子来招待客人。

(2)丁文月每天晚上都要用半个小时来听中文广播。

(3)上课的时候,遇到不好理解的句子,林教授常常用英文来解释。

5. 其实

(副)(adverb)

(1)这个问题看起来很难,其实一点儿也不难。

(2)听口音像是北京人,其实他是上海人。

(3)大家只知道他汉语说得很好,其实他日语也说得非常好。

六 阅读课文

Reading Comprehension

中国人送礼的习俗

送礼是各国人民日常生活的共同习俗，是人们交往的一种需要。但是,不同的国家送礼的方式和所送的礼物却很不相同。

在中国,新年或节假日拜访亲戚朋友时总要带点礼物,比如水果、点心或烟酒之类的东西。参加婚礼要送点儿实用的东西,也有送钱的。看病人要送些水果或营养品。亲戚朋友的孩子考上大学一般也要送些礼物或钱表示祝贺。不过,近些年来送礼的礼价越来越高,送的礼物也越送越贵重。送礼成了许多人的生活负担。

在中国,除了老年人的生日和孩子的第一个生日以外,一般人的生日中国人是不太重视的,也没有送礼或寄生日卡的习惯。中国人送礼比较注意礼物的质量,除了孩子或中学生外,一般人是不会用自己做的礼物或自己用过的东西送人的。中国人认为那样做是很不礼貌的,既不尊重对方,也丢自己的面子。过去中国人没有送花的习惯,近年来由于受国外的影响,在城市里拜访亲戚朋友或看望病人时也有人开始送花了。

中国人在送礼时跟西方国家的一个很大的不同是,中国人不是一见面就拿出礼物,而是见面后把礼物放在一边。先问候一下主人最近的身体、工作或家庭情况,或先聊天儿,等要走的时候才把礼物送给主人。主人在接受礼物时也不像西方人那样,高兴地把礼物收下,并当场打开赞扬一番,表示喜欢;而是要先推辞一番,比如说"您太客气了,何必带礼物呢?!""你的心意我领了,但礼物不能收。"等等。对于主人的推辞,客人不会认为主人不喜欢自己的礼物或看不起自己。这时候客人常常会说"东西不太好,只是表表心意。""您就收下吧,这只是我的一点心意。"中国人接受礼物时的推辞是对对方的尊重和有礼貌的表现。主人收下礼物后也要放在一边,而不是马上打开看看送的是什么东西。一般来说,客人也不希望主人当时就打开礼物。主人要等客人走了以后再打开礼物,并注意以后找机会回赠对方礼物。

生词 New Words

1	方式	(名)	fāngshì	way
2	实用	(形)	shíyòng	practical
3	营养品	(名)	yíngyǎngpǐn	nutriment
4	礼价	(名)	lǐjià	money paid for gifts
5	贵重	(形)	guìzhòng	valuable
6	负担	(名)	fùdān	burden
7	重视	(动)	zhòngshì	to attach importance to
8	生日卡	(名)	shēngrìkǎ	birthday card
9	礼貌	(名)	lǐmào	courtesy
10	问候	(动)	wènhòu	to extend greetings to
11	何必	(副)	hébì	unnecessarily
12	领	(动)	lǐng	to appreciate
13	回赠	(动)	huízèng	to send a gift in return

第十三课 Lesson 13

中国人的姓名和称呼

一 课 文 Text

为了帮助同学们了解中国文化,学好汉语,中文系这学期要举行五次"中国文化讲座"。今天由张教授讲第一讲,题目为"中国人的姓名和称呼"。前来[①]听讲的人除了本系一、二年级的学生外,还有不少外系选学汉语的学生。

"姓名是区别社会成员的一种符号。姓在前面还是名在前面,各国的叫法[②]不完全相同。中国人是姓在前名在后。"尽管来听讲座的人还在陆续地进场,但是张教授一看时间到了,准时开始了他的讲座。

"中国人的姓是怎么来的呢?姓最早来源于[③]母系氏族社会。你们看,'姓'字是由'女'字和'生'字组成的。姓的来源主要有这么几种:从母系社会流传下来[④]的,如带'女'字旁的姜、姚等;与远古时代图腾崇拜有关的,如熊、龙、牛、马等;以古代的国名、地名为姓的,如齐、宋、赵、秦[⑤]等;以官衔或职业的名称为姓的，如司马、陶[6]等。还有，有的姓和植物的名称一样，如杨、柳、叶、谷等；有的姓跟表示颜色的字相同，如黄、白、蓝等；有的姓，如萨、呼延等是由少数民族姓名音译而来[7]的。总之，这些都反映了几千年来社会历史、经济、文化对姓的影响。"

"中国人到底有多少姓呢？"张教授刚说完就有人回答："一百个，因为中国有本书叫《百家姓》。"张教授说："中国是有一本叫《百家姓》的书。但是，这里的'百'不是一百的意思，而是表示多。实际上，《百家姓》里收集了500多个姓。据统计，中国历史上出现过的姓有五六千个，其中单姓最多。现代常用的姓只有几百个。在中国，姓什么的最多呢？有人可能会说姓'赵'的最多，因为《百家姓》里的第一个姓就是'赵'。《百家姓》是宋朝编的，宋朝的皇帝姓'赵'[8]，所以百家姓的第一个姓是'赵'。根据几年前的统计，中国'李'姓最多，大约占全国人口的7.9%。换句话说，约有一亿人姓李。中国人常说'张、王、李、赵遍地流(刘)'[9]，生动地形容了这五个大姓人数之多。"

"说到中国人的名字，那内容就更加丰富多彩，更加具有浓厚的中国文化特色了。中国人起什么名一般都由祖父母或父母等长辈来决定，或请有学问的师长、朋友来起。男子大多喜欢用表示勇敢、光明、长寿的字，例如龙、虎、明、健、寿等。女子起名多用表示温柔、美好、纯洁的字，如美、英、丽、花、月等。中国人历来有注重个人修养和爱国的传统，因此用'德'、'孝'、'忠'起名的不少，叫'兴华'、'振华'、'国富'、'国强'的也常见。目前在姓名方面主要问题是：单名越来越多；同名同姓的比例很大。同样叫'李华'的人，全国可能就有几千人。这给社会带来了许多的麻烦。"

"中国人的称呼，常用的是在姓的后面加上'先生、小姐、女士'，例如'王先生'、'赵小姐'。还有一种是姓后面加上官衔或职称，如刘校长、李教授。熟人之间可根据年龄大小叫老林、小丁。只有[10]长辈、老师、熟人或上级领导才能直接叫对方的名字。"

讲座进行了一个多小时，受到了同学们的热烈欢迎。

二 生 词 New Words

1	学期	(名)	xuéqī	academic term
2	外(系)	(名)	wài(xì)	other (departments)
3	区别	(动)	qūbié	to distinguish
4	成员	(名)	chéngyuán	member
5	符号	(名)	fúhào	sign, symbol
6	前面	(名)	qiánmiàn	front
7	后面	(名)	hòumiàn	rear, behind
8	叫法	(名)	jiàofǎ	the way it is called
9	相同	(形)	xiāngtóng	same
10	陆续	(副)	lùxù	successively
11	进场		jìn chǎng	to enter
12	准时	(形)	zhǔnshí	punctual
13	来源	(动,名)	láiyuán	to originate; origin
14	母系	(名)	mǔxì	matriarch
15	氏族	(名)	shìzú	clan
16	流传	(动)	liúchuán	to hand down
17	字旁	(名)	zìpáng	side of a character, component

18	远古	(名)	yuǎngǔ	remote antiquity
19	时代	(名)	shídài	age, era
20	图腾	(名)	túténg	totem
21	崇拜	(动)	chóngbài	to worship
22	官衔	(名)	guānxián	official title
23	职业	(名)	zhíyè	profession
24	名称	(名)	míngchēng	name
25	植物	(名)	zhíwù	plant
26	则	(助)	zé	(a particle)
27	由…而…		…yóu…ér	(a structure)
28	总之	(连)	zǒngzhī	in short, in a word
29	反映	(动)	fǎnyìng	to reflect
30	到底	(动)	dàodǐ	after all, finally
31	实际	(形)	shíjì	real, in fact
32	收集	(动)	shōují	to collect, to put together
33	单(姓)	(形)	dān(xìng)	single-character (surname)
34	换句话说		huàn jù huà shuō	in other words
35	编	(动)	biān	to compile
36	皇帝	(名)	huángdì	emperor
37	遍(地)	(形)	biàn(dì)	everywhere, all (places)

38	形容	(动)	xíngróng	to describe
39	更加	(副)	gèngjiā	even more
40	丰富多彩		fēng fù duō cǎi	rich and varied
41	具有	(动)	jùyǒu	to possess
42	特色	(名)	tèsè	characteristics
43	起(名)	(动)	qǐ(míng)	to name, to give (a name)
44	长辈	(名)	zhǎngbèi	senior member of a family
45	勇敢	(形)	yǒnggǎn	brave
46	光明	(形)	guāngmíng	bright
47	虎	(名)	hǔ	tiger
48	温柔	(形)	wēnróu	gentle and soft
49	历来	(名)	lìlái	always
50	注重	(动)	zhùzhòng	to attach importance to
51	爱国	(名)	àiguó	patriotism, to love one's country
52	忠	(形)	zhōng	loyal
53	女士	(名)	nǚshì	lady
54	职称	(名)	zhíchēng	title of one's professional post
55	大小	(名)	dàxiǎo	difference of age, generation or size

56	只有	(连)	zhǐyǒu	only
57	熟人	(名)	shúrén	acquaintance
58	领导	(名,动)	lǐngdǎo	leader; to lead
59	直接	(形)	zhíjiē	direct

专 名 Proper Nouns

1	姜	Jiāng	(a surname)
2	姚	Yáo	(a surname)
3	熊	Xióng	(a surname)
4	龙	Lóng	(a surname)
5	齐	Qí	(a surname)
6	宋	Sòng	(a surname)
7	赵	Zhào	(a surname)
8	秦	Qín	(a surname)
9	司马	Sīmǎ	(a surname)
10	陶	Táo	(a surname)
11	柳	Liǔ	(a surname)
12	叶	Yè	(a surname)
13	谷	Gǔ	(a surname)
14	白	Bái	(a surname)
15	蓝	Lán	(a surname)
16	萨	Sà	(a surname)

17	呼延	Hūyán	(a surname)
18	《百家姓》	《Bǎijiāxìng》	*A Collection of Surnames*
19	宋朝	Sòng Cháo	Song Dynasty
20	兴华	Xīnghuá	(name of a person)
21	振华	Zhènhuá	(name of a person)
22	国富	Guófù	(name of a person)
23	国强	Guóqiáng	(name of a person)
24	李华	Lǐ Huá	(name of a person)

1. 来源 láiyuán (1)

Origin

表示从何处而来。

The following pattern shows where something comes from.

a 来源(于)b(b_1, b_2…)

(1)中国人的姓最早来源于母系社会。

(2)文学和艺术都来源于现实生活。

(3)正确的评价来源于对情况的了解。

2. 构成 gòuchéng

Formation

由 b_1, b_2…组成 / 构成(的)

(1)"姓"字是由"女"字和"生"字构成的。

(2)我们班由十名男同学和八名女同学组成。

b_1, b_2…组成 / 构成(了)a。

(3)无数个细胞组成了人体,无数个家庭构成了社会。

3. 总括上文 zǒngkuò shàngwén (1)

Brief summary

对上文进行概括总结,或作出概括性的结论。

A brief summary can be made of the foregoing passage.

a(a_1, a_2…),总之, b(b_1, b_2…)

(1)…总之,这些都反映了社会历史和经济文化等对"姓"的影响。

(2)对这件事,有人赞成,有人反对,有人怀疑,总之,每个人都有自己的看法。

(3)王红今天有事,黄平感冒了,李雪突然收到面试的通知,总之,他们今天都来不了了。

4. 表述实情 biǎoshù shíqíng (3)

Describe the real situation

a(a_1, a_2…),实际上, b(b_1, b_2…)

(1)实际上,《百家姓》里收集的不是一百个姓,而是 500 多个姓。

(2)毕业这么多年了,实际上我已经把他忘了。

(3)对于中国人这种请客时一再劝吃劝喝的做法,实际上我是很反感的,但我能理解这是一种热情好客的表现。

5. 表示换个说法 biǎoshì huàn ge shuōfǎ

In other words

对上文所说的情况换个说法,或换个角度来说明。

Put the previous statement another way, or explain it from another angle.

a(a_1, a_2…),换句话说,b(b_1, b_2…)

(1)在中国,"李"姓最多,约占 7.9%。换句话说,姓"李"的人在中国最多,大约有 1 亿。

(2)我弟弟总是粗心大意,换句话说,他做什么事情都不那么认真。

(3)他已经上班几个月了，换句话说，他早就找到工作了。

6. 转换话题 zhuǎnhuàn huàtí (1)

Change a topic

承接上文，引进新话题。

A new topic may be brought up in connection with the foregoing passage.

…说到 $a(a_1, a_2\cdots)$, $b(b_1, b_2\cdots)$

(1)说到中国人的名字，那就更有中国文化特色了。

(2)"听说罗杰明年准备去中国留学。"

"说到留学我想起一件事，罗西圣诞节要回国，我们请他谈谈在中国的留学情况怎么样?"

(3)说到送礼，中国人的想法和做法跟我们很不一样。

7. 表示唯一的条件 biǎoshì wéiyī de tiáojiàn

The only condition

表示只有在某一唯一条件下，才能出现某种情况或结果。

Only under such a condition can the situation or result appear.

只有 $a(a_1, a_2\cdots)$，才 $b(b_1, b_2\cdots)$

(1)在中国，一般只有长辈、老师、熟人或上级才能直接叫对方的名字。

(2)只有你去请他，他才能来。

(3)只有在周末我才能见到她。

四 注释 Notes

1. 前来听讲的人

"前来"或"前去"，"前往"表示到某处做某事，多用于书面语。

"前来", or "前去", "前往" can be used in written Chinese to indicate going to a place to do something.

例如　E.g.

(1)从早上开始,前来买票的人就挤满了大厅。

(2)我国代表团前去贵国访问。

(3)病人前往医院治疗。

2. 各国的叫法不完全相同。

“法”是方法的意思,一些动词(多为单音节)加“法”构成名词。

“法” here means “method". A noun can be formed by combining “法” with some verbs, especially monosyllabic ones.

例如　E.g.

(1)这种做法很好。

(2)汉字的写法比较复杂。

(3)请你教我太极拳的打法。

3. 姓最早来源于母系氏族社会。

介词“于”这里表示处所、来源、在、从、自,跟处所词语或一般名词组合。

The preposition “于” that denotes locality or origin, can be used with a word of locality or a common noun.

例如　E.g.

(1)这种汽车产于日本。

(2)他哥哥去年毕业于北京大学。

(3)这个故事来源于古代的历史传说。

4. 从母系社会流传下来的

这里的“下来”是引申用法,表示动作从过去继续到现在。

The extended “下来” indicates that an action has been going on till now.

例如　E.g.

(1)参加五千米长跑比赛的运动员都坚持下来了。

(2)这件衣服是奶奶留下来的,已经有 40 年了。

(3)在这儿,古代的很多社会习俗都保留下来了。

5. 如齐、宋、赵、秦等

齐、宋、赵、秦这些都是战国时期(公元前 403—公元前 221 年)的国名。

“齐”,“宋”,“赵” and “秦” were kingdoms in the Warring States Period (403 BC-221 BC).

6. 如司马、陶等

“司马”为古代的官名,西周时开始设置,后历代沿用,掌管军政和军赋。

“司马” was an official title that was first used in the West Zhou and continued in later dynasties. An official thus honoured was in charge of military affairs and taxes.

“陶”这里为制陶业。

“陶” here refers to pottery making.

7. 如萨、呼延等则是由少数民族姓名音译而来的。

“则”这儿是副词,用于书面。“则”有多种意思,这儿相当于“就”。

The adverb “则” is meaningful in written Chinese. Here it is equal to “就”.

“由…而来”表示来源或由来。

“由…而来” indicates an origin or a source.

例如 E.g.

(1)这项规定由有关法律而来。

(2)他的汉语水平之所以能提高得很快,是由刻苦努力学习而来的。

(3)人民生活水平的提高是由国家经济发展而来的。

8. 宋朝的皇帝姓赵。

赵匡胤于公元960年建立宋朝(960—1279)。他是宋朝的第一个皇帝。由于封建帝王都是世袭的,所以宋朝的皇帝都姓赵。

Zhao Kuangyin, the first emperor of the Song Dynasty (960—1279) took power in 960. All the emperors had the same surname of “Zhao” in the Song Dynasty, because the throne was succeeded by descendants of the smae family.

9. 张、王、李、赵遍地流(刘)。

这是一句俗语,利用“流”和“刘”同音,生动地形容了在中国姓这五大姓的人很多很多,像流水一样遍地流淌,到处都有。

In this saying “流” and “刘” are homonyms. With the pun it vividly describes how widely the Chinese of five common surnames inhabit, like flowing water that stops nowhere.

10. 只有长辈、老师、熟人或上级领导才能直接叫对方的名字。

连词"只有"常与副词"才"连用,"只有"表示惟一的条件。

The conjunction "只有", meaning the only condition, is often used with the adverb "才".

例如 E.g.

(1)只有学好汉语,才能更好地了解中国。

(2)只有你去请他,他才会来。

五 词语例解

Word Study

1. 尽管

(副)(adverb)

(1)有什么问题你尽管问,不要客气。

(2)大家有意见尽管提。

(连)(conjunction)

(3)尽管天气不好,他们还是去爬山了。

(4)尽管他不学习汉语,但是他对中国文化很感兴趣。

2. 到底

(副)(adverb)

用于疑问句,表示进一步追究。用在动词、形容词或主语前。

It is used before a verb, an adjective or the subject of an interrogative sentence for further inquirey.

(1)那个人到底是谁?

(2)问题到底解决了没有?

如果主语是疑问代词,"到底"只能用在主语前。

"到底" can be put only before the subject if it is performed by an interrogative pronoun.

(3)到底谁去?

(4)到底哪本书好?

用于陈述句,说明某种情况最终还是发生了。

When used in a declarative sentence it implies that something has taken place at last.

(5)经过一番努力,他们到底赢得了那场篮球比赛。

(6)等了你半天,你到底来了。

强调原因或特点。

It focuses on the reason or characteristics.

(7)他到底有经验,很快就解决了问题。

(8)到底是孩子,你说什么道理他也不太懂。

3. 具有

(动)(verb)

"具有"的宾语多为抽象事物

The objects of "具有" are mostly abstract.

(1)这是一场具有国际水平的足球比赛。

(2)世界上每个民族都具有自己的特点。

(3)对学好汉语,我始终具有坚定的信心。

4. 一般

(形)(adjective)

(1)这个电影我觉得很一般。

(2)一般的词典都能查到这些词。

(3)星期六晚上我一般都不在家。

(4)这儿的学生,一般都会开车。

5. 只有

(连)(conjunction)

表示惟一的条件,后面多用副词"才"呼应。

It indicates the only condition with a following adverb "才".

(1)只有他妈妈才会这样照顾他。

(2)只有改变你的学习方法,你的学习成绩才能提高。

(3)只有了解那个国家的社会习俗才能更好地跟那个国家的人民进行交往。

六 阅读课文

中国人的姓名和称谓

中国是一个人口大国，但在十几亿人的姓中，常用的姓只有100多个。据最新的调查统计表明，全国人数最多的前十个姓是：李、王、张、刘、陈、杨、赵、黄、周、吴。

中国人的姓名包括姓和名两部分，姓在前，名在后。姓随父亲的姓，也有极少数随母亲的姓。中国人的名字一般都有某种文化含义，表明某种理想或愿望。但是，在历史上中国妇女的地位比较低，许多没有机会上学的女人连名字也没有。女人结婚后要在自己的姓前加上丈夫的姓，在两个姓的后面加上一个"氏"字就算作姓名了，如李王氏、张刘氏。1949年新中国成立后，中国政府提倡男女平等。随着教育的普及和全民族文化水平的提高，妇女参加工作的机会越来越多，女人不但有了名字，而且结婚后仍然姓原来的姓，而不在原有的姓前加上丈夫的姓了。

在称呼人时，除了长辈对晚辈，老师对学生和年龄差不多的熟人之间，可以直接叫姓名或名字外，一般不能直接叫对方的姓名或名字，否则被认为是不礼貌的。如果称呼不认识的某人，可以称"同志、先生、小姐"。如果知道对方的姓或姓名，可以在姓或姓名后面加上"同志、先生、小姐、女士"，例如：李四海同志、王先生、张红小组、赵丽女士。也可以在姓或姓名后加上对方的官衔或职称，如黄校长、刘建国教授、周大夫。熟人之间也可以在姓前加上"老"或"小"来称呼，如老黄、小丁。除此之外，称学生为同学，如李平同学；称儿童为"小朋友"或"小同学"；对一般工人或司机等称"师傅"。有时实在不知道该怎么称呼，还可以用问候语代替称呼语，如"你好！(请问去火车站怎么走?)"

值得注意的是，新中国成立后，"同志"作为称谓词，在 50 至 70 年代曾广泛使用。称呼男的、女的、年龄大的、年龄小的都可以。年龄大的可以叫老同志，年龄小的叫小同志。80 年代以后虽然也使用，但由于种种原因已经不如过去用得那么多了。特别是外国人如果用"同志"来称呼中国人，中国人会觉得不太习惯。和"同志"一样，"爱人"作为夫妻之间的称谓词也很有时代特色。从 50 年代开始，中国提倡男女平等，一些对妇女有歧视色彩的称谓词，如"屋里的、做饭的"等不再广泛使用。现在广泛使用"爱人"一词来称呼丈夫或妻子。

应注意的是，“爱人”没有英语里 Lover(情人)的意思，只是指丈夫或妻子。

生词 New Words

1	包括	(动)	bāokuò	to include
2	随	(动)	suí	to follow
3	某	(代)	mǒu	certain
4	含义	(名)	hányì	implication, meaning
5	愿望	(名)	yuànwàng	wish
6	氏	(名)	shì	surname or nee (for a married woman it can be used after her nee and her husband's surname)
7	算作	(动)	suànzuò	to be considered as
8	普及	(动, 形)	pǔjí	to popularize universal
9	差不多	(副)	chàbuduō	about the same
10	同志	(名)	tóngzhì	comrade
11	司机	(名)	sījī	driver
12	师傅	(名)	shīfu	master
13	问候语	(名)	wènhòuyǔ	greeting
14	代替	(动)	dàitì	to substitute

15	称谓词	(名)	chēngwèicí	appellation
16	年代	(名)	niándài	years, time
17	广泛	(形)	guǎngfàn	wide
18	色彩	(名)	sècǎi	colour, tint

专名 Proper Nouns

1	李四海	Lǐ Sìhǎi	name of a person
2	张　红	Zhāng Hóng	name of a person
3	赵　丽	Zhào Lì	name of a person
4	李　平	Lǐ Píng	name of a person

第十四课 Lesson 14

中国戏剧艺术的代表——京剧

一 课 文 Text

今天星期四，下午的文化讲座由中国文学研究所陈良兴教授讲中国的京剧艺术。

"京剧是中国最大的戏剧种类之一，是中国传统的民族艺术。它不但在中国国内影响很大，在国际上也很受各国人民的喜爱。人们把它看作是中国戏剧艺术的代表。我不是专门研究京剧艺术的，今天只能给大家作一个简单的介绍，讲得不对的地方，请大家提出批评。"①讲座一开始，陈教授讲了这么②一段话。

"京剧有200年的历史了。它是在北京形成的，所以叫京剧。200年前，北京作为清朝的国都，是全国政治、经济、文化的中心，也是全国戏剧活动的中心之一。各地方的戏剧纷纷到北京演出，京剧就是在安徽、湖北等地方戏剧的基础上③发展起来的，它吸取了许多地方戏剧的长处，达到了很高的艺术水平。

京剧与世界各国戏剧表演有着[4]显著的不同。京剧既不是歌剧，也不是舞剧，更不是[5]话剧。京剧有唱，有舞，有说，还有武打。它的表演形式是唱、念、做、打互相配合。京剧道具简单，舞台上常常只有一张桌子，一把椅子。表演主要靠演员的各种表情和舞蹈动作，观众由此产生丰富的联想。演员手拿一条鞭子，在舞台上走几圈，做出上马、下马的动作就表示已经到了很远很远的地方，真是'三五步走遍[6]天下'。有时舞台上什么东西也没有，演员同样可以做出开门、上楼、进屋等许多动作。"

陈教授讲得生动有趣，有时候加上必要的动作表演，有时候停下来[7]唱上[8]几句。大家始终聚精会神地听着并且不时地鼓起掌来。

"京剧服装基本上[9]是采用 15 世纪明朝的样式。京剧的角色分为生、旦、净、丑。生是男角色，旦是女角色，净指武将，幽默滑稽的叫丑。各种角色脸上的化妆各有特点。丑角必须在鼻子上画一块白，净角脸上的化妆更是多种多样，不同的颜色有不同的含义。比如，红色代表忠义，白色代表奸诈，黄色代表勇敢，黑色代表正直。京剧脸谱[10]是京剧重要的艺术特点之一。

京剧的剧目非常丰富,大约有三千多出,经常演出的也有几百出,内容大多是历史故事,近年来也有一些反映现代生活的。”

陈教授最后说:“京剧在国际上有着很高的声誉,每年都有一些京剧团到国外演出,受到各国人民的欢迎。到北京专门学习京剧、研究京剧的外国人也一年比一年多。”

陈教授讲完以后,报告厅里又响起了一阵热烈的掌声。

半个小时以后,大部分人已经离去,但是一些爱好京剧艺术的人还在与陈教授交谈着。

二 生 词 New Words

1	研究所	(名)	yánjiūsuǒ	institute
2	戏剧	(名)	xìjù	drama, play
3	种类	(名)	zhǒnglèi	kind
4	喜爱	(动)	xǐ'ài	to love, to like
5	代表	(名,动)	dàibiǎo	representative; to represent

6	专门	(形)	zhuānmén	special
7	批评	(动,名)	pīpíng	to criticize; criticism
8	国都	(名)	guódū	capital
9	政治	(名)	zhèngzhì	politics
10	中心	(名)	zhōngxīn	centre
11	纷纷	(副)	fēnfēn	one after another
12	演出	(动)	yǎnchū	to perform
13	吸取	(动)	xīqǔ	to absorb
14	长处	(名)	chángchù	good points
15	显著	(形)	xiǎnzhù	remarkable
16	歌剧	(名)	gējù	opera
17	舞剧	(名)	wǔjù	dance drama
18	话剧	(名)	huàjù	play, modern drama
19	舞(蹈)	(名)	wǔ(dǎo)	dance
20	武打	(名)	wǔdǎ	acrobatic fighting (in Chinese operas)
21	配合	(动)	pèihé	to cooperate
22	道具	(名)	dàojù	stage property, props
23	舞台	(名)	wǔtái	stage
24	靠	(动)	kào	to rely on
25	表情	(名)	biǎoqíng	facial expression
26	动作	(名)	dòngzuò	movement, action
27	观众	(名)	guānzhòng	audience

28	联想	(动)	liánxiǎng	to associate, to connect in the mind
29	鞭子	(名)	biānzi	whip
30	圈	(名)	quān	circle
31	天下	(名)	tiānxià	world, land under heaven
32	有趣	(形)	yǒuqù	interesting
33	必要	(形)	bìyào	necessary
34	始终	(副)	shǐzhōng	from beginning to end
35	聚精会神		jù jīng huì shén	to concentrate one's attention
36	不时	(副)	bùshí	frequenctly
37	鼓掌		gǔ zhǎng	to clap one's hands, to applaud
38	服装	(名)	fúzhuāng	costume
39	采用	(动)	cǎiyòng	to adopt, to use
40	样式	(名)	yàngshì	style
41	角色	(名)	juésè	role, part
42	生	(名)	shēng	male character (in Chinese operas)
43	旦	(名)	dàn	female character (in Chinese operas)
44	净	(名)	jìng	painted character (in Chinese operas)
45	丑	(名)	chǒu	clown (in Chinese operas)

46	武将	(名)	wǔjiàng	general
47	幽默	(形)	yōumò	humorous
48	滑稽	(形)	huájī	funny, amusing
49	化妆	(动)	huàzhuāng	make up (of actors)
50	含义	(名)	hányì	implication, significance
51	忠义	(形)	zhōngyì	loyal and righteous
52	奸诈	(形)	jiānzhà	fraudulent
53	正直	(形)	zhèngzhí	honest, upright
54	脸谱	(名)	liǎnpǔ	facial makeup patterns in operas
55	剧目	(名)	jùmù	list of plays or operas
56	出	(量)	chū	(measure word)
57	近年	(名)	jìnnián	recent years
58	声誉	(名)	shēngyù	reputation
59	响	(动)	xiǎng	to sound, (of applause) to break out

专名 Proper Nouns

1	陈良兴	Chén Liángxīng	(name of a person)
2	清朝	Qīng Cháo	the Qing Dynasty
3	安徽	Ānhuī	Anhui Province
4	湖北	Húběi	Hubei province
5	明朝	Míng Cháo	the Ming Dynasty

1. 引出关系者 yǐnchū guānxìzhě

Introduce a performer

引出动作行为的发出者,或指出职责的归属。

This is the way to introduce the performer of an action and to attribute responsibilities.

…由 a(a_1, a_2…)b…

(1)文化讲座由文学研究所陈教授 讲京剧艺术。

(2)这个问题由你 负责解决。

(3)有罪还是没罪应该由法院 来判决。

2. 表示论述的前提 biǎoshì lùnshù de qiántí

The prerequisite of the statement

以事物的某种性质或人的某种身份作为下文论述的前提。

The prerequisite of the following statement is based on the characteristics of something or the capacity of somebody.

a 作为 b, c(c_1, c_2…)

(1)北京作为首都,是中国政治、经济和文化的中心。

(2)京剧作为中国传统艺术的代表,在国际上享有很高的声誉。

(3)作为一名医生,我首先想到的是如何治好患者的病。

3. 不同 / 相同 bùtóng / xiāngtóng

Difference and similarity

a 与 / 和 b(的)c 不同。

(1)京剧与其他戏剧有着显著的不同。

(2)在这个问题上,我和你的看法不同。

a 与 / 和 b(的)c 相同。

(3)我们学校与你们学校的学费相同。
(4)他的车和你的车颜色相同,都是红的。

4. 表示某种情况持续不变 biǎoshì mǒuzhǒng qíngkuàng chíxù búbiàn (2)
Remain unchanged

a(a_1, a_2……)始终/一直 b(b_1, b_2…)

(1)大家始终聚精会神地听着。
(2)他始终不喜欢跳舞,因为他太胖。
(3)十五岁以前我一直跟爷爷生活在一起。
(4)毕业后我一直没再见到他。

5. 分类 fēnlèi (1)
Classification

对事物进行分类或分期。
The classification or division of things can be like this.

a 分为 b_1, b_2, b_3…

(1)京剧的角色分为生、旦、净、丑。
(2)语言能力分为听、说、读、写四种。
(3)学校教育基本上分为小学、中学和大学三个阶段。

6. 表示后者随前者的不同而不同 biǎoshì hòuzhě suí qiánzhě de bùtóng ér bùtóng
The latter varies with the former

不同(的)a,…(有)不同(的)b。

(1)在京剧的脸谱中,不同的颜色有不同的含义。
(2)对此,不同的人有不同的看法。
(3)不同国家,风俗习惯也不同。

四 注 释 Notes

1. 我不是专门研究京剧艺术的…请大家提出批评。

陈教授对京剧艺术尽管很有研究，但按照中国的习惯，他仍然要用上面的一段开场白，以表示谦虚。

Although Professor Chen is an expert in the Beijing Opera, he still begins his lecture with modest openning remarks in a typical Chinese way.

2. 陈教授讲了这么一段话。

代词“这么”可以指示程度、方式和数量。

The pronoun “这么” indicates a degree, method or quantity.

例如 E.g.

(1)这次考试这么难，成绩不会太好。

(2)这个汉字要这么写才对。

(3)这么多东西，他哪能吃得完呢?

3. 京剧就是在安徽、湖北等地方戏剧的基础上发展起来的。

“在…基础上”是表示条件，或限定表示的范围，是“在…上”的引申用法。

“在…基础上” is the extended use of “在…上”, employed to show what condition is needed or to modify the range given.

例如 E.g.

(1)我们的汉语学习，应该在现有的基础上再提高一步。

(2)在发展经济的基础上，提高人们的文化水平。

(3)他俩在友谊的基础上发展成为爱情。

4. 京剧与世界各国戏剧的表演有着显著的不同。

动词“有”+“着”表示继续具有、拥有或继续存在的意思，“有着”的宾语多是双音节动词或抽象名词等,多用于书面。

The verb "有" followed by "着" expresses "continue to possess" or "still exist". Such a predicate takes, more often than not, a disyllabic verb or an abstract noun in written Chinese.

例如 E.g.

(1)作为校长,他对学校的工作有着重要的责任。

(2)我和朋友一直有着联系。

(3)做好人口控制工作有着伟大的意义。

5. 京剧既不是歌剧,也不是舞剧,更不是话剧。

用"既不…也不…更不…"表示多重递进否定。

A multiple progressive negation can be expressed by "既不…也不…更不…".

例如 E.g.

(1)他既不是医生,也不是科学家,更不是艺术家,只是一个普普通通的人。

(2)他病了,既不想吃鱼,也不想吃虾,更不想吃肉。

(3)你们都猜错了,她既不姓张,也不姓王,更不姓李,她姓丁。

6. 真是"三五步走遍天下"。

这里"遍"是形容词,普通、全面、到处的意思。形容词"遍"可做结果补语。

Here the adjective "遍" means "widely" ,"completely" or "everywhere" as a resultative complement.

例如 E.g.

(1)为了搞研究,有关的资料他都看遍了。

(2)几年来他吃遍了全市有名的饭馆。

7. 有时候停下来唱上几句。

这里的"下来"是引申用法,表示动作使事物固定。

The extended use of "下来" here is made to describe how an action fixes something.

例如 E.g.

(1)火车到站停下来了。

(2)主人请客人留下来吃饭。

(3)我把老师讲的都在本子上记下来了。

8. 有时候停下来唱上几句。

动词+上+数量，表示达到一定的数量，省去“上”，句子意思不变。

The structure of “verb+上+quantity” shows that an amount of something has been obtained. The meaning of the sentence remains unchanged even if “上” is omitted.

例如 E.g.

(1)大夫不让他抽烟，可是他每天都要偷偷抽上几支。

(2)他没跟我聊上几句就走了。

(3)为了准备考试，同学们每天只能睡上五六个小时。

9. 京剧服装基本上是采用 15 世纪明朝的样式。

“基本上”意思是就大多数情形或主要方面来说。

“基本上” covers the great part or main content of something.

例如 E.g.

(1)学校的建设计划基本上制定好了。

(2)语法我基本复习完了，生词还没开始复习。

(3)这两本书的内容基本上一样，看一本就行了。

10. 京剧脸谱是京剧重要的艺术特点之一。

脸谱相传是由演员戴面具演变而来，其作用是表现人物的形貌和品格。京剧脸谱有上千种。

It is believed that the facial makeup patterns of the characters in Chinese operas originate from the masks worn by the actors and actresses. Their function is to show the looks and morals of the characters. There are as many as one thousand patterns in the Beijing Opera.

五 词语例解

Word Study

1. 代表

(名)(noun)

(1)京剧是中国戏剧艺术的代表。

(动)(verb)

(2)丁文海代表他们公司与中国有关单位签订了两份合同。

(3)京剧脸谱中,黄色代表勇敢,红色代表忠义。

2. 下来

表示动作由高处到低处。

It indicates downward movement.

(1)山上的人都下来了。

(2)他们下楼来了。

用在动词后,表示事物随动作由高处向低处。

When used after a verb, it indicates downward movement with an action.

(3)你坐下来,我们好好儿谈谈。

(4)这钱是天上掉下来的。

用在动词后,表示动作完成,有的时候兼有使结果固定下来的意思。

When used after a verb, it indicates the completion of an action, sometimes it also means that something has been fixed.

(5)他说着说着就停下来写几个字。

(6)请你把住址留下来,我可以给你写信。

用在动词后,表示动作从过去继续到现在。

When used after a verb, it indicates an action has been going on till now.

(7)这个历史故事是从古代流传下来的。

(8)虽然他遇到了很多困难,但是四年的汉语学习他都坚持下来了。

3. 遍

(形)(adjective)

(1)怎么搞的,遍地都是水。

(2)刚才我找遍了校园也没找到你,你上哪儿了?

(3)我跑遍了全市的书店才买到这本书。

(量)(measure word)

(4)今天的课文我已经念了好几遍了。

4. 不时

(副)(adverb)

(1)我看书时,习惯于不时地喝几口茶。

(2)朋友不时打来电话,跟我聊天。

(3)做练习时,他要不时地查查词典。

5. 基本

(形)(adjective)

(1)你了解那个工厂的基本情况吗?
(2)吃、穿、住是人们日常生活的基本问题。
"基本上"意思是"主要的"、"大体上",用作状语。
"基本上" means "on the whole" or "by and large" as an adverbial.
(3)我们的做法跟你们的做法基本上是一致的。
(4)这几个问题,你基本上都能回答出来。

六 阅读课文

京剧艺术家梅兰芳

去中国的外国朋友一般都要游览长城、吃烤鸭、看京剧。京剧被称为中国的"国剧"。京剧有很高的艺术水平,不但中国人喜欢京剧,外国人也喜欢京剧。京剧已经成为中国民族艺术的代表。京剧的繁荣和发展与表演艺术家对京剧艺术的贡献是分不开的。梅兰芳就是其中一位对京剧艺术有重要贡献的京剧表演艺术家。

梅兰芳1894年出生于京剧之家。祖父和父亲都是京剧演员。他8岁开始学习演戏,10岁开始在舞台上表演。当时的社会女人不能演戏,女角都是男人演的。梅兰芳一生演的都是女角。1913年和1914年他两次应邀到上海演出,他精彩的表演受到上海观众的热烈赞扬,也受到了在上海的外国观众的欢迎。这两次成功的演出奠定了"梅派"艺术的基础。从这以后,他开始了大量新剧目的排演和艺术上的革新。

梅兰芳在艺术上的伟大成就引起了国外的重视。1919年和1924年他先后两次应邀去日本演出;1929年应邀去美国演出;1935年应邀到俄罗斯演出。他在这三国的演出和访问中,认识了不少有名的演员和艺术家,受到三国人民,特别是文化艺术界的热烈欢迎和高度评价。1937年抗日战争开始后,他坚决不再演出,一直坚持到抗战胜利。他这种民族气节和爱国精神受到全国人民的高度赞扬。1949年新中国成立后,他以更大的热情从事京剧艺术工作,并作为中国文化艺术代表团的成员先后访问过许多国家,为中国人民和世界各国人民的友谊作出了贡献。梅兰芳是第一个把中国传统戏剧传播到国外去的中国艺术家。

梅兰芳创造的"梅派"艺术,善于用唱、念、舞蹈、各种表情等表演形式来表现人物的心理世界。梅兰芳是旦角演员,演的是女性,但他不是模仿女性，而是在创造女性的美。因此他被称为"伟大的演员、美的化身"。梅兰芳的代表剧目是《贵妃醉酒》、《断桥》、《霸王别姬》等。1961 年 8 月 8 日，这位伟大的艺术家在北京逝世。

生词 New Words

1	繁荣	(形)	fánróng	prosperous
2	应邀	(动)	yìngyāo	at the invitation of
3	成功	(形)	chénggōng	successful
4	奠定	(动)	diàndìng	to lay (a foundation)
5	排演	(动)	páiyǎn	to rehearse
6	革新	(动)	géxīn	to innovate
7	高度	(名)	gāodù	height
8	评价	(名，动)	píngjià	value; to appraise
9	坚持	(动)	jiānchí	to adhere to
10	胜利	(名，动)	shènglì	victory; to succeed
11	气节	(名)	qìjié	integrity
12	传播	(动)	chuánbō	to spread
13	善于	(动)	shànyú	to be good at

14	心理 (名)	xīnlǐ	psychology, state of mind
15	模仿 (动)	mófǎng	to imitate
16	化身 (名)	huàshēn	embodiment

专名 Proper Nouns

1	梅兰芳	Méi Lánfāng	name of a person
2	俄罗斯	Éluósī	Russia
3	抗日战争	Kàng Rì Zhànzhēng	the War of Resistance Against Japan
4	《贵妃醉酒》	《Guìfēi zuìjiǔ》	*Imperial Concubine Yang Is Tipsy*
5	《断桥》	《Duànqiáo》	*Broken Bridge*
6	《霸王别姬》	《Bàwáng Biéjī》	*Xiang Yu the Conqueror Bid Farewell to His Wife*

第十五课 Lesson 15

新词语

一 课文 Text

今天，丁文海、丁文月兄妹俩在家招待几个朋友，同时邀请汉语老师张教授参加。交谈中，由“老外”这个词引起了一次关于汉语新词语的讨论。下面是他们的讨论情况：

丁文月：为什么叫外国人“老外”呢？

张教授：“老”加“姓”是中国人常用的一种称呼，主要用于称呼年龄比自己大或跟自己差不多的熟人，含有亲切尊重的意思。如老李、老赵。对于来自世界各国的朋友，用“老外”来称呼他们，既简单又符合中国人的习惯。

丁文海：现在出现的新词语太多了。你要是看报纸，几乎天天都能发现。为什么会出现这么多的新词语呢？

张教授：这是由于社会生活中出现了大量的新事物。为了反映这些新事物，必然要创造出大量的新词语。比如，由于改革开放的需要，出现了特区[1]、个体户等词语。再比如，由于科学技术的进步，人们制造出了计算机、火箭、导弹、人造地球卫星，于是也就有了相应的词语。

丁文海：有些词在一定的语言环境下不难理解。如彩电、地铁。但是有些词语就不好理解了。

张教授：是这样。不用说外国人了，就是中国人，有时也[2]摸不着头脑。[3]像什么[4]“面的”、“下海”、“中巴”等。当第一次听到时也很难弄清楚它们的确切意思。原来“面的”是一种形状像长面包的出租汽车。出租汽车英文叫 Taxi，香港人用广东话把 Taxi 音译为“的士”。几年前，北京街上出现了大量这种面包形出租汽车时，老百姓把它叫“面的”，乘坐出租汽车叫“打的”。由于市场经济发展的需要，一部分人改行从事商业贸易活动。因为商品经济领域对他们来说如同广阔无边的海洋。从事这种工作带有一定的风险，所以称为“下海”。至于[5]“中巴”那就更有意思了。公共汽车英文叫 Bus。汉语译为“巴士”。

那种能乘坐十几二十个人的中型公共汽车简称为“中巴”。

丁文月：太有意思了。刚才您提到有些词是从外语翻译过去的，这种词语多吗？

张教授：多着呢[6]。比如公关、软件、博士后、迪斯科、艾滋病、超级市场。它们有的是音译，有的是意译。

丁文海：我发现有的新词语是由原来的两个词组成的。例如“彩电”是由彩色和电视机两个词组成的。

张教授：没错儿。这种新词语占有相当的比例。参赛、展销、彩照、环保、晨练等等都是这类词。在大量新词语中，还有两点需要注意的。一点是简称，也可以叫缩略语。比如，“北京图书馆”简称为“北图”，奥林匹克运动会简称为“奥运会”，工业现代化[7]、农业现代化、国防现代化、科学技术现代化简称为“四个现代化”或“四化”。另一点是模仿创造出来[8]的新词语。汉语里把不认识汉字的人称为“文盲”，因为“盲”的意思是眼睛看不见。现在把缺乏一般法律知识的人称为“法盲”，缺乏一般科学知识的人称为“科盲”。这些都是用仿造方法产生出来的新词语。

二 生 词
New Words

1	兄(妹)	(名)	xiōng(mèi)	elder brother (and younger sister)
2	邀请	(动)	yāoqǐng	to invite
3	老外	(名)	lǎowài	foreigner
4	词语	(名)	cíyǔ	word, expression
5	亲切	(形)	qīnqiè	cordial
6	符合	(动)	fúhé	to accord with
7	几乎	(副)	jīhū	almost, nearly
8	事物	(名)	shìwù	thing
9	创造	(动)	chuàngzào	to create, to coin
10	改革	(动)	gǎigé	to reform
11	开放	(动)	kāifàng	to open
12	特区	(名)	tèqū	special zone
13	个体户	(名)	gètǐhù	self-employed individual or household
14	制造	(动)	zhìzào	to make, to produce
15	火箭	(名)	huǒjiàn	rocket
16	导弹	(名)	dǎodàn	guided missile
17	人造	(形)	rénzào	artificial, man-made

18	卫星	(名)	wèixīng	satellite
19	相应	(形)	xiāngyìng	corresponding
20	彩电	(名)	cǎidiàn	colour television
21	就是	(连)	jiùshì	even, quite right
22	摸	(动)	mō	to feel with one's hand
23	头脑	(名)	tóunǎo	brain
24	面的	(名)	miàndī	minibus taken by passengers for journeys
25	下海		xià hǎi	to get ivolved in business by giving up one's profession
26	中巴	(名)	zhōngbā	medium-sized bus
27	弄	(动)	nòng	to work out, to do
28	确切	(形)	quèqiè	exact
29	形状	(名)	xíngzhuàng	shape
30	广东话	(名)	guǎngdōng huà	Guangdong dialect
31	打的		dǎ dī	to take a taxi
32	行	(名)	háng	trade
33	商业	(名)	shāngyè	business, commerce
34	商品	(名)	shāngpǐn	goods
35	领域	(名)	lǐngyù	domain, realm
36	如同	(动)	rútóng	just like
37	广阔	(形)	guǎngkuò	vast

38	无边		wú biān	boundless
39	海洋	(名)	hǎiyáng	ocean
40	风险	(名)	fēngxiǎn	risk
41	至于	(介,副)	zhìyú	as for
42	巴士	(名)	bāshì	bus
43	中型	(形)	zhōngxíng	medium sized
44	简称	(名,动)	jiǎnchēng	abbreviation; to abbreviate
45	着呢	(助)	zhene	(a partiel, used to show a high degree)
46	公关	(名)	gōngguān	public relations
47	软件	(名)	ruǎnjiàn	software
48	博士后	(名)	bóshìhòu	post doctorate
49	彩色	(名)	cǎisè	colour
50	参赛	(名)	cānsài	participation in competition
51	展销	(动)	zhǎnxiāo	to exhibit and sell
52	彩照	(名)	cǎizhào	colour photo
53	环保	(名)	huánbǎo	environmental protection
54	晨练	(名)	chénliàn	morning exercises
55	点	(名)	diǎn	point
56	缩略语	(名)	suōlüèyǔ	abbreviation, shortened term
57	…化		…huà	-ization
58	国防	(名)	guófáng	national defence

59 四化	(名)	sìhuà	four modernizations
60 模仿	(动)	mófǎng	to imitate
61 文盲	(名)	wénmáng	illiterate
62 缺乏	(动,形)	quēfá	to lack; short
63 仿造	(动)	fǎngzào	to copy, to be modelled on

专 名 Proper Nouns

1	香港	Xiānggǎng	Hong Kong
2	奥林匹克	Àolínpǐkè	Olympic

三 功 能 Function

1. 邀请 yāoqǐng
Invitation

$a(a_1, a_2\cdots)$邀请 $b(b_1, b_2\cdots)$

(1)丁文海和丁文月在家招待朋友,同时也邀请了教汉语的张教授。

(2)"罗杰,我想邀请你参加我的生日晚会,你能来吗?"
"没问题,我一定参加。"

(3)"李先生,我想邀请你吃中国菜,不知你什么时候方便?"
"谢谢你,不过我最近很忙,我想就不必了。"

2. 表示起因 biǎoshì qǐyīn

Cause

由／从 a 引起 b(b_1, b_2…)

(1)交谈中由“老外”这个词引起了一次关于汉语新词语的讨论。

(2)从送礼这一话题引起了大家对各国送礼的习俗和做法的议论。

(3)事实表明,许多疾病是由环境污染引起的。

3. 承接关系 Chéngjiē guānxi (4)

Connective relation

在话语或篇章中,表示前一个事件结束后,紧接着表述下一个事件。

a(a_1, a_2…)。下面 b(b_1, b_2…)

(1)由“老外”这一词语引起了大家对汉语新词语的讨论。下面我介绍一下这次讨论的情况。…

(2)刚才我们学习了生词,下面我们来看一看课文。

(3)下面我想谈谈人口与环境的问题。

4. 功用 gōngyòng

Function

a(a_1, a_2…)用于 b(b_1, b_2…)

(1)“老李”、“老赵”这类称呼,主要用于称呼年龄比自己大或跟自己差不多的熟人。

(2)我暑假挣的钱都用于交学费了。

(3)他每天有四个小时的时间用于学习外语。

5. 来源 láiyuán (2)

Origin

来自(于)b(b_1, b_2…)

(1)中国人用“老外”这个词称呼来自世界各国的朋友,既简单又符合中国人的习惯。

(2)这种想法好像来自于古代的中国。

(3)田先生来自日本,我来自美国。

6. 表示假设兼让步 biǎoshì jiǎshè jiān ràngbù (2)

Hypothesis and concession

就是 a(a_1, a_2…),也 b(b_1, b_2…)

(1)有些汉语新词语，不用说外国人很难理解，就是中国人有时也摸不着头脑。

(2)你说吧，就是说错了，也没有什么关系。

(3)明天不会刮风，就是刮风也不会太大。

7. 转换话题 zhuǎnhuàn huàtí (2)

Change a topic

承接上文，引进另一话题。

A new topie can be brought up in connection with the foregoing passage.

…至于 $a(a_1,\ a_2\cdots)$， $b(b_1,\ b_2\cdots)$

(1)一部分人改行从事商贸活动，就叫“下海”。至于“中巴”那就更有意思了。…

(2)这是我个人的意见，至于这样做好不好，请大家再考虑一下。

(3)人们都赞成“男女平等”的口号，至于现在社会上是不是做到了男女平等，看法就不一样了。

四 注释 Notes

1. 出现了特区、个体户等词语

这里“特区”指经济特区。1980 年以后，中国先后兴办了深圳、珠海、汕头、厦门和海南五个经济特区。这些地区在对外经济活动中实行一些特殊经济政策。

Here “特区” refers to special economic zones. Since 1980 Shenzhen, Zhuhai, Shantou (Swatow), Xiamen (Amoy) and Hainan Special Economic Zones have been designated one after another. In these areas special economic policies are implemented in connection with the economic relations with foreign countries.

2. 不用说外国人了，就是中国人，有时也摸不着头脑。

“不用说”是不必提起，情况不言而喻。连词“就是”，表示假设的让步，后面常用副词“也”呼应。

“不用说” means “needless to say”. The conjunction “就是” is used for hypothetical concession, often with a following adverb "也".

例如 E.g.

(1)就是他不同意,我们也要进行下去。

(2)就是家里有事不能来,他也会打电话告诉你。

(3)你就是说错了,那也没有什么关系,练习嘛。

"就是…也…"有时也和"不用说"连用,同样用于表示让步。

Sometimes "就是…也…" is used together with "不用说" for the concession.

例如 E.g.

(1)不用说汉语了,就是日语、法语他也说得不错。

(2)不用说星期天了,就是暑假寒假他也很少有休息的时间。

(3)不用说我了,就是老师也不一定能说清楚这个问题。

3. 有时也摸不着头脑。

这是一句俗语,意思是对事物的由来、状况不了解,不清楚。

"着"(zháo)做动词"摸"的可能补语,"摸不着"即"摸不到"的意思。

This is a saying which means "cannot make head or tail of something". "着" (zháo) is the potential complement after the verb "摸". "摸不着" means "unable to reach".

例如 E.g.

(1)他说的是什么事,我一点儿也摸不着头脑。

(2)你说清楚一些,别叫人摸不着头脑。

4. 像什么"面的"、"下海"、"中巴"等

动词"像"是"例如"的意思,"像什么…等"用来列举。

The verb "像" means "such as". "像什么……等" is used to give a short list of instances.

例如 E.g.

(1)我喜欢吃中国菜,像什么炸大虾、烤鸭、糖醋鱼等等,都很好吃。

(2)像什么张王李赵刘等都是中国人口最多的姓。

(3)像什么京剧、舞剧、歌剧等,都各有特色。

5. 至于"中巴"那就更有意思了。

介词"至于"用来引进与前面话题有关的另一话题。

The preposition "至于" is used to introduce another topic relevant to the previous one.

例如 E.g.

(1)你病了就要好好治疗休息,至于你的工作,别人可以替你做。

(2)他走了,至于去哪里,他没有告诉我。

(3)这是我想出来的办法,至于好不好,大家可以讨论。

6. 多着呢

助词“着呢”用在形容词或类似形容词的词组后面,表示肯定某种性质或状态,带有夸张意味,多用于口语。

The particle “着呢” after an adjective or an adjective-like phrase indicates a confirmed nature or state with slight exaggeration, mostly in spoken Chinese.

例如 E.g.

(1)过年热闹着呢。

(2)那条路难走着呢。

(3)那种东西便宜着呢。

7. 工业现代化

后缀“化”表示转变成某种性质或状态。名词、形容词、动词+“化”,可以构成不及物动词或及物动词。

The suffix “化” is the indicator of a characteristic or state expressed by the word it is added to. A noun, an adjective or a verb with an ending “化” becomes either an intransitive verb or a transitive verb.

(1)人们都在为实现工业现代化而努力。

(2)城市人口在逐渐老化。

(3)感冒应赶快治疗,否则,容易转化成肺炎。

(4)校园绿化完了。

(5)有些汉字简化了,有些没有简化。

8. 另一点是模仿创造出来的新词语。

这里的“出来”是引申用法,表示动作完成并兼有使一种新事物从无到有的意思。

In an extended way “出来” indicates that an action has been completed and has brought about something from nothing.

例如 E.g.

(1)解决问题的办法已经研究出来了。

(2)那个工厂一天能生产出来一千辆自行车。

(3)最近我太忙了,找不出时间来给朋友写信。

五 词语例解

Word Study

1. 几乎

(副)(adverb)

(1)她说的声音太小,几乎听不见。

(2)今天的语法太难了,我做的练习几乎都错了。

(3)几乎全班的同学都去参观美术展览了。

2. 必然

(形)(adjective)

(1)李天明身体很健康,这是他每天坚持锻炼的必然结果。

(2)各国情况不一样,有的国家失业率高一些,有的国家失业率低一些,这是必然的。

(3)不采取积极措施,问题必然解决不好。

(4)你这样做,必然要引起人们的议论。

3. 一定

(形)(adjective)

固定的

fixed

(1)每个学校都有一定的规章制度。

某种程度的、适当的

It means "at some level" or "certain".

(2)这些学生已经具有一定的汉语水平了。

(副)(adverb)

坚决、必定

firmly, must

(3)那个展览会太有意思了,你一定要去看一次。

(4)他一定是记错时间了,否则不会不来。

(5)我看今天不一定会下雨,你说呢?

4. 就是

(副)(adverb)

强调肯定

It is used for emphasis.

(1)无论你怎么说,他就是不同意去。

(2)他汉语说得就是好。

只是

It also means "only".

(3)那个地方不错,就是远一点儿。

(连)(conjunction)

表示假设兼让步

It can be used to indicate a hypothesis and concession.

(4)就是下大雨,我们也得准时去。

(5)你就是不说,我也能猜到。

5. 至于

(介)(preposition)

(1)苏姗说,她已决定到中国学习一年汉语,至于什么时候去还不知道。

(2)我知道"老外"这个词的意思,至于为什么要叫"老外",我就不清楚了。

(3)运动会肯定是要举行的,至于在哪儿举行还没有最后定下来。

六 阅读课文

Reading Comprehension

中国的语言

中国是一个多民族、多语言和多文字的国家。中国有56个民族,80多种语言,40多种文字。其中,汉族是中国最大的民族,占全国人口的94%左右。汉民族使用汉语。使用汉语的人,除了中国大陆和台湾省以外,新加坡、马来西亚等国的华人也使用汉语。中国的55个少数民族只占全国人口的6%,主要居住在中国的西北、西南和东北地区,如维吾尔族、回族、藏族、蒙古族等。不少少数民族和汉族居住在一起,如满族、朝鲜族、土家族等。在55个少数民族中,一个民族说一种语言的比较多;有的民族说两种或三种民族语言,在这种情况下,民族内部的交际多使用汉语或其他互相懂得的某种语言。中国的56个民族所使用的文字中,汉族、回族和满族通用汉文(汉字),蒙古族、藏族、维吾尔族、朝鲜族、俄罗斯族等12个民族有自己的文字。中国实行民族平等的政策,少数民族使用自己的语言和文字受到法律保护。

汉语是世界上使用人口最多的语言之一,也是联合国的工作语言之一。汉语的标准语在中国大陆叫普通话,在台湾叫国语,在新加坡、马来西亚等国叫华语。汉语有七个大的方言,如北方方言、吴方言、粤方言、客家方言等。普通话是近几百年在北方方言的基础上逐渐形成的,它以北京语音为标准音。方言和普通话,以及方言之间的差别主要是语音的不同,其次是词汇,语法的差别最小。但从交际上来说,许多方言和普通话之间、方言和方言之间的差别还是很大的,多数情况下互相听不懂。这就严重影响了人们的交际和社会发展的需要。因此,从50年代开始,中国政府就在全国推广汉民族的共同语——普通话。现在,越来越多说方言的人和说少数民族语言的人,为了工作和生活的需要都在学习汉语普通话。

近些年来,随着中国改革开放的进一步深入,汉语的国际地位越来越高,学习汉语的外国人也越来越多。有的是为了了解中国文化而学习汉语,中国有几千年悠久的历史和灿烂的文化。有的是为了从事与中国有关的经济和贸易活动而学习汉语,中国是一个发展中国家,是一个巨大的贸易市场。也有的是为了到中国旅游而学习汉语,中国到处都有名胜古迹,而且许多少数民族还保留着传统的风俗习惯,并且居住的地区大都有着独特的自然风光。随着到中国旅游人数的增加,学汉语的人数也越来越多。

生词 New Words

1	文字	(名)	wénzì	written language
2	大陆	(名)	dàlù	mainland
3	居住	(动)	jūzhù	to live
4	内部	(名)	nèibù	inside
5	通用	(动)	tōngyòng	in common use

6	标准语	(名)	biāozhǔnyǔ	standard speech
7	普通话	(名)	pǔtōnghuà	common speech
8	国语	(名)	guóyǔ	the national language
9	华语	(名)	Huáyǔ	Chinese
10	词汇	(名)	cíhuì	vocabulary
11	差别	(名)	chābié	difference
12	推广	(动)	tuīguǎng	to popularize
13	灿烂	(形)	cànlàn	brilliant
14	巨大	(形)	jùdà	vast
15	独特	(形)	dútè	unique
16	风光	(名)	fēngguāng	scene

专名 Proper Nouns

1	台湾省	Táiwānshěng	Taiwan Province
2	新加坡	Xīnjiāpō	Singapore
3	马来西亚	Mǎláixīyà	Malaysia
4	维吾尔族	Wéiwú'ěrzú	the Uygur nationality
5	回族	Huízú	the Hui nationality

6 藏族 Zàngzú the Tibetans

7 蒙古族 Měnggǔzú the Mongolians

8 满族 Mǎnzú the Manchu nationality

9 朝鲜族 Cháoxiǎnzú the Koreans

10 土家族 Tǔjiāzú the Tujia nationality

11 北方方言 Běifāng fāngyá the Northern Dialect

12 吴方言 Wú fāngyán the dialect of Wu

13 粤方言 Yuè fāngyán Cantonese

14 客家方言 Kèjiā fāngyán Hakka

第十六课 Lesson 16

中国历史概况

一 课 文 Text

这学期丁文月、林达、李天明进修中国历史。上星期，中国古代史部分已讲完，今天老师帮他们一起复习。上课一开始，老师首先提出一个问题："为什么中国人都说自己是炎黄子孙？"

"传说中国远古时代，在西北部地区有两个部落的领袖，一个叫炎帝，一个叫黄帝。他们在那儿生活下来①，形成了中华民族。他们是中国人的祖先，所以中国人无论走到哪儿都说自己是炎黄子孙。"丁文月回答。

"回答得很对。黄帝以后，又出现了尧、舜、禹三个领袖。公元前 21 世纪，禹建立了中国第一个朝代——夏朝。经过 400 多年，开始了商朝。我们现在看到的中国最早的文字就是商朝的文字。因为都是刻在甲骨上，所以就叫甲骨文②。商朝以后是哪一个朝代？"

“周朝。公元前11世纪建立的。”林达说。

“周朝前期200多年，国都在西安，所以叫西周，后来国都东迁到洛阳，这以后就叫东周，习惯上也叫春秋战国时期。这一时期社会变化很大，出现了很多政治家、思想家、军事家和文学家。有一个人，他的哲学思想和教育思想在中国历史上产生了很大的影响，他叫什么名字？”

“孔子。”

“对。公元前221年，秦始皇统一了中国，建立了第一个封建王朝——秦朝。他还把以前修建的长城连接起来[3]，这就是世界著名的万里长城。秦朝时间很短，秦以后就是汉朝。汉朝分西汉和东汉，前后[4]400多年，是中国历史上的强盛时期，社会经济得到很大的发展。中国丝绸就是西汉时传到中亚及地中海周围各国，然后再传到欧洲的。这条路后来被称为“丝绸之路”[5]。

老师刚讲到这儿，忽然一个学生举起手来问：“现在我们说的‘汉语’、‘汉族’、‘汉人’这些词是不是跟汉朝有关系？”

“没错儿，是这样。正如唐朝也是中国历史上一个很强盛的时期一样[6]，现在还有人把中国人叫唐人，很多国家的中国城叫‘唐人街’。”

"唐朝的历史有多长?"李天明问。

"从公元618年直到公元907年[7],差不多300年。唐朝时,中国文化发展很快,诗歌非常有名,出现了李白、杜甫这样一些伟大的诗人。当时不少国家派人到中国学习,促进了中外文化交流。大家想想,唐朝以后还有哪些朝代,谁能够说说看?"

一个学生回答:"宋、元、明、清。"

"宋朝300多年,分北宋和南宋。元朝不到100年。明朝270多年。明朝的时候,中国是世界上一个很强大的国家,农业、手工业、科学技术、商业都很发达。全国有几十个大城市。海上交通也非常发达,船队可到达亚洲、非洲的许多国家[8],中国与各国的友好往来得到了加强。明朝以后就是清朝,清朝260多年。公元1840年,清朝政府在鸦片战争中失败[9],中国逐渐变为一个半封建半殖民地的国家。公元1911年辛亥革命结束了清朝的统治。"

"老师,请解释一下儿为什么1911年的革命也叫'辛亥革命?'"一个学生问。

"1911年是中国农历辛亥年[10],所以也叫'辛亥革命'。好,今天就复习到这里,我这儿有中国历史年代表,每个同学可以拿一张，复习时好⑪用。还有，下星期二下午有测验。下课以后，愿意留下来的同学可以留下来继续问问题。”

二 生 词 New Words

1	选修	(动)	xuǎnxiū	to take as an optional course
2	古代	(名)	gǔdài	ancient times
3	子孙	(名)	zǐsūn	descendants
4	传说	(动,名)	chuánshuō	It is said; legend
5	西北部	(名)	xīběibù	the northwest
6	部落	(名)	bùluò	tribe
7	领袖	(名)	lǐngxiù	leader
8	祖先	(名)	zǔxiān	ancestors
9	建立	(动)	jiànlì	to establish
10	朝代	(名)	cháodài	dynasty
11	文字	(名)	wénzì	writing, written language
12	刻	(动)	kè	to carve, to cut
13	甲骨	(名)	jiǎgǔ	tortoise shells and ox bones

14	前期	(名)	qiánqī	earlier stage
15	迁	(动)	qiān	to shift
16	时期	(名)	shíqī	period
17	思想	(名)	sīxiǎng	thought
18	军事	(名)	jūnshì	military affairs
19	哲学	(名)	zhéxué	philosophy
20	统一	(动,形)	tǒngyī	to unify; united
21	封建	(形)	fēngjiàn	feudal
22	王朝	(名)	wángcháo	imperial court, dynasty
23	修建	(动)	xiūjiàn	to build
24	连接	(动)	liánjiē	to connect
25	著名	(形)	zhùmíng	well-known, famous
26	分	(动)	fēn	to divide
27	前后	(名)	qiánhòu	from beginning to end
28	强盛	(形)	qiángshèng	powerful and prosperous
29	丝绸	(名)	sīchóu	silk
30	传	(动)	chuán	to pass on, to spread to
31	忽然	(副)	hūrán	suddenly
32	举	(动)	jǔ	to raise
33	直到		zhí dào	up to

34	诗歌	(名)	shīgē	poetry
35	诗人	(名)	shīrén	poet
36	当时	(名)	dāngshí	at that time
37	派	(动)	pài	to send
38	促进	(动)	cùjìn	to promote
39	中外	(名)	zhōngwài	China and foreign countries
40	交流	(动)	jiāoliú	to exchange
41	强大	(形)	qiángdà	powerful
42	手工业	(名)	shǒugōngyè	handicraft industry
43	发达	(形)	fādá	flourishing
44	船队	(名)	chuánduì	fleet
45	到达	(动)	dàodá	to arrive
46	友好	(形)	yǒuhǎo	friendly
47	往来	(动)	wǎnglái	to contact, to come and go
48	加强	(动)	jiāqiáng	to strengthen
49	战争	(名)	zhànzhēng	war
50	殖民地	(名)	zhímíndì	colony
51	统治	(动)	tǒngzhì	to rule
52	解释	(动)	jiěshì	to explain
53	农历	(名)	nónglì	the lunar calendar
54	年代	(名)	niándài	years; time
55	测验	(动,名)	cèyàn	to test; test

56	愿意	(助动,动)	yuànyì	to be willing; to wish

专名 Proper Nouns

1	炎帝	Yándì	the Yan Emperor
2	黄帝	Huángdì	the Yellow Emperor
3	中华民族	Zhōnghuá Mínzú	the Chinese Nation
4	尧	Yáo	Yao(a legendary monarch in ancient China)
5	舜	Shùn	Shun(a legendary monarch in ancient China)
6	禹	Yǔ	Yu(founder of the Xia Dynasty)
7	夏朝	Xià Cháo	the Xia Dynasty
8	商朝	Shāng Cháo	the Shang Dynasty
9	周朝	Zhōu Cháo	the Zhou Dynasty
10	西周	Xī Zhōu	the Western Zhou Dynasty
11	洛阳	Luòyáng	(name of a city)
12	东周	Dōng Zhōu	the Eastern Zhou Dynasty
13	春秋战国	Chūnqiū Zhànguó	the Spring-Autumn and Warring States periods
14	孔子	Kǒngzǐ	Confucius

15	秦始皇	Qínshǐhuáng	the first emperor of the Qin Dynasty
16	秦朝	Qín Cháo	the Qin Dynasty
17	汉朝	Hàn Cháo	the Han Dynasty
18	西汉	Xī Hàn	the Western Han Dynasty
19	东汉	Dōng Hàn	the Eastern Han Dynasty
20	中亚	zhōng yà	the Central Asia
21	地中海	Dìzhōnghǎi	the Mediterranean (Sea)
22	丝绸之路	Sīchóu Zhī Lù	the Silk Road
23	汉族	Hànzú	the Han people
24	唐朝	Táng Cháo	the Tang Dynasty
25	唐人	Tángrén	Chinese
26	唐人街	Tángrén Jiē	China Town
27	李白	Lǐ Bái	(name of a poet)
28	杜甫	Dù Fǔ	(name of a poet)
29	元	Yuán	the Yuan Dynasty
30	北宋	Běi Sòng	the Northern Song Dynasty
31	南宋	Nán Sòng	the Southern Song Dynasty
32	鸦片战争	Yāpiàn Zhànzhēng	the Opium War
33	辛亥革命	Xīnhài Gémìng	the Revolution of 1911

1. 经历的时间或频率 jīnglì de shíjiān huò pínglǜ

The time and frequency of occurrence

经过 / 前后 a, b(b_1, b_2…)

(1)夏朝以后,经过400多年,开始了商朝。

(2)汉朝前后400多年,是中国历史上的一个强盛时期。

(3)经过半年多的努力,问题终于解决了。

(4)他曾经前后四次去过中国。

(5)法院经过多次调查,终于把问题调查清楚了。

2. 表示某时之后 biǎoshì mǒushí zhīhòu (2)

After the time given

表示过去的某一时间之后。

It indicates the time after the past.

a(a_1, a_2…), 后来 b(b_1, b_2…)

(1)周朝前期国都在西安,后来国都迁到洛阳。

(2)两年前我去过那儿,后来再没去过。

(3)开始他不同意,后来同意了。

a(a_1, a_2…),这 / 那以后 b(b_1, b_2…)

(1)周朝前期国都在西安,习惯上叫西周,后来国都迁到洛阳,这以后就叫东周。

(2)毕业后我在一家银行工作了三年,这以后我又在一家公司工作两年,去年才来到这儿。

(3)五年前我们在马教授家见过一面,从那以后我再也没有见到他。

(4)上次考试他没及格,那以后他学习特别努力。

3. 范围 fànwéi (3)

Scope

在 a 上, b(b_1, b_2…)

(1)孔子的思想在中国历史上产生过很大的影响。
(2)在生活上他总是粗心大意,在工作上他总是认认真真。
(3)在是不是现在就买车的问题上,他和他太太的意见很不一致。

4. 分类 fēnlèi (2)
Classification

a 分(成)b_1, b_2, b_3…

(1)历史上的汉朝分西汉和东汉两个时期。
(2)汉语课分口语、语法、听力三门。
(3)许多国家一年分成四季:春季、夏季、秋季和冬季。

5. 指代过去的某时 zhǐdài guòqù de mǒushí
Reference to some time in the past

a(a_1, a_2…), 当时 b(b_1, b_2…)

(1)唐朝时中国文化很发达,当时不少国家派人到中国学习,促进了中外文化交流。
(2)两年前我去过中国,当时我还没有学汉语。
(3)在中国,收到礼物一般不能当时就打开。

6. 表示结束某一动作或行为 biǎoshì jiéshù mǒu yī dòngzuò huò xíngwéi
Completion of an action

说话人向对方表明要结束某一动作行为(包括进行中的谈话)。

The speaker makes it clear to the listener to finish an action (including the talk that has been going on between them) right away.

…a 就(b)到这里 / 这儿(吧)!

(1)…今天的课就上到这里,下课!
(2)对不起,我们就谈到这儿吧! 我该上班去了。
(3)上午的讨论就到这里,下午继续讨论。
(4)有关中国经济的情况就介绍到这儿。

7. 愿意 / 不愿意 yuànyì / bú yuànyì
Willing or unwilling

表示做某事或发生某种情况符合或不符合某人心意。

The performance or occurrence of something is in keeping with somebody's aspiration.

a(a_1, a_2…)愿意 / 不愿意 b(b_1, b_2…)

(1)下课后愿意留下来的同学,可以留下来继续问问题。

(2)我非常愿意跟朋友们在一起玩儿。

(3)看样子,他好像不愿意去,我们俩去吧。

(4)周末我愿意一个人在家休息,不愿意去跳舞。

四 注释 Notes

1. 他们在那儿生活下来

这儿的"下来"是引申用法,表示动作固定下来,并从过去继续到现在(参见第14课注释7和词语例解2)。

The extended usage of "下来" is for a fixed action, or an action that has been going on till now (see Note 7 and Word Study 2 in Lesson 14).

2. 所以就叫甲骨文。

甲骨文最早发现于河南省安阳(商朝国都)。内容多为占卜吉凶的记录。单字总数约四千五百个,已能完整地记录语言。目前已经认识的约一千七百个。

The inscriptions on bones or tortoise shells were first found in Anyang (the capital of the Shang Dynasty) of Henan Province. They were mainly records of divination written in about 4500 individual characters, of which 1700 or so are recognizable at present. Obviously the written language system was good enough for recording important events.

3. 他还把以前修建的长城连接起来

这儿"起来"是引申用法,用在动词后表示动作完成并兼有聚拢的意思。

Here "起来" extended in use after the verb indicates a completed action with the meaning of "put together".

例如 E.g.

(1)大家把桌子上的课本、词典收起来,我们听写。

(2)你们的意见不太一致,我希望最后能统一起来。

4. 前后400多年

名词"前后"可用于表示空间和时间。

The noun "前后" may be used to describe the time or space given.

例如 E.g.

(1)宿舍楼前后都是花和树。

(2)我这儿前后都有人,走不出去,你等我一会儿。

(3)我记得他是1990年前后毕业的。

(4)他们可能春节前后回去。

5. 这条路后来被称为丝绸之路。

中国是世界上最早发明、生产丝绸的国家。早在公元前四五世纪,西方人就称中国为丝国。公元前138年,汉武帝派杰出外交家张骞通西域(古代称新疆和新疆以西地区为西域),开辟了从中国西北经甘肃、新疆通往伊朗、阿富汗等国的道路。中国大宗的丝绸大体就沿着这条路运往中亚及地中海周围各国,然后再转运到欧洲。这条丝绸之路实际上也是中西友好交往的大道。中国丝绸之路除了上述这一条以外,还有其他陆上和海上多条丝绸之路。

China is the first inventor and producer of silk in the world. She was known as a Silk Country in the West between the fourth and fifth century B.C. In 138 B.C. the Wu Emperor of the Han Dynasty sent Zhang Qian as an envoy to visit western Asia where the Silk Road was opened between China's Gansu, Xinjiang and Persia, Afghanistan and other Western Asian countries. It is believed that large quantities of silk were carried to the Central Asian and Mediterranean countries along that road, and then transferred to Europe. The Silk Road has functioned as a great road for the friendly communication between China and the Western countries. There exist other silk roads on land and sea apart from the above-mentioned one.

6. 正如唐朝也是中国历史上一个很强盛的时期一样

"正如…一样",同"正像…一样",表示在某方面相同。

Like "正如…一样","正像…一样" shows the similarities between two people or things.

例如 E.g.

(1)正如北京一样,西安的名胜古迹也很多。

(2)正如上次一样,这次飞机也晚了一个小时。

(3)正如你所说的一样,取得成绩是要付出代价的。

7. 从公元618年直到公元907年

"从…直到…"是"从……一直到…"的省略。

"从…直到…" is the abbreviation of "从……一直到…".

例如 E.g.

(1)今天从早上八点(一)直到下午两点,我都在阅览室看书。

(2)从学校门口(一)直到教室,他没有遇到过一个熟人。

(3)昨天的足球比赛,从开始(一)直到结束,丁文月和田中平都在球场看。

8. 海上交通也非常发达,船队可到达亚洲、非洲许多国家

明朝初年(公元1405年)朝廷派郑和率大型船队出航南洋群岛及印度洋一带。郑和船队在此后28年间,先后七次出航,最远曾到达非洲东岸红海和麦加。明初大规模的远洋航行是世界航海史上的创举,比西方哥伦布发现美洲和达·伽马到达好望角要早半个多世纪。

In 1405 Zheng He was sent by the Ming court for a great fleet voyage to southeast Asian islands and the Indian Ocean. In the following 28 years he and his men made seven voyages to as far places as the Red Sea and Mecca. The oceangoing voyages made in the Ming Dynasty were considered the first of similar journeys by water in history, and proved to be over 50 years earlier than Columbus's adventurous voyage to the American continent and Vasco Da Gama's visit to the Cape of Good Hope.

9. 公元1840年,清朝政府在鸦片战争中失败

1839年清政府派林则徐在广州销毁英国等偷运进来的鸦片。英国为继续牟取鸦片暴利,1840年对中国发动侵略战争。1858年英法联军又发动第二次鸦片战争。清政府被迫签订各种不平等条约,中国逐渐变为半封建半殖民地国家。

In 1839 Lin Zexu was transfered to Guangzhou by the Qing government to burn the opium smuggled in by the British speculators. Britain started an aggressive war against China in 1840, so as to continue to reap colossal profits from the opium trade. In 1858 the allied British and French forces started the second opium war. As a result the Qing government was forced to sign a number of unequal treaties. Hence China became semi-feudal and semi-colonial.

10. 1911年是中国农历辛亥年

中国农历是用干支纪年的。干支是天干和地支的合称。天干有十个,地支有十二个,它们相配可组成六十组,用于表示年的次序,周而复始,循环使用。

The Chinese lunar calendar is based on the system of Heavenly Stems and Earthly Branches which combine to form "干支". There are ten Heavenly Stems and twelve Earthly Branches of which the combination forms sixty possible designations for the sequence of years in cycles.

十个天干是

The ten Heavenly Branches are:

甲 jiǎ、乙 yǐ、丙 bǐng、丁 dīng、戊 wù、己 jǐ、庚 gēng、辛 xīn、壬 rén、癸 guǐ

十二地支是

The twelve Earthly Branches are:

子 zǐ、丑 chǒu、寅 yín、卯 mǎo、辰 chén、巳 sì、

午 wǔ、未 wèi、申 shēn、酉 yǒu、戌 xū、亥 hài

干支次序表如下

Below is the order of combined Heavenly Stems and Earthly Branches:

1. 甲子	2. 乙丑	3. 丙寅	4. 丁卯	5. 戊辰	6. 己巳	7. 庚午	8. 辛未	9. 壬申
10. 癸酉	11. 甲戌	12. 乙亥	13. 丙子	14. 丁丑	15. 戊寅	16. 己卯	17. 庚辰	
18. 辛巳	19. 壬午	20. 癸未	21. 甲申	22. 乙酉	23. 丙戌	24. 丁亥	25. 戊子	
26. 己丑	27. 庚寅	28. 辛卯	29. 壬辰	30. 癸巳	31. 甲午	32. 乙未	33. 丙申	
34. 丁酉	35. 戊戌	36. 己亥	37. 庚子	38. 辛丑	39. 壬寅	40. 癸卯	41. 甲辰	
42. 乙巳	43. 丙午	44. 丁未	45. 戊申	46. 己酉	47. 庚戌	48. 辛亥	49. 壬子	
50. 癸丑	51. 甲寅	52. 乙卯	53. 丙辰	54. 丁巳	55. 戊午	56. 己未	57. 庚申	
58. 辛酉	59. 壬戌	60. 癸亥						

11. 复习时好用

这里"好"是连词,"便于"、"以便"的意思,用于表示目的。

The conjunction "好" means "convenient for" or "so as to". It is used to indicate one's purpose.

例如 E.g.

(1)请你把电话号码留下来,有事我好通知你。

(2)多带点儿钱,好买东西。

(3)早点儿睡吧,明天好早点儿起来。

附:中国历史年代表
A Chinese Chronology is appended to this chapter.

中国历史年代表

A Chinese Chronology

黄帝、尧、舜(约公元前26世纪初—约前22世纪末至约前21世纪初)
The Yellow Emperor, Yao and Shun (Around the early years of 26th century B.C.—towards the end of 22nd century B.C. to early 21st century B.C.)
夏 (约前22世纪末至约前21世纪初—约前17世纪初)
Xia Dynasty (Around the end of 22nd century B.C. to 17th century B.C.)
商 (约前17世纪初—约前11世纪)
Shang Dynasty (Around early 17th century B.C. to 11th century B.C.)
周 (约前11世纪—前256)
Zhou Dynasty (Around 11th century B.C. to 256 B.C.)
西周 (约前11世纪—前771)
Western Zhou Dynasty (Around 11th century B.C. to 771 B.C.)
东周 (前770—前256)
Eastern Zhou Dynasty (770 B.C. to 256 B.C.)
秦 (前221—前206)
Qin Dynasty (221 B.C. to 206 B.C.)
汉 (前206—公元220)
Han Dynasty (206 B.C. to 220 B.C.)
西汉 (前206—公元25)
Western Han (206 B.C. to 25 A.D.)
东汉 (25—220)
Eastern Han (25 to 220)
三国(魏、蜀、吴) (220—280)
Three Kingdoms (Wei, Shu and Wu) (220 to 280)
晋 (265—420)
Jin Dynasty (265 to 420)
西晋 (265—317)
Western Jin (265 to 317)
东晋 (317—420)
Eastern Jin (317 to 420)
南北朝 (420—589)
Northern and Southern Dynasties (420 to 589)

隋 (581—618)
Sui Dynasty (581 to 618)
唐 (618—907)
Tang Dynasty (618 to 907)
五代 (907—960)
Five Dynasties (907 to 960)
宋 (960—1279)
Song Dynasty (960 to 1279)
北宋 (960—1127)
Northern Song Dynasty (960 to 1127)
南宋 (1127—1279)
Southern Song Dynasty (1127 to 1279)
元 (1279—1368)
Yuan Dynasty (1279 to 1368)
明 (1368—1644)
Ming Dynasty (1368 to 1644)
清 (1644—1911)
Qing Dynasty (1644 to 1911)
中华民国 (1911—1949)
Republic of China (1911 to 1949)
中华人民共和国 (1949—)
People's Republic of China (from 1949—)

五 词语例解 Word Study

1. 习惯

(动)(verb)

(1)这儿的生活我已经习惯了。

(2)他们是从南方来的,还不习惯这儿的气候。

(名)(noun)

(3)我们两个人的生活习惯不一样。他喜欢早睡早起,我喜欢晚睡晚起。

(4)1911 年革命,习惯上也叫辛亥革命。

2. 影响

(动)(verb)

(1)你们说话声音小一些,别影响别人休息。

(2)身体不好会影响学习,大家要注意锻炼身体。

(名)(noun)

(3)孔子的哲学思想在中国历史上很有影响。

(4)在他父亲的影响下,李天明对中国文化也越来越感兴趣。

3. 分

(动)(verb)

(1)中国人的姓名分两部分:前面是姓,后面是名。

(2)这里有一些参考书,这几本分给你们,那几本分给他们。

(名)(noun)

(3)这次考试,我口语得了 80 分,语法得了 85 分。

(量)(measure word)

(4)现在五点四十分,我该走了。

(5)你这是五块,找你八毛五分。

4. 到

(动)(verb)

(1)客人到了没有?

(2)我到过北京,你呢?

(3)他今年不到 20 岁。

用在动词后表示动作达到目的或有了结果。

When used after a verb it indicates that the goal has been achieved or something has been concluded.

(4)你要的那本词典我今天买到了。

(5)今天王云山收到了两封信。

用在动词后表示人或物随动作到达某地。

When used after a verb it indicates a person or thing has reached a place.

(6)昨天晚上他是 10 点钟才回到家的。

5. 为

(动,多用于书面)(verb, often used in written Chinese)

作为、充当,必须带宾语。

It should take an object when used in the sence of "function as".
(1)大家选他为人口协会主席。
(2)丁文月被选为学生代表。
(3)家庭是以婚姻和血统关系为基础的社会单位。
变成、成为,必须带宾语。
It should take an object when used in the sense of "become".
(4)经过几年的努力,那个地方已建为公园了。
(5)上学期每周六节汉语课,这学期已改为每周四节课了。
是
It means "be"
(6)陈教授上星期给中文系学生作了题为"中国的京剧艺术"的报告。

六 阅读课文

甲骨文的发现

中国是历史最悠久的古老国家之一。汉字是世界上惟一保留下来的最古老的文字。世界上其他的古老文字已经死亡,只有汉字从古代一直用到现在,已经有四千多年的历史了。商代的甲骨文是目前已经知道的中国最早的文字。说起甲骨文的发现,这里还有一个故事呢。

1899 年清朝一个姓王的官员得了病，医生给他的中药里有一种药叫“龙骨”，就是一些大大小小的骨头片。王官员发现这些“龙骨”上刻着很多奇怪的符号。他是个文字学家，感到这些“龙骨”不一般，马上把药店里的“龙骨”全部买回来进行研究。原来这些“龙骨”是龟甲和牛羊骨片，是从河南省安阳市小屯村附近挖出来的。那里曾经是商代的国都。农民种田时常在那儿挖出这些甲骨，就把它卖给中药店。他们这样做已经有 30 多年了。

经过学者的研究，甲骨上的符号是一些商代的卜辞。在科学不发达的古代，人们对很多情况不能解释。他们就靠占卜来了解将要发生什么事和解释为什么发生这些事。至今挖出的有字甲骨已有 10 万片以上，内容非常丰富，主要是商朝关于天气、农业、战争、疾病、生育等方面的事。这些卜辞短的只有一两个字，长的可达几十个字。

甲骨文的单字字数近五千字，但目前已认识的字只占三分之一左右，不认识的字大多是族名、人名或地名。甲骨文在语法上已完全具有古汉语的基本特点。由于甲骨文字多是用刀直接刻在龟甲、牛羊骨片上的，因此笔画一般是直线，字的形状也自然成为方块形，直到今天汉字仍保留着方块字的特点。甲骨文以象形字为基础，有的字像一幅画，一看就能大概知道它们代表的是什么事物。例如：

(人) (羊) (日) (水)。有不少字已经有了偏旁。例如：(休，人在树木下休息)，还有部分的形声字，例如：(政)。总之，甲骨文已是比较成熟的文字了。到了公元前2世纪，秦始皇统一了全国的文字，以后，为了写法简单方便，汉字经历了篆书—隶书—草书—楷书—行书的演变过程。例如：

甲骨文 篆书 隶书 草书 楷书 行书

四千多年来，汉字为保留古老、丰富的中华文化，为促进社会的发展进步起了重要的作用。

生词 New Words

1	惟一	(形)	wéiyī	only
2	官员	(名)	guānyuán	official
3	龙骨	(名)	lónggǔ	fossil fragments
4	片	(名)	piàn	piece
5	龟甲	(名)	guījiǎ	tortoise shell
6	种田		zhòng tián	to farm
7	卜辞	(名)	bǔcí	oracle inscriptions on animal bones

8	占卜	(动)	zhānbǔ	to divine
9	笔画	(名)	bǐhuà	stroke
10	直线	(名)	zhíxiàn	straight line
11	方块字	(名)	fāngkuàizì	characters
12	象形字	(名)	xiàngxíngzì	pictographic characters
13	偏旁	(名)	piānpáng	components
14	形声字	(名)	xíngshēngzì	pictophonetic characters, with one element indicating meaning and other sound
15	成熟	(形)	chéngshú	ripe
16	篆书	(名)	zhuànshū	seal characters
17	隶书	(名)	lìshū	official script
18	草书	(名)	cǎoshū	cursive hand
19	楷书	(名)	kǎishū	regular script
20	行书	(名)	xíngshū	running hand
21	演变	(动)	yǎnbiàn	to develop

专名 Proper Nouns

1	河南省	Hénán Shěng	Henan Province
2	安阳市	Anyáng Shì	Anyang City
3	小屯村	Xiǎotúncūn	name of a place

第十七课 Lesson 17

中国地理概况

一 课 文 Text

上课了,黑板上挂着一张世界地图和一张中国地图。吴老师今天要给同学们讲讲中国地理情况。

"大家看世界地图,中国的地理位置在哪儿?"吴老师问。

"中国在亚洲的东部,太平洋的西岸。"田中平回答得很流利。

"对。中国有哪些邻国?谁来说说看?"

"我来试试。"丁文月说,"俄罗斯、蒙古、朝鲜、越南、老挝、缅甸、印度、巴基斯坦、尼泊尔、不丹、锡金、阿富汗。"

"还有三个,谁知道?"一个回答的也[①]没有,吴老师接着说,"哈萨克斯坦、吉尔吉斯斯坦、塔吉克斯坦,一共15个。"

"中国的面积有多大?"吴老师又问。

"比美国稍微大一些,比俄罗斯小一些。"一个同学说。

"对是对[②],但不太准确。哪个同学能回答得具体一点儿。”

“中国的面积为960万平方公里，比整个欧洲面积小一点儿。”林达看着书回答。

“从地图上看，中国地形有什么特点？”

“好像是西部山多，东部平地多，对吗？”苏姗说。

“是这样。中国的地形是西高东低。许多大河流都是由西向东流入太平洋。中国有哪几条有名的大河？”

“长江、黄河、黑龙江、珠江…”吴老师的话还没说完，一个同学已抢着说。

“老师，对不起，我打断您的话，问一个问题，究竟是长江长还是黄河长？”还没等老师回答，同学们就你一句我一句地说开[3]了。有的说是长江，有的说是黄河。看着同学们在争论，吴老师笑着说：“中国第一大河是长江，它全长六千多公里，也是世界第三大河。 黄河五千多公里，是中国第二大河。”

“为什么叫黄河？是不是河水都是黄的？”

“黄河从黄土高原流过，带下来大量泥沙，河水变成了黄色，所以就叫黄河。黄河是中华文化的摇篮。几千年以前，中国人的祖先就在黄河流域生活、劳动，创造出了中国古代的灿烂文化。”

“中国有平原和草原吗?”林达问。

“你们看,这是东北平原,这是华北平原,这是长江中下游平原。中国的耕地主要就集中在这有名的三大平原。这是内蒙古大草原,是中国的畜牧业基地。”吴老师接着说,“中国的海岸线1800公里,一些有名的大城市都在沿海一带,它们是中国经济比较发达的地区。”

“上面[4] 我们讲了中国的地理位置、地形特点等,接下来[5],我们来看看中国的气候情况。”吴老师说,“中国大部分地区在北温带和亚热带。由于面积大,地形复杂、各地方离海远近不同,形成了复杂多样的气候特点。如黑龙江省北部,全年没有夏天,海南岛全年没有冬天,中部地区一年四季分明。总起来说,夏天全国普遍气温高,雨水多,冬天南北气温差别很大。”

“中国的矿产资源丰富。世界上已发现的矿产有160多种,中国就[6]有140多种。主要矿产有煤、石油、天然气、铁,有色金属矿产也不少。”

离下课还有十几分钟,吴老师问坐在前排的一个同学:“中国的人口有多少,知道吗?”

“中国是全世界人口最多的国家。”他说完，大家哈哈大笑起来，“笑什么[7]，不对吗？”

“没错儿。中国是全世界人口最多的国家。根据前不久的统计，中国人口已达到12亿，占世界人口五分之一，相当于美国人口的四倍多。”吴老师接着问：“中国有多少个民族呢？”

“55个。”田中平回答。

“不对。中国有56个民族，少数民族55个。汉族人口最多，大约占全国人口94%。”丁文月说。

下课时间到了，吴老师问最后一个问题：“中国有多少个省、自治区、直辖市？”

有的同学摇摇头，有的同学耸耸肩[8]。吴老师说：“中国有二十三个省，五个民族自治区，四个直辖市和一个特别行政区——香港。”

二 生 词 New Words

1	黑板	(名)	hēibǎn	blackboard
2	地图	(名)	dìtú	map
3	地理	(名)	dìlǐ	geography
4	位置	(名)	wèizhì	position
5	东部	(名)	dōngbù	the eastern part
6	邻国	(名)	lín guó	neighbouring country
7	面积	(名)	miànjī	size
8	稍微	(副)	shāowēi	slightly
9	准确	(形)	zhǔnquè	precise
10	整个	(形)	zhěnggè	whole
11	地形	(名)	dìxíng	topography, terrain
12	西部	(名)	xībù	the western part
13	平地	(名)	píngdì	flat ground
14	河流	(名)	héliú	river
15	打断	(动)	dǎduàn	to interrupt
16	究竟	(副)	jiūjìng	actually, after all (Used in an interogative sentence to make futher inquiries)
17	高原	(名)	gāoyuán	plateau

18	泥沙	(名)	níshā	silt, mud and sand
19	摇篮	(名)	yáolán	cradle
20	流域	(名)	liúyù	valley, river basin
21	灿烂	(形)	cànlàn	bright, splendid
22	平原	(名)	píngyuán	plain
23	草原	(名)	cǎoyuán	grasslands
24	中下游	(名)	zhōngxiàyóu	middle and lower reaches
25	耕地	(名)	gēngdì	cultivated land
26	集中	(动)	jízhōng	to gather
27	畜牧业	(名)	xùmùyè	animal husbandry
28	基地	(名)	jīdì	base
29	海岸线	(名)	hǎi'ànxiàn	coastline
30	沿海	(名)	yánhǎi	coast
31	一带	(名)	yídài	around
32	它们	(代)	tāmen	they (neuter pronoun)
33	温带	(名)	wēndài	temperate zone
34	亚热带	(名)	yàrèdài	subtropical zone
35	远近	(名)	yuǎnjìn	distance
36	北部	(名)	běibù	the northern part
37	中部	(名)	zhōngbù	the central part
38	四季	(名)	sìjì	four seasons
39	分明	(形)	fēnmíng	clear

40	普遍	(形)	pūbiàn	general
41	气温	(名)	qìwēn	atmospheric temperature
42	雨水	(名)	yǔshuǐ	rainfall
43	差别	(名)	chābié	difference
44	矿产	(名)	kuàngchǎn	mineral products
45	资源	(名)	zīyuán	natural resources
46	煤	(名)	méi	coal
47	石油	(名)	shíyóu	petroleum
48	天然气	(名)	tiānránqì	gas
49	铁	(名)	tiě	iron
50	有色金属		yǒusè jīnshǔ	nonferrous metal
51	金属	(名)	jīnshǔ	metal
52	排	(名,量)	pái	row
53	省	(名)	shěng	province
54	自治区	(名)	zìzhìqū	autonomous region
55	直辖市	(名)	zhíxiáshì	municipality directly under the Central Government
56	耸	(动)	sǒng	to shrug
57	肩	(名)	jiān	shoulder
58	特别行政区	(名)	tèbié xíngzhèngqū	special administrative region

专名 Proper Nouns

1	太平洋	Tàipíngyáng	the Pacific Ocean
2	俄罗斯	Éluósī	Russia
3	蒙古	Měnggǔ	Mongolia
4	朝鲜	Cháoxiǎn	Korea
5	越南	Yuènán	Viet Nam
6	老挝	Lǎowō	Laos
7	缅甸	Miǎndiàn	Myanmar (Burma)
8	印度	Yìndù	India
9	巴基斯坦	Bājīsītǎn	Pakistan
10	尼泊尔	Níbóěr	Nepal
11	不丹	Bùdān	Bhutan
12	锡金	Xījīn	Sikkim
13	阿富汗	Āfùhàn	Afghanistan
14	哈萨克斯坦	Hāsàkèsītǎn	Kazakhstan
15	吉尔吉斯斯坦	Jí'ěrjísīsītǎn	Kirghiziastan
16	塔吉克斯坦	Tǎjíkèsītǎn	Tadzhikistan
17	长江	Chángjiāng	the Changjiang (Yangtze) River
18	黄河	Huánghé	the Yellow River

19	黑龙江	Hēilóngjiāng	the Heilongjiang River
20	珠江	Zhūjiāng	the pearl River
21	黄土高原	Huángtǔ Gāoyuán	Loess palteau
22	东北平原	Dōngběi Píngyuán	the Northeastern plain of China
23	华北平原	Huáběi Píngyuán	the Northern plain of China
24	长江中下游平原	Chángjiāng Zhōngxiàyóu Píngyuán	the plain of the middle and lower reaches of the Chang Jiang (Yangtze) River
25	内蒙古	Nèiměnggǔ	Inner Mongolia
26	海南岛	Hǎinándǎo	Hainan Island

1. 强调 Qiángdiào(2)

Emphasis

强调所否定的某种情况。

Emphasis is laid on the negation.

一a(b)也 / 都没有 / 不 c

(1)吴老师提的问题，一个回答的同学也没有。

(2)两年前我一句汉语也不会说，现在一般的会话我都没有问题。

(3)上个月我特别忙，一天都没有休息。

(4)我现在一分钱也没有了，我得去银行取钱。

2. 表示让步转折 biǎoshì ràngbù zhuǎnzhé (2)

Concessive transition

用"a 是 a"先承认某个事实,然后下文转到相反或另外的意思上,进而对上文进行修正或补充等。

The transition begins with an admission of a fact in the form of "a 是 a", then shifts to an opposite or another point so as to modify or add something to the foregoing passage.

a 是 a,但是 / 可是 / 就是 b(b_1, b_2…)

(1)对是对,但不太准确。
(2)好是好,就是贵了点儿。
(3)知道是知道,可是不太详细。
(4)联系是联系了,但是没联系上。

3. 表示插话 biǎoshì chāhuà

Interjecition

表示打断对方的话语,临时插进几句话。

Interrupt another speaker by interjecting a remark.

(对不起)我打断一下(你的话),…

(1)老师,对不起,我打断一下您的话,我想问一个问题,是长江长还是黄河长?
(2)对不起,我想打断一下,向您提一个问题。

(对不起)我插一句,…

(3)罗杰,对不起,我插一句,当时你为什么不找警察?
(4)我想插一句,在中国喜欢京剧的人多不多?

4. 承接关系 chéngjiē guānxì (5)

Connective relation

表示承接前一个动作或事件,紧接着进行或出现下一个动作或事件。

Connect two actions or things which immediately take place one after another.

a(a_1, a_2…), 接下来 b(b_1, b_2…)

(1)上面我们讲了中国的地理位置、地形特点等,接下来我们看看中国的气候情况。
(2)昨天晚上先是刮风,接下来就是下雨,一直下到今天早上。
(3)这几个月我很忙,也很累,接下来我准备好好休息一段时间。

5. 总括上文 zǒngkuò shàngwén (2)

Brief summary

a(a_1, a_2…)，总起来说，b(b_1, b_2…)

(1)…总起来说，在中国夏天普遍气温高，雨水多，冬天南、北方气温差别很大。

(2)…总起来说，环境和人口问题已经引起各国的普遍重视。

(3)刚才我讲了语言和文化的关系，总起来说，要学好语言，必须了解那种语言的文化。

6. 表示近似 biǎoshì jìnsì

Similarity

表示两个事物在数量、价值、条件、情形等方面大致相同。

Two things are similar in number, price, condition or state.

a 相当(于)b(b_1, b_2…)

(1)中国人口相当于世界人口的五分之一，相当于美国人口的四倍。

(2)在中国学习一年汉语，相当在国内学习一年半或两年。

a(a_1, a_2…)，b 相当…

(1)我们班和你们班，人数相当，都是 20 人左右。

(2)你们俩年纪相当，可是他的个儿比你高多了。

四 注释 Notes

1. 一个回答的也没有

由数词"一"和"也没有(也不)"前后呼应构成的这一格式，强调对某种行为或情况的极端否定。

The structure formed by the foregoing "一" and the following "也没有" or "也不" can be used for a complete negation.

例如　E.g.

(1)大家都去上课了,宿舍里一个人也没有。

(2)这一个学期来,我一次假也没有请过。

(3)那几辆车一辆好的也没有。

2. 对是对

这里"A是A",表示让步,有虽然的意思。后一分句常用"但(是)"、"可是"转折。

The structure "A是A" is something like "although" used for a concession, often with "但(是)" or "可是" in the following adversative clause.

例如 E.g.

(1)这种东西好是好,但是太贵了。

(2)昨天的口语,考是考了,但成绩不太好。

(3)这个问题老师上课时讲是讲了,可是我没有记住。

3. 同学们就你一句我一句地说开了。

这儿"开"是引申用法,表示事物随动作展开。

Here "开" is extended in usage to indicate that freedom is fully given to something when the action takes place.

例如 E.g.

(1)这支民歌很好听,很快就传开了。

(2)一看到丑角的幽默表演,观众都笑开了。

(3)对学校的这一决定,同学们都议论开了。

4. 上面我们讲了中国的地理位置、地形特点等

这里"上面"是"总括上文"的意思,也可以说"以上"。

Here "上面" is the summary of the previous statement, and can be replaced by "以上"。

例如 E.g.

(1)上面是我个人的意见,对不对请大家讨论。

(2)上面的几段文章我都翻译好了,下面的晚上再翻译吧。

5. 接下来,我们来看看中国的气候情况。

这里动词"接"是"连接"、"接续"的意思。"下来"是引申用法。"接下来"表示后面的动作是紧连着前面的动作而来的。

The verb "接" means "connect" or "continue". "下来" is extended in usage. "接下

来" indicates that the second action is the continuation of the first one.

例如　E.g.

(1)会议主席讲完了,接下来由报告人做报告。

(2)节目表演到此结束,接下来请大家跳舞。

6. 中国就有140多种。

副词"就"+动词+数量,用于强调数量的多寡。强调数量多还是强调数量少由上下文决定。强调数量多,"就"轻读,后面的数量词要重读,"就"重读,常常强调的是数量少。

The structure "就+verb+numeral and measure word" is used to show the number of things decided by the context. If the number is great, the stress is not laid on "就" but on the numeral and measure words. If the number is small, the stress is laid on "就".

例如　E.g.

(1)教我们班的六个老师中,女老师就有四个。

(2)会议开了两个小时,他一个人就讲了一个多小时。

(3)我今天就带了100块钱,买不了那么多东西。

7. 笑什么,不对吗?

疑问代词"什么"用在动词或形容词后面,可以强调否定。

When used after a verb or an adjective, the interrogative pronoun "什么" stresses a negation.

例如　E.g.

(1)你客气什么,咱们是老朋友了,不必客气。

(2)他懂什么,他刚学了一点儿。

(3)早什么,都两点三刻了,快点儿吧!

8. 有的同学摇摇头,有的同学耸耸肩。

这里摇头和耸肩都表示不知道,但有时也表示不满或无可奈何。

Shaking one's head and shrugging one's shoulders expresses bewilderment or that something is "beyond one's knowledge", or "unhappiness about something" or "difficulty in finding a way out".

例如　E.g.

(1)爸爸摇头说:你的回答一点儿也不对。

(2)妻子坚持要买那件最贵的衣服,丈夫耸耸肩不说什么。

附:中国行政区划表 Appendix: China's Administrative Divisions

省和省会 Provinces and Their Capitals			
黑龙江省	Hēilóngjiāng Shěng	哈尔滨市	Hā'ěrbīn Shì
吉林省	Jílín Shěng	长春市	Chángchūn Shì
辽宁省	Liáoníng Shěng	沈阳市	Shěnyáng Shì
河北省	Héběi Shěng	石家庄市	Shíjiāzhuāng Shì
河南省	Hénán Shěng	郑州市	Zhèngzhōu Shì
山西省	Shānxī Shěng	太原市	Tàiyuán Shì
山东省	Shāndōng Shěng	济南市	Jǐnán Shì
陕西省	Shǎnxī Shěng	西安市	Xī'ān Shì
甘肃省	Gānsù Shěng	兰州市	Lánzhōu Shì
青海省	Qīnghǎi Shěng	西宁市	Xīníng Shì
四川省	Sìchuān Shěng	成都市	Chéngdū Shì
云南省	Yúnnán Shěng	昆明市	Kūnmíng Shì
贵州省	Guìzhōu Shěng	贵阳市	Guìyáng Shì
湖北省	Húběi Shěng	武汉市	Wǔhàn Shì
湖南省	Húnán Shěng	长沙市	Chángshā Shì
安徽省	Ānhuī Shěng	合肥市	Héféi Shì
江苏省	Jiāngsū Shěng	南京市	Nánjīng Shì
浙江省	Zhèjiāng Shěng	杭州市	HángzhōuShì
江西省	JiāngxīShěng	南昌市	NánchāngShì
福建省	FújiànShěng	福州市	Fúzhōu Shì
广东省	Guǎngdōng Shěng	广州市	Guǎngzhōu Shì
海南省	Hǎinán Shěng	海口市	Hǎikǒu Shì
台湾省	Táiwān Shěng	台北市	Táiběi Shì

自治区及其首府 Autonomous Regions and Their Capitals			
内蒙古自治区	Nèi Měnggǔ (Mongol) Zìzhìqū	呼和浩特	Hūhéhàotè (Huhhot) Shì
宁夏回族自治区	Níngxià Huízú Zìzhìqū	银川市	Yínchuān Shì
新疆维吾尔自治区	Xīnjiāng Wéiwú'ěr (Uygur) Zìzhìqū	乌鲁木齐市	Wūlǔmùqí (ürümqi) Shì
西藏自治区	Xīzàng Zìzhìqū	拉萨市	Lāsà (Lhasa) Shì
广西壮族自治区	Guǎngxī Zhuàngzú Zìzhìqū	南宁市	Nánníng Shì

直辖市 Municipalities Directly Under the Central Government			
北京市	Běijīng Shì	天津市	Tiānjīn Shì
上海市	Shànghǎi Shì	重庆市	Chóngqìng Shì

特别行政区 Special Adiministrative Region	
香港	XiāngGǎng (Hong Kong)

五 词语例解

Word Study

1. 稍微

(副)(adverb)

(1)中国地理他稍微知道一些。

(2)今天的天气比昨天稍微暖和一些。

(3)我今天稍微有点儿不舒服,我要早一点儿休息。

2. 究竟

(副)(adverb)

用于问句,表示进一步追究,多用于书面,口语多用“到底”。

It is often used in a written interrogative sentence for further inquiry. “到底” is preferred in spoken Chinese.

(1)世界上究竟有多少种语言?

(2)究竟是中国的面积大还是欧洲的面积大?

归根到底、毕竟的意思。

It means “after all”.

(3)他奶奶究竟老了,很多事情都忘了。

(4)丁文海究竟是在中国呆了几年,对中国的很多社会习俗很了解。

3. 开

(动)(verb)

(1)教室的门开了,我们进去吧。

(2)图书馆前边的花都开了。

(3)林达学会开车了。

(4)最近学校旁边开了一家超级市场。

(5)明天十点在系主任办公室开会。

(6)学校下学期 9 月 5 日开学。

用在动词后,表示人或事物随动作分开。

When used after a verb, it indicates that people or things are separated as soon as an action takes palce.

(7)你把信打开,看看信上说了些什么?

(8)窗户开开了。

用在动词后,表示人或事物随动作离开。

When used after a verb it also means that people or things move away as soon as an action takes place.

(9)一会儿有人来找你,你不要走开。

(10)请站开一点儿，后面有人来。

用在动词后,表示事物随动作展开。

When used after a verb it can mean that things spread in connection with an action.

(11)这件事早已在同事们中间传开了。

(12)最近一个时期,在五至八岁孩子中间传染开了肺炎。

4. 比

(动)(verb)

(1)你们比一比,看谁写得快。

(2)我不比你,你到过中国,我还没去过呢。

(3)昨天的足球比赛三比一,东海队赢了。

(介)(preposition)

(4)今天比昨天暖和一些。

(5)他这学期的成绩比上学期的好得多。

5. 相当

(动)(verb)

(1)我们这学期学的生词相当于上学期的两倍。

(2)这次考试,你们两个人的成绩相当,都是八十多分。

(形)(adjective)

(3)没有相当的汉语能力是干不了这种工作的。

(4)我想不出英文里相当的词来解释汉语这个词。

(副)(adverb)

(5)这儿的水果相当贵。

(6)丁文月、田中平他们几个人汉语讲得相当好。

六 阅读课文

青藏高原

中国西南部的青藏高原，平均海拔4000米以上，人们称它为“世界屋脊”，是世界上最高的地方。它包括西藏、青海和四川两省西部等地区，面积约250万平方公里，占全国面积四分之一左右，青藏高原又是世界上最年青的高原，4000万年前这一带还是一片大海，地球上一次大规模的造山运动形成了这片高原。

在西藏和尼泊尔之间，有着世界第一高峰——珠穆朗玛峰，“珠穆”，藏语是“女神”的意思，“朗玛”是女神的名字。她高达8848米，现在还在不断长高，每年平均增高0.33—1.27厘米。山峰上边最低气温常在摄氏零下30—40度，经常刮七八级到十二级的大风。人们说这里是连飞鸟都很难飞过的地方。但是，1960年5月25日中国登山队在人类历史上第一次从最难登的北坡登上了珠峰，1975年5月27日再次登上。至今一些国家的登山队或从尼泊尔方面的南坡或从中国西藏方面的北坡登山,有的成功了,有的失败了。

在青藏高原上有西藏自治区的首府拉萨。拉萨海拔高达3600米,是中国也是世界最高的城市。这座高原古城已有1300多年的历史。公元633年藏王松赞干布迁都拉萨,为了跟唐朝建立友好关系,学习唐朝的先进文化,派人来到长安,唐朝也愿意与他们交往。不久,松赞干布又派人来求亲,后来唐太宗决定把文成公主嫁给松赞干布,公元641年,24岁的文成公主入藏。她不仅带去了丰富的嫁妆,也带去了许多西藏没有的谷物、药材、蔬菜种子等,还带去了大批的医药、工程技术等方面的书籍。入城那天,西藏人民像过节一样热烈欢迎她,松赞干布和她举行了婚礼。传说为了纪念文成公主入藏,松赞干布建造了大小昭寺,后来又建造了著名的布达拉宫,直到现在,大昭寺和布达拉宫还保存着文成公主的塑像。文成公主为发展汉藏两族人民的友好交往,为发展西藏的经济文化作出了贡献。

拉萨是有名的日光城,阳光灿烂,对发展农业、畜牧业生产十分有利。在西藏人民的努力下,现在的拉萨已逐渐成为一个现代化的城市。

生词 New Words

1	海拔	(名)	hǎibá	above sea level
2	屋脊	(名)	wūjǐ	ridge

3	规模	(名)	guīmó	scale
4	高峰	(名)	gāofēng	peak
5	女神	(名)	nǚshén	goddess
6	飞	(动)	fēi	to fly
7	登山		dēng shān	mountain climbing
8	坡	(名)	pō	slope
9	首府	(名)	shǒufǔ	provincial capital
10	先进	(形)	xiānjìn	advanced
11	交往	(动)	jiāowǎng	to contact
12	求亲		qiú qīn	to seek marriage alliance
13	嫁	(动)	jià	(of a woman) to marry
14	嫁妆	(名)	jiàzhuang	dowry
15	谷物	(名)	gǔwù	cereal
16	药材	(名)	yàocái	medicine
17	种子	(名)	zhǒngzi	seed
18	保存	(动)	bǎocún	to preserve
19	塑像	(名)	sùxiàng	statue
20	日光	(名)	rìguāng	sunlight

专 名 Proper Nouns

1	珠穆朗玛峰	Zhūmùlángmǎfēng	Mount Qomolangma
2	拉萨	Lāsà	Lhasa
3	松赞干布	Sōngzàngānbù	name of a person
4	文成公主	Wénchéng Gōngzhǔ	Princess Wencheng
5	大小昭寺	Dàxiǎozhāosì	names of two temples
6	布达拉宫	Bùdálāgōng	name of a palace
7	唐太宗	Tángtàizōng	Emperor Taizong

第十八课 Lesson 18

孙中山

一 课文 Text

不久前，老师讲中国近代史，讲到了孙中山。李天明、田中平不满足于[①]老师上课时所讲的。老师答应给他们一些有关材料。今天他们到老师那儿。老师特意给他们准备了一篇介绍孙中山的文章。文章写道[②]：

孙中山是中国近代民主革命的杰出领袖。公元1866年11月12日出生于广东省香山县(现为中山市)一个农民的家庭。孙中山名文，字[③]逸仙。中山是他后来在日本进行革命活动时用的名字。

孙中山小的时候，家里很穷。1871年他哥哥到夏威夷去当工人。孙中山12岁的时候，到夏威夷找他哥哥。在夏威夷，他呆[④]了五年，上过好几个学校，学到了很多近代科学文化知识和民主思想。17岁时回到了家乡，后来在广州、香港学习医学。26岁时，他以[⑤]优秀的学习成绩获得了硕士学位。

由于他医疗技术好，态度认真，在广州、澳门一带，孙中山很快就成了一个有名的医生。

孙中山本来想用医学救国，但是社会现实使他认识到，作为一个普通医生，他只能治病救人，解决不了国家和民族的问题。1894年他上书[6]清朝政府，希望能实行一些改革，但是遭到清政府的拒绝。不久，中日甲午战争爆发，孙中山认为，不推翻清朝政府的封建统治，中国就没有[7]希望。1894年底，孙中山在夏威夷成立了兴中会，1905年，他联合兴中会和其他革命团体，成立同盟会，提出了著名的“民族”、“民权”、“民生”即三民主义。同盟会在孙中山的领导下，一方面对改良派进行坚决的斗争，一方面发动武装起义。起义虽然失败多次，但是孙中山并没有灰心，终于在1911年10月10日举行的武昌起义中，取得了革命的胜利，推翻了中国最后一个皇帝，结束了两千多年的封建统治，开创了中华民国的历史。同年年底，孙中山从国外回到祖国。由于他为革命作出了巨大的贡献，在全国人民中有着崇高的威望，被选为临时大总统。

由于内外反动势力的勾结，辛亥革命很快失败了。辛亥革命失败以后，孙中山认真总结革命失败的经验教训。他重新解释三民主义，改组国民党，创办军事学校，使革命进入了一个新的发展阶段。

正当革命形势日益发展的时候，由于多年艰苦劳累的工作，孙中山的身体一天不如一天，1925 年 3 月 12 日因肝癌在北京逝世。孙中山的一生是革命的一生，就在他临逝世前，还向全国人民发出了“革命尚未成功，同志仍须[8]努力”的号召。孙中山走过 40 年的革命斗争道路，为中国的和平与进步贡献了自己的一生，中国人民永远不会忘记他。

文章不长，两个人很快就看完了。他们又问了老师一些问题。老师告诉他们，为了纪念孙中山，中国很多大城市的公园、道路、学校都用他的名字来命名。例如中山公园、中山路、中山大学等等。

听到这儿，李天明问：“这么说，中山装也和孙中山有关喽。”

“对。听说孙中山提倡过那种衣服，所以就叫中山装。”

二 生 词 New Words

1	近代	(名)	jìndài	modern times
2	答应	(动)	dāying	to promise
3	特意	(副)	tèyì	specially
4	道	(动)	dào	to say, to talk
5	民主	(形)	mínzhǔ	democratic
6	革命	(动,名)	gémìng	to rise in revolt against; revolution
7	杰出	(形)	jiéchū	outstanding
8	字	(名)	zì	alias, secondary name formerly taken at the age of twenty
9	穷	(形)	qióng	poor
10	优秀	(形)	yōuxiù	excellent
11	获得	(动)	huòdé	to obtain
12	学位	(名)	xuéwèi	academic degree
13	救	(动)	jiù	to rescue
14	上书		shàng shū	to submit a written statement to a higher authority

15	实行	(动)	shíxíng	to carry out, to implement
16	遭到	(动)	zāodào	to suffer
17	爆发	(动)	bàofā	to break out
18	推翻	(动)	tuīfān	to overthrow
19	成立	(动)	chénglì	to found, to establish
20	联合	(动)	liánhé	to ally with
21	团体	(名)	tuántǐ	organization
22	民权	(名)	mínquán	civil rights
23	民生	(名)	mínshēng	people's livelibood
24	主义	(名)	zhǔyì	-ism, doctrine
25	改良派	(名)	gǎiliángpài	reformists
26	坚决	(形)	jiānjué	firm
27	斗争	(动)	dòuzhēng	to fight
28	发动	(动)	fādòng	to launch, to call into action
29	武装	(动,名)	wǔzhuāng	to arm; arms
30	起义	(动,名)	qǐyì	to revolt; uprising
31	灰心	(形)	huīxīn	dejected
32	胜利	(动,名)	shènglì	to win; victory
33	开创	(动)	kāichuàng	to start
34	同(年)	(形)	tóng(nián)	same (year)
35	祖国	(名)	zǔguó	motherland

36	巨大	(形)	jùdà	tremendous
37	崇高	(形)	chónggāo	lofty; high
38	威望	(名)	wēiwàng	prestige
39	临时	(形)	línshí	temporary
40	总统	(名)	zǒngtǒng	president
41	内外	(名)	nèiwài	inside and outside
42	势力	(名)	shìlì	force
43	勾结	(动)	gōujié	to collude with
44	教训	(名,动)	jiàoxùn	lesson; to teach somebody a lesson
45	重新	(副)	chóngxīn	again
46	改组	(动)	gǎizǔ	to reorganize, to reshuffle
47	创办	(动)	chuàngbàn	to establish
48	阶段	(名)	jiēduàn	stage, phase
49	形势	(名)	xíngshì	situation
50	日益	(副)	rìyì	daily
51	艰苦	(形)	jiānkǔ	hard
52	劳累	(形)	láolèi	tired
53	逝世	(动)	shìshì	to pass away
54	发出	(动)	fāchū	to send out, to issue
55	尚	(副)	shàng	still
56	成功	(动,名)	chénggōng	to succeed; success
57	同志	(名)	tóngzhì	comrade

58	号召	(动,名)	hàozhào	to call; call
59	和平	(名)	hépíng	peace
60	忘记	(动)	wàngjì	to forget
61	纪念	(动,名)	jìniàn	to commemorate; souvenir
62	命名		mìng míng	to name
53	中山装	(名)	zhōngshān zhuāng	Chinese tunic suit

专名 Proper Nouns

1	孙中山	Sūn Zhōngshān	(Dr. Sun yat-sen)
2	广东省	Guǎngdōng Shěng	Guangdong Province
3	中山市	Zhōngshān Shì	Zhongshan County
4	孙文	Sūn Wén	(the secondary name of Dr. Sun Yat-sen
5	逸仙	Yìxiān	courtesy name of Dr. Sun Yat-sen
6	夏威夷	Xiàwēiyí	Hawaii
7	广州	Guǎngzhōu	Guangzhou
8	澳门	Àomén	Macao
9	中日甲午战争	Zhōng-Rì Jiǎwǔ Zhànzhēng	Japanese aggressive war against China (between 1894–1895)
10	兴中会	Xīngzhōnghuì	Society of Resurgence

11	同盟会	Tóngménghuì	Society of Alliance
12	三民主义	Sānmín Zhǔyì	the Three People's Principles
13	武昌起义	Wǔchāng Qǐyì	Wuchang Uprising
14	中华民国	Zhōnghuá Mínguó	Republic of China
15	国民党	Guómíndǎng	the Kuomintang
16	中山公园	Zhōngshān Gōngyuán	Zhongshan Park
17	中山路	Zhōngshān Lù	Zhongshan Road
18	中山大学	Zhōngshān Dàxué	Zhongshan University

1. 表示专为某事 biǎoshì zhuānwèi mǒushì
For some people or something only

$a(a_1, a_2\cdots)$特意 $b(b_1, b_2\cdots)$

(1)老师特意给他们准备了一篇这方面的文章。

(2)听说这本词典不错，我昨天特意去书店买了一本。

$a(a_1, a_2\cdots)$专门 $b(b_1, b_2\cdots)$

(3)他上午专门来宿舍看你,当时你不在。

(4)现在,专门去中国学习或研究京剧的人越来越多。

2. 表示当初的情况 biǎoshì dāngchū de qíngkuàng

Original intention

a 本来 $b(b_1, b_2\cdots)$

(1)孙中山本来想用医学救国,但是后来他发现这是不可能的。

(2)我本来不想去,但他一再劝我去,所以我还是去了。

(3)这张桌子本来不在这儿,是谁把它搬过来的?

3. 表示假设 biǎoshì jiǎshè (2)

Hypothesis

表示假设的某种条件和结果的关系。

It shows the relation between the hypothetical condition and its result.

不 $a(a_1, a_2\cdots)$,就(没有 / 不)$b(b_1, b_2\cdots)$

(1)他认为,不推翻清朝政府的统治,中国就没有希望。

(2)不进行调查,就不可能了解到真实的情况。

(3)不下雨我们就去。

4. 表示结果 biǎoshì jiéguǒ

Result

表示经过较长的过程最后出现的某种结果。

A long-time effort ends up one way or another.

$a(a_1, a_2\cdots)$, 终于 $b(b_1, b_2\cdots)$

(1)起义多次都失败了,但是孙中山并没有灰心,终于在 1911 年的武昌起义中取得了革命的胜利。

(2)经过多年的努力,他终于考上了研究生。

(3)我们等了很久,她终于来了。

5. 某时发生某事 mǒushí fāshēng mǒushì (3)

Time and occurrence

(正)当 $a(a_1, a_2\cdots)$的时候, $b(b_1, b_2\cdots)$

(1)正当革命形势日益发展的时候,孙中山的身体却一天不如一天。

(2)正当我要去上班的时候,公司突然打来电话。

(3)当我回来的时候,他已经睡了。

6. 推测 tuīcè

Conjecture

根据对方所说进行推测。

A guess can be made on the basis of what others say.

$a(a_1, a_2\cdots)$,这么说 $b(b_1, b_2\cdots)$

(1)听到这儿,李天明问:"这么说中山装也和孙中山有关系了?"

(2)这么说你已经爱上她了。

(3)…这么说他同意了?

四 注释 Notes

1. 李天明、田中平不满足于老师上课时所讲的。

介词"于"这儿表示对象,"对"、"向"的意思,跟名词组合。

The preposition "于" means "for" or "to", in connection with the object performed by a noun.

例如 E.g.

(1)不少留学生已经习惯于这里的生活环境了。

(2)治理污染、保护环境,有利于人类健康。

(3)我们不能满足于现在的汉语水平。

2. 文章写道

这里"道"是"说"的意思,用于书面。

Here "道" means "say", often in written Chinese.

3. 孙中山名文，字逸仙。

有身份的人根据名的字义另取的别名叫"字"。它产生于周朝，20世纪二三十年代以后逐渐不用。对别人，一般叫字不叫名，例如人们称孙中山为孙逸仙而不叫孙文。

Customarily people from a dignitary family adopted a secondary name for themselves according to the significance of their personal name. This practice began in the Zhou Dynasty, but was gradually abandoned in the twenties and thirties of this century. Generally the secondary name is used only with other people rather than the given name. For instance, Sun Yat-sen is preferable to Sun Wen in addressing him.

4. 他呆了五年

这里"呆"是居住、停留的意思，多用于口语。

Here "呆" means "live" or "stay", mostly in spoken Chinese.

例如 E.g.

(1)他在中国呆了十年，去年刚回来的。

(2)我不能多呆了，家里有事先走了。

5. 他以优秀的学习成绩获得了硕士学位。

这里的"以"是介词，表示凭借，"拿"、"用"的意思。

Here the preposition "以" means "by", "with" or "use".

例如 E.g.

(1)他们早已工作了，仍以学生的身份来向老师拜年。

(2)这个地区以风景优美著名，前来参观旅游的人很多。

(3)他以谦虚、热情的态度对待朋友。

6. 1894年他上书清朝政府。

"上书"是指给地位高的人写信，内容多为陈述政治见解。"书"指"信"。

"上书" means "write a letter about one's personal political views to a higher authority". "书" carries the sense of "letter".

7. 孙中山认为，不推翻清政府的封建统治，中国就没有希望。

"不…没有…"这种两次否定形式，常用来强调肯定。

The double negative structure "不…没有…" is used to indicate an affirmative statement.

例如 E.g.

(1)学习汉语不能没有辞典。

(2)不了解新词语,有些文章就没办法看懂。

类似的两次否定格式还有:"没有不…","不…不…"、"非…不…"等。

There are some more double negative patterns such as "没有不…","不…不…", "非…不…"。

例如 E.g.

(3)只要认真努力,没有不能解决的问题。

(4)我们这里没有不知道这件事的人。

(5)他们不应该不去。

(6)不搞现代化,社会就不能进步。

(7)爸爸非牛肉不吃。

(8)在这里非工作人员不得入内。

8. 同志仍须努力。

这里"仍"是"仍然"的意思;"须"是"须要"、"必须"的意思。这句话见于孙中山的"总理遗嘱"。

Here "仍" means "still"; "须" means "should" or "must". This quotation is taken from "The Premier's Testament" by Dr. Sun Yat-sen.

五 词语例解

Word Study

1. 准备

(动)(verb)

(1)后天语法课有一个测验,我还没有准备好呢。

(2)一会儿有几个朋友要来,我得去准备点儿喝的。

(3)田中平准备明年到中国学习一年汉语。

(名)(noun)

(4)明天我有一个面试,我应该做点儿准备。

2. 找

(动)(verb)

(1)刚才有人来找你。

(2)手表找不着,不知道放在哪儿了?

(3)明天下午我得进城找一个朋友。

(4)你这是五十块,找你八块三。

3. 成

(动)(verb)

(1)事情已经成了,你明天找他吧。

成为、变为

It means "become".

(2)他很快成了一个有名的科学家。

可以、行

It also means "O.K.".

(3)没关系,你什么时候找我都成。

用在动词后表示完成或变为。

When used after a verb, it indicates the completion of an action or a change of something.

(4)给系主任的报告写成了,你看看。

(5)那个地方已变成操场了。

4. 同

(形)(adjective)

(1)丁文月和苏姗同岁。

(2)他们两个人的专业不同,一个学经济,一个学历史。

(介)(preposition)

(3)上学期李天明同史迪文住在一起。

(4)他同系主任说了,下午的会他不能参加。

(5)我同那件事没有关系。

(6)学汉语同学别的语言一样,一定要多听多说多读多写。

(连)(conjunction)

(7)你同他一起去吧。

5. 回

(动)(verb)

(1)时间不早了,我回家了。

答复
It carries the meaning of "reply".
(2)有关合同的事,他们还没给我回信呢。
掉转
It can also mean "turn round".
(3)他回头看了看,一句话也没说。
用在动词后表示人或事物随动作从别处到原处
(4)请把报纸放回原来的地方。
(量)(measure word)
(5)那个公园我已经去过两回了。
(6)你知道那是怎么一回事呢?

六 阅读课文

Reading Comprehension

宋庆龄

宋庆龄(1893—1981)是孙中山的夫人,她的一生是和中国的革命进步事业联系在一起的。她也是著名的国际社会活动家,是 20 世纪最伟大的妇女之一。

因为宋庆龄的父亲曾经帮助过孙中山进行革命,所以她从小就认识孙中山。1911 年辛亥革命时,她才 18 岁。辛亥革命失败后,孙中山到日本重新组织革命力量。1915 年宋庆龄刚从美国威斯理女子学院毕业就到日本做了孙中山的英文秘书。当时她22岁，而孙中山已经49岁了。尽管父母反对，但她还是和孙中山结婚了。她一直是孙中山的忠实伴侣、学生和同志。在婚后的十年共同生活中，他们遇到了许多困难和危险。1916年袁世凯要暗杀孙中山，宋庆龄勇敢地参加反对袁世凯的活动，终于取得了胜利。1922年叛军攻打孙中山在广州领导的临时革命政府，情况非常危险，宋庆龄坚决让丈夫先走，她说："中国没有我可以，但没有你不行。"就在这次危难中，她流产了，失去了唯一的孩子。

1925年孙中山逝世以后，她继续为实现孙中山的革命理想而努力奋斗。

1949年10月1日中华人民共和国成立，宋庆龄被选为国家副主席。后来又当了国家名誉主席。为了建设新中国，她走遍大江南北，并多次出国访问。她在关心妇女儿童和世界和平事业上做了很多很多的工作。她创办了"中国福利基金会"，在上海建立了妇幼保健医院、幼儿园、少年宫、儿童艺术剧院，出版了《儿童时代》杂志，为了让世界了解中国，她在北京创办了《中国建设》(现改名为《现代中国》)杂志。她在革命的一生中发表过大量的文章和讲话。凡是跟她接触过的人都感到她非常谦虚，对待工作极为认真负责，待人平等热情。李燕娥是一位普通妇女，出生于江南的贫苦人家，她照顾宋庆龄60年，宋庆龄和她有很深的感情。1981年宋庆龄逝世，根据宋庆龄的遗愿，骨灰没有葬在南京中山陵，而是葬在上海她父母的墓旁。她同时要照顾她60年的李燕娥也葬在那里，墓碑大小要跟她的完全相同。

为了祖国富强、人类进步和世界和平，宋庆龄贡献出了自己的一生。她在中国人民和世界人民中有着崇高的威望，人民尊敬她，热爱她。每年都有千千万万的人来参观她在北京的故居、在上海的墓地和在墓地旁边建起的宋庆龄纪念馆。

生词 New Words

1	忠实	(形)	zhōngshí	faithful
2	伴侣	(名)	bànlǚ	companion
3	暗杀	(动)	ànshā	to assassinate
4	叛军	(名)	pànjūn	rebel army
5	攻打	(动)	gōngdǎ	to attack
6	流产		liúchǎn	abortion
7	奋斗	(动)	fèndòu	to fight
8	名誉	(名)	míngyù	honorary, reputation

9	妇幼	(名)	fùyòu	women and children
10	保健	(名)	bǎojiàn	health protection
11	幼儿园	(名)	yòu'éryuán	kindergarten
12	剧院	(名)	jùyuàn	theatre
13	待(人)	(动)	dài(rén)	to get along with people
14	凡是	(副)	fánshì	every
15	遗愿	(名)	yíyuàn	last wish
16	骨灰	(名)	gǔhuī	ashes of the dead
17	墓碑	(名)	mùbēi	gravestone
18	富强	(形)	fùqiáng	prosperous and strong
19	故居	(名)	gùjū	former residence

专名 Proper Nouns

1	宋庆龄	Sòng Qìnglíng	Madam Song Qingling
2	威斯理女子学院	Wēisīlǐ Nǚzǐ Xuéyuàn	name of a college
3	袁世凯	Yuán Shìkǎi	name of a person
4	中国福利基金会	Zhōngguó Fúlì Jījīnhuì	China Welfare Foundation

5	《儿童时代》	《Értóng Shídài》	*Childhood*
6	《中国建设》	《Zhōngguó Jiànshè》	*China Reconstructs*
7	李燕娥	Lǐ Yàn'é	name of a person
8	南京	Nánjīng	Nanjing
9	中山陵	Zhōngshānlíng	the Sun Yat-sen Mausoleum

第十九课 Lesson 19

孔子

一 课文 Text

田中平虽然不是学历史的，但他对历史有一种特殊的爱好。他和王云山经常在一起谈论各国的历史。近来由于田中平身体不太好，两个人已经几个星期没见面了。今天一见面，王云山就问："身体恢复得怎么样了？"

"大夫说，再休息几天就差不多了。"田中平说，"好久不见了，忙些什么呢？"

"最近真把我忙坏[①]了。两个星期前，中国历史老师要我们每个人写一篇文章，介绍一个重要的历史人物。上星期，我看材料看得头疼[②]。这几天，又是赶着写，又是赶着打字、校对。有时候忙得连吃饭的功夫都没有。"王云山一口气说了这么一大段。

"你写谁了？"

"你猜猜。"

"历史人物那么多,你叫我从哪儿猜起呢[3]?猜不着。"

"我写的是孔子。"

"写完了?"

"写是写完了。不过还得修改修改。下星期交。"

"能拿给咱看看吗?"

"看完后请提提意见。"王云山一边说一边把文章递给田中平。文章的开头是这样写的:

孔子,名丘,字仲尼,春秋时代鲁国(现在山东省曲阜市)人,生于[4]公元前551年,死于公元前479年。

"孔子有名,也有姓,但为什么长期以来[5]人们不叫他孔丘,而叫孔子呢?"田中平问。

"'子'是中国古代对有大学问的男子的尊称。战国时期出现了许多大学问家,人们称孔丘为[6]孔子,称孟轲为孟子,称庄周为庄子,称墨翟为墨子。"

"哦,我明白了。谢谢。"

文章接着写道:

孔子年轻时,曾给公家管过仓库,管过牛羊。大约在30岁时开始从事教育工作。他第一个开创私人办学。这在中国教育史上是一件非常了不起的大事。无论是什么人,只要交得起学费，他都教。据说他先后教过3000多学生，其中有成就的72人。

孔子是一位大教育家。他不仅非常热爱自己的教育事业，而且总结出了不少有用的宝贵经验。他说过“三人行必有我师”，意思是教育人们要善于学习别人的长处。他主张学的人要刻苦认真，反复钻研；教的人要耐心诚恳，不怕麻烦。他提倡老老实实的学习态度，知道就说知道，不知道就说不知道，千万不要不懂装懂，明明不知道却偏要说自己知道。此外，他还主张要根据学生的特点进行有针对性的教育。

在学习方法上，他提出要经常复习学过的东西才能有新的体会，学到新的知识。他认为读书和思考必须结合起来。只读书和听人讲而自己不认真思考，是不能很好掌握知识的。但是，只是空想或胡思乱想，不认真读书，也是学不到知识的。

孔子在致力于⑦教书讲学的同时，还整理了不少古代书籍，对保存传播中国古代文化作出了巨大的贡献。

看到这儿，田中平对王云山说：“你主要是介绍孔子的教育思想，不是全面介绍孔子。”

“我哪有本事作全面介绍啊。”

“我看到一本书上说,孔子不仅是中国历史上的大教育家,而且是一个著名的思想家。”

“孔子在政治思想和伦理道德方面都有自己的主张。他经常带着学生到各国去宣传自己的主张。但是他的政治理想从来都没能实现。”

“《论语》是孔子写的吗?”

“不是。孔子去世以后,他的学生把他说过的话记录整理成的。《论语》是研究孔子思想学说的重要材料。孔子所创立的学说称为‘儒家’学说。两千多年来,它对中国哲学思想、伦理道德影响极大。”

“儒家思想在国际上也很有影响。”田中平补充道。

1 特殊 (形) tèshū special

2	近来	(名)	jìnlái	recently
3	恢复	(动)	huīfù	to recover
4	人物	(名)	rénwù	figure, personage
5	打字		dǎ zì	to type
6	校对	(动)	jiàoduì	to proofread
7	功夫	(名)	gōngfu	time
8	一口气		yì kǒu qì	in one breath
9	修改	(动)	xiūgǎi	to revise
10	咱	(代)	zán	I, We
11	递	(动)	dì	to hand over
12	开头	(名)	kāitóu	beginning
13	以来	(助)	yǐlái	since
14	男子	(名)	nánzǐ	man
15	尊称	(名)	zūnchēng	respectful form of address
16	明白	(动,形)	míngbai	to see; clear
17	公家	(名)	gōngjiā	the state, the public
18	管	(动)	guǎn	to be in charge of
19	仓库	(名)	cāngkù	storehouse
20	私人	(名)	sīrén	private
21	办学		bàn xué	to run a school
22	交得起		jiāo de qǐ	to afford to pay
23	热爱	(动)	rè'ài	to love ardently
24	有用	(形)	yǒuyòng	useful

25	宝贵	(形)	bǎoguì	valuable
26	三人行必有我师		sān rén xíng bì yǒu wǒ shī	Where there are three men walking together, one of them is bound to be able to teach me something.
27	善于	(动)	shànyú	to be good at
28	主张	(动)	zhǔzhāng	to advocate
29	刻苦	(形)	kèkǔ	hardworking
30	反复	(副)	fǎnfù	repeatedly
31	钻研	(动)	zuānyán	to study intensively
32	耐心	(形)	nàixīn	patient
33	诚恳	(形)	chéngkěn	sincere
34	老实	(形)	lǎoshi	honest
35	千万	(副)	qiānwàn	be sure
36	装	(动)	zhuāng	to pretend
37	明明	(副)	míngmíng	obviously
38	偏	(副)	piān	stubbornly
39	针对	(动)	zhēnduì	to aim at
40	方法	(名)	fāngfǎ	method
41	思考	(动)	sīkǎo	to think
42	空想	(动,名)	kōngxiǎng	to dream; fantasy
43	胡思乱想		hú sī luàn xiǎng	to give way to foolish fancies
44	致力	(动)	zhìlì	to devote oneself to

45	讲学		jiǎng xué	to give lectures
46	书籍	(名)	shūjí	books
47	保存	(动)	bǎocún	to preserve
48	传播	(动)	chuánbō	to spread
49	全面	(形)	quánmiàn	all-round, overall
50	本事	(名)	běnshì	ability
51	伦理	(名)	lúnlǐ	ethics
52	理想	(名,形)	lǐxiǎng	ideal
53	实现	(动)	shíxiàn	to realize
54	记录	(动,名)	jìlù	to record; record
55	学说	(名)	xuéshuō	theory, doctrine
56	创立	(动)	chuànglì	to establish

专名 Proper Nouns

1	丘	Qiū	personal name of Confucius
2	仲尼	Zhòngní	the secondary name of Confucius
3	鲁国	Lǔ Guó	name of a kingdom
4	山东省	Shāndōng Shěng	Shandong Province
5	曲阜市	Qūfù Shì	Qufu City
6	孟轲	Mèng Kē	Mencius
7	庄周	Zhuāng Zhōu	name of a person
8	墨翟	Mò Dí	name of a person
9	《论语》	Lúnyǔ	*The Analects of Confucius*
10	儒家	Rújiā	the Confucianists

1. 表示条件和结果 biǎoshì tiáojiàn hé jiéguǒ (2)

Conditions and results

表示有了某个条件就会有某一结果或出现某种情况。

A condition is likely to produce an effect or to give rise to something.

…再 $a(a_1, a_2\cdots)$，就 $b(b_1, b_2\cdots)$

(1)大夫说，再休息几天就差不多了。

(2)再有一个月就到圣诞节了。

(3)他再不来，我们就别等他了。

只要 $a(a_1, a_2\cdots)$，就／都 $b(b_1, b_2\cdots)$

(1)无论什么人，只要交得起学费，他都教。

(2)我只要打个电话，他就能来。

(3)只要你愿意学，就一定能学好。

2. 表示某时至今 biǎoshì mǒushí zhìjīn

Between in the past and the present time

(从) $a(a_1, a_2\cdots)$以来，$b(b_1, b_2\cdots)$

(1)为什么长期以来人们只叫他孔子，不叫他孔丘呢？

(2)从三月份以来，这里一次雨也没下过。

(3)去年以来，我们班已经有五个人去中国留学了。

3. 解释言语的意思 jiěshì yányǔ de yìsi

Explanation

$a(a_1, a_2\cdots)$，意思是(说) $b(b_1, b_2\cdots)$

(1)“三人行必有我师”，意思是教育人们要善于学习别人的长处。

(2)“参赛”的意思是参加比赛。

(3)他的意思是说，明天他来不了，后天能来。

4. 要求对方务必怎样做 yāoqiú duìfāng wùbì zěnyàng zuò

Require somebody to do something

$a(a_1, a_2\cdots)$千万 $b(b_1, b_2\cdots)$

(1)孔子要求学生千万不要不懂装懂。

(2)这件事请你千万别告诉他。

(3)你可千万别忘了,后天三点钟给我打电话。

5. 补充说明 bǔchōng shuōmíng (2)

Additonal remarks

$a(a_1, a_2\cdots)$，此外 $b(b_1, b_2\cdots)$

(1)…此外,他还主张教育要有针对性。

(2)退休后有退休金,此外两个孩子也常给他们钱。

(3)王教授介绍了中国改革开放以来发生的变化,此外还介绍了当前中国经济的发展情况。

6. 某时发生某事 mǒushí fāshēng mǒushì (4)

Time and occurrence

在 $a(a_1, a_2\cdots)$的同时,$b(b_1, b_2\cdots)$

(1)孔子在教书讲学的同时,还整理了不少古代书籍。

(2)在你去香港的同时,我去了北京。

(3)他在学习中国历史的同时,还学习汉语。

7. 范围 fànwéi (4)

Scope

在 a 方面，$b(b_1, b_2\cdots)$

(1)孔子在政治思想和伦理道德方面都有自己的主张。

(2)他在生活方面要求不高。

(3)在这方面他比我有经验。

四 注 释 Notes

1. 最近真把我忙坏了。

这里的"把"字句是"致使"的意思。"把" 后边的宾语是动作或情况所影响的人。

In this causative "把" sentence, the object is the people affected by the action or situation stated.

例如 E.g.

(1)他的幽默表演把我们笑死了。

(2)这件事把妹妹急哭了。

(3)一天没吃饭把我饿坏了。

形容词"坏"这里作结果补语,表示程度深。

The adjective "坏" serves as a resultative complement, describing the extent of the situation.

例如 E.g.

(1)今天我们都累坏了。

(2)弟弟这次考试考了 100 分,把他高兴坏了。

(3)赶快把事情告诉他吧,不然,他会急坏了。

2. 我看材料看得头疼。

"头疼"是主谓词组,汉语中,主谓词组可以在句中做程度补语。

"头疼" is a subject-predicate phrase which may act as a complement of degree in a Chinese sentence.

例如 E.g.

(1)他说得大家都高兴地跳了起来。

(2)大家笑得肚子都疼了。

(3)他们吵架吵得别人都不能休息。

3. 你叫我从哪儿猜起呢?

"你叫我从哪儿+动词+起呢"意思是"我不知道从什么地方开始做"。

“你叫我从哪儿+verb+起呢” implies that “I simply don't know where to begin”.

例如 E.g.

(1)中国历史这么长,你叫我从哪儿讲起呢?

(2)这么多生词,你叫我从哪儿复习起呢?

(3)工作太多了,从哪儿做起呢?

4. 生于公元前551年,死于公元前479年。

介词“于”这里表示时间、“在”的意思。

Here the preposition “于” means “in” or “at” in connection with time.

例如 E.g.

(1)我这封信写于5月18日晚八点。

(2)林美英死于两个星期前。

5. 但为什么长期以来人们不叫他孔丘,而叫孔子呢?

“以来”表示从过去某时直到说话时为止的一段时间,“以来”前面常有“从、自、自从”等词。

Preceded by “从”,“自” or “自从”,“以来” indicates a period of time that begins at a certain point in the past and extends to the present moment.

例如 E.g.

(1)开学以来,我已经给他写过三封信了。

(2)自古以来,人们都尊重有学问的人。

(3)自从被确诊为肝癌以来,他一直在医院接受治疗。

6. 人们称孔丘为孔子

“称…为…”是“叫…做…”的意思,用于书面。

“称…为…” is equal to “叫…做…” (call), often used in written Chinese.

例如 E.g.

(1)中国人称从事教学工作的人为老师。

(2)大家称丁文海为中国通。

(3)南方人称妈妈的妈妈为外婆,北方人称妈妈的妈妈为姥姥。

7. 孔子在致力于教书讲学的同时

介词“于”这里表示方向、目标。

The preposition “于” here indicates a direction or a target.

例如 E.g.

(1)他从事于科学研究工作已经30年了。

(2)他的研究主要集中于中国古典诗歌。

(3)我要把知识和能力贡献于国家。

五 词语例解

Word Study

1. 差不多

(形)(adjective)

(1)这两个班的人数差不多,都是20个左右。

(2)你跟你哥哥长得差不多,都像你爸爸。

(副)(adverb)

(3)张教授才40多岁,可是头发差不多都白了。

(4)我找了你差不多半个小时了,你上哪儿了?

(5)火车差不多要到站了,我们进去吧。

2. 坏

(形)(adjective)

(1)那个孩子很坏,你们不要跟他玩儿。

(2)抽烟这种坏习惯应该改掉。

(3)那些橘子坏了,别吃了。

(4)我昨天把自行车骑坏了,还没修呢。

(5)没有收到家里的信,这两天可把她急坏了。

3. 千万

(副)(adverb)

(1)明天的讲座九点开始,你千万别迟到。

(2)开车的时候,千万要注意安全啊!

(3)这件事,千万不要对他说。

4. 明明

(副)(adverb)

(1)这件事明明是他做错了,你为什么不批评他呢?

(2)刚才我明明看见他在这儿,怎么又不见了。
(3)明明是他对我说的这句话,怎么能不承认?

5. 偏

(形)(adjective)
(1)这一笔写得太偏了。
(2)这幅画儿挂偏了,往左一点儿就正了。

(副)(adverb)
(3)你不让我去,我偏要去。
(4)想出去玩儿一会儿,偏又遇上下大雨。
(5)我急着找他有事,偏偏他又不在家。

六 阅读课文

Reading Comprehension

孟子

在春秋战国时期,各小国为了各自的利益不停地进行战争,在思想文化方面出现了儒家、墨家等许多学派,形成了“百家争鸣”的局面。孔子创立了儒家学派,孟子继承和发展了孔子的学说,于是孔孟学说成了中国儒家思想的代表,在中国历史上起了很大的作用。

孟子叫孟轲,大约生于公元前 372 年,死于公元前 289 年。他的老师是子思,而子思是孔子的孙子。

在中国历史上有一个孟子的母亲三次搬家的故事。它说的是:

孟子三岁时父亲死了,母亲辛辛苦苦把他养大。开始时,他家住在墓地附近,小孩子善于模仿,孟子就学大人们怎么举行葬礼。孟母一看,这样住下去不行,就搬了家。没想到新搬的家附近是个市场,孟子又去学商人的叫卖。孟母下决心第三次搬家。这回搬到了学校旁边,从此孟子爱上了读书学习。但他到底还是个小孩子,有时为了玩儿就不上课。一天,孟子又没去学习,回家后母亲问他:"你最近学习怎么样?"他说:"还跟以前一样,不好也不坏。"孟母一听就用刀子割断了正在织的布,对孟子说:"学习跟织布一样,断了就接不起来。你不好好学习,就会前功尽弃。"孟子深受教育,从此以后刻苦努力地学习,终于成了大学问家。

孟子提倡仁义,主张统治者应该重视人民。他反对当时各小国间的战争,各小国对孟子的学说不感兴趣,所以孟子的理想始终不能实现。孟子还主张为了正义可以牺牲生命,他认为"义"是做人的标准,是比人的生死更重要的东西,否则人和动物就没有区别了。他认为人们要完成伟大的事业,应该经历艰苦,锻炼意志,舒舒服服是达不到目的的。孟子和他的学生著有《孟子》一书。

孔孟的儒家学说中有不少至今仍然有价值的思想，是中国古代优秀文化遗产的一部分，值得研究和学习。

生词 New Words

1	学派	(名)	xuépài	school of thought
2	百家争鸣		bǎi jiā zhēng míng	contention of a hundred schools of thought
3	局面	(名)	júmiàn	situation
4	继承	(动)	jìchéng	to inherit
5	辛苦	(形)	xīnkǔ	hard
6	叫卖	(动)	jiàomài	to cry one's wares
7	割	(动)	gē	to cut
8	断	(动)	duàn	to break
9	织布		zhībù	weaving
10	前功尽弃		qián gōng jìn qì	All one's previous efforts are wasted
11	仁义	(名)	rényì	humanity and justice
12	义	(名)	yì	justice
13	正义	(形)	zhèngyì	righteous

14	牺牲	(动)	xīshēng	to sacrifice
15	标准	(名)	biāozhǔn	criterion
16	动物	(名)	dòngwù	animal
17	意志	(名)	yìzhì	will
18	目的	(名)	mùdì	purpose
19	遗产	(名)	yíchǎn	legacy

专 名 Proper Nouns

1	孟子	Mèngzǐ	Mencius
2	墨家	Mòjiā	Mohist School
3	子思	Zǐsī	name of a person
4	《孟子》	《Mèngzǐ》	*Mencius*

第二十课 Lesson 20

长城

一 课文 Text

一次,田中平、林达几个人在丁文月家聚会,欣赏中国音乐。

正当一支曲子完了的时候,林达指着墙上挂的一张照片问丁文海:"你这是什么时候在长城照的?"

"这是五年前第一次游览长城时照的。"

"你到过几次长城?"

"五次。"

"五次?"

"对,一共五次。北京的八达岭长城和慕田峪长城我都去过。另外,有一年放假我去游览了长城的起点山海关。毕业那年,我和几个同学去甘肃旅行,游览了长城的终点嘉峪关。第五次是去年在北京陪代表团去的。"

"我们几个人都没去过长城呢。你给介绍介绍长城,怎么样?"林达说。

"有关长城的历史记载和传说很多,我只能简单地说一说。长城是两千多年前战国时代开始修建的。秦始皇统一中国以后又用了几十年时间进行大规模修建,并把原来一段一段[①]的城墙连接起来。"

"现在看到的长城是秦朝修建的吗?"丁文月问。

"现在在北京看到的长城是明朝修建的。"

"长城有多长呢?"田中平边看照片边问。

"长城东起[②]山海关,西至嘉峪关。全长大约5000里。但是在一些重要的地方,常常有好几道城墙。这样,它的实际长度就有12000多里,所以人们就叫它万里长城。"丁文海喝完茶,把杯子放在桌子上,接着说,"长城确实是人类历史上的建筑奇迹之一。你们想,当时没有现代化机器,修建工程是极为艰巨的。据明代有关资料记载,两三千人在一个月的时间里,只能修建75丈2尺。这就是说,只能修建250米。每[③]修建一丈就要花费上百两白银。长城是中国古代劳动人民的伟大创造,是中国人民的骄傲。凡是到中国去的外国人没有不想去游览长城的。每天到长城游览的中外客人,真可以说是成千上万。每当你站在长城上,看到长城像一条巨龙在高山上绵延起伏,你确实会感到长城的雄伟壮丽。”

林达听完丁文海的这段话以后，突然想起了一件事,她说:“几年前,我看到一篇报道,有一个50多岁的美国妇女,一个人用56天跑完了长城。”

“从嘉峪关跑到山海关吗?”丁文月吃惊地问。

“对,沿[4]着长城跑了两千多公里。”丁文海说,“我也看过那篇报道。这位女士叫萨丽,她九岁上小学地理课时,第一次看到长城的照片,简直发呆[5]了。多么雄伟的建筑啊!她下定[6]决心要跑完这神奇的城墙。经过几十年的努力,在中美两国有关方面的大力帮助和支持下,1990年8月,她来到嘉峪关,激动得哭了起来。对于一个语言不通、年过[7]半百的外国妇女来说，要独自跑完长城，其困难和艰苦是不难想象的。她迷过路,生过病。但她凭[8]着实现梦想的热情和力量,克服了重重困难,经过56天的努力,胜利跑完了长城,实现了多年的愿望。”

林达补充说:“回到美国之后,她立下[9]遗嘱,将来死后要把骨灰撒在长城,让[10]自己与长城永远在一起。”

“了不起,真了不起。”田中平、丁文月异口同声地说。

二 生 词
New Words

1	聚会	(名,动)	jùhuì	party; to get together
2	欣赏	(动)	xīnshǎng	to enjoy
3	曲子	(名)	qǔzi	melody, song
4	指	(动)	zhǐ	to point
5	照	(动)	zhào	to take (a photo)
6	放假		fàng jià	to have a holiday have; a day off
7	起点	(名)	qǐdiǎn	beginning point
8	终点	(名)	zhōngdiǎn	ending
9	陪	(动)	péi	to accompany
10	记载	(动)	jìzǎi	to record
11	规模	(名)	guīmó	scale
12	起	(动)	qǐ	to begin
13	至	(动)	zhì	to reach
14	里	(量)	lǐ	li (One li is equal to half of a kilometre)
15	道	(量)	dào	(measure word)
16	长度	(名)	chángdù	length
17	杯子	(名)	bēizi	cup, glass

18	建筑	(动,名)	jiànzhù	to build; building
19	奇迹	(名)	qíjì	miracle
20	机器	(名)	jīqì	machine
21	工程	(名)	gōngchéng	project
22	艰巨	(形)	jiānjù	arduous
23	丈	(量)	zhàng	zhang (One zhang is equal to 3 1/3 metres.)
24	尺	(量)	chǐ	chi (One chi is equal to 1/3 metre.)
25	花费	(动)	huāfèi	to cost; to spend
26	上(百万)	(动)	shàng (bǎiwàn)	to reach (a million)
27	两	(量)	liǎng	liang (One liang is equal to 50 grams.)
28	白银	(名)	báiyín	silver
29	骄傲	(形)	jiāo'ào	proud
30	凡是	(副)	fánshì	any, every
31	成千上万		chéngqiān shàngwàn	tens of thousands
32	巨(龙)		jù(lóng)	gigantic (dragon)
33	绵延	(动)	miányán	to stretch
34	起伏	(动)	qǐfú	to rise and fall
35	雄伟	(形)	xióngwěi	magnificent
36	壮丽	(形)	zhuànglì	majestic
37	沿	(介)	yán	along

38	跑	(动)	pǎo	to run
39	简直	(副)	jiǎnzhí	simply
40	发呆		fā dāi	to be in a trance
41	(下)定	(动)	(xià)dìng	to be determined
42	神奇	(形)	shénqí	miraculous
43	大力	(副)	dàlì	energetically
44	支持	(动)	zhīchí	to support
45	激动	(动,形)	jīdòng	to excite; excited, inspiring
46	通	(动)	tōng	to be proficient in
47	半百		bànbǎi	fifty
48	独自	(副)	dúzì	alone by oneself
49	其	(代)	qí	her, his, its, their
50	想象	(动)	xiǎngxiàng	to imagine
51	迷路		mí lù	to lose one's way
52	生病		shēng bìng	to be ill
53	凭	(介,动)	píng	with; to rely on
54	梦想	(名,动)	mèngxiǎng	dream; to dream
55	克服	(动)	kèfú	to overcome
56	重重	(形)	chóngchóng	numerous
57	愿望	(名)	yuànwàng	wish
58	立(下)		lì(xià)	to write down (one's will)
59	遗嘱	(名)	yízhǔ	testament, will
60	骨灰	(名)	gǔhuī	bone ashes (of the dead)
61	撒	(动)	sǎ	to spread

专 名 Proper Nouns

1	八达岭	Bādálǐng	(name of a place)
2	慕田峪	Mùtiányù	(name of a place)
3	山海关	Shānhǎiguān	(name of a place)
4	甘肃	Gānsù	Gansu Province
5	嘉峪关	Jiāyùguān	(name of a place)
6	萨丽	Sàlì	(name of a person)

三 功 能 Function

1. 陪同 péitóng

Accompany

表示陪同某人做某事。

The following is the way to describe how to go with someone to do something:

…a 陪(着)b, c…

(1)第五次是去年在北京陪代表团去的。

(2)下午我陪他参观了校园,晚上陪他看了一场电影。

(3)"要我陪着你去吗?"

"谢谢,不用你陪我去了,我能找到。"

2. 引出话题 yǐnchū huàtí **(2)**

Bring a topic up

有关 a, b(b_1, b_2…)

(1)有关长城的历史传说很多,能给我们讲讲吗?

(2)我们今天讨论一下有关各国送礼的习俗。

(3)有关调查的情况，我想简单给大家说说。

3. 表述实情 biǎoshù shíqíng (4)

Describe the real situation

a(a_1, a_2…)确实 b(b_1, b_2…)

(1)长城确实是人类历史上的建筑奇迹之一。
(2)他最近确实很刻苦，所以进步很快。
(3)去了中国以后我才感到，中国人口确实太多了。

4. 肯定 kěndìng

Affirmation

用双重否定强调肯定

An affirmation can be shown by a double negative.

a(a_1, a_2…)没有不 b(b_1, b_2…)(的)

(1)凡是到中国去的外国人，没有不想去游览长城的。
(2)李老师讲课特别好，同学们没有不上他的课的。
(3)他很有名，没有人不知道他。

5. 夸张性地强调 kuāngzhāngxìng de qiángdiào

Exaggerative emphasis

用夸张的语气强调完全如此或差不多如此。

Exaggerative emphasis may be laid on the description of the real or almost real situation.

a(a_1, a_2…)简直 b(b_1, b_2…)

(1)她第一次看到长城的照片，简直惊呆了。
(2)你说的汉语简直跟中国人一样。
(3)他激动得简直要流下眼泪。

6. 赞叹 zàntàn

High praise

…多么 a…啊！

(1)(长城)多么雄伟的建筑啊！
(2)怪不得你爱上了她，她长得多么漂亮啊！
(3)萨丽一个人跑完了长城，多么了不起啊！

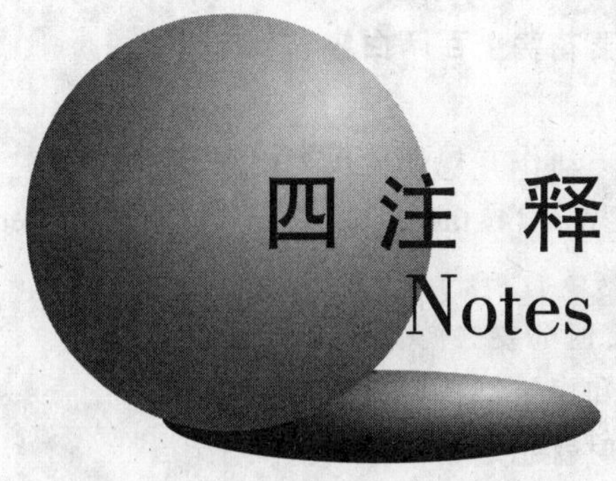

四 注 释 Notes

1. 把原来一段一段的城墙连接起来

"一"+量词可以重叠(重叠的"一"可省略),重叠后的数量词组可作定语,描写事物的数量多。

"一" and its following measure word can be repeated (the repeated "一" may be omitted). The repeated numeral and measure word phrase can function as an attributive to describe how numerous things are.

例如 E.g.

(1)桌子上放着一本一本的书,看来,他是一个喜欢读书的人。

(2)看着一座(一)座新楼建成,感到城市的发展很快。

(3)一次(一)次的考试,把我累坏了。

重叠后的数量词组也可以作状语,表示动作的方式。

The repeated numeral and measure word phrase can also be used as an adverbial to show the way in which an action takes place.

例如 E.g.

(4)汽车一辆(一)辆地开走了。

(5)他一口一口地喝着可口可乐。

(6)为了病人,他一趟一趟地去买药。

2. 长城东起山海关,西至嘉峪关。

"方位词+起…,方位词+至…"表示从某处开始到某处为止。

The structure of "word of locality+起…, word of locality+至…" indicates the beginning and ending of something.

例如 E.g.

(1)京广铁路北起北京,南至(到)广州。

(2)上起第一段下至第三段,都是描写风景的。

(3)照片上左起第三位右至第七位都是我中学的同学。

3. 每修建一丈就要花费上百两白银。

副词"每"表示同一动作有规律地反复出现。

The adverb "每" can be taken to mean the regular reoccurrence of an action.

例如 E.g.

(1)每去一次中国,他都要去游览一次长城。

(2)每到节假日我和姐姐都要回家看父母。

(3)每当看到照片时就想起小时候的生活。

4. 沿着长城跑了两千多公里

介词"沿"表示经过的路线,可带"着"。

The preposition "沿" means "along", can be used with "着".

例如 E.g.

(1)每天我们都沿着河边散步。

(2)沿着这条路一直往前走,前面就到了。

5. 简直发呆了

"发呆"这里形容被雄伟壮丽的长城所吸引而表现出的神情专注的样子。

Here "发呆" is used to describe that one becomes unusually attentive when attracted by the magnificence and beauty of the Great Wall.

6. 她下定决心要跑完这神奇的城墙。

"定"这里是动词,用做结果补语,表示确定、决定。

The verb "定" here acts as a resultative complement, indicating "fixture" or "decision".

例如 E.g.

(1)我跟他说定了,明天八点半在他家见面。

(2)王云山已经拿定主意,毕业后当一名教师。

7. 对于一个语言不通、年过半百的外国妇女来说

动词"通"这里是"通晓"、"懂得"的意思。动词"过"这里是"超过"的意思。

The verb "通" here means "know" or "able to understand". The verb "过" here means "after" or "later than".

8. 但她凭着实现梦想的热情和力量

这里"凭"是介词,表示凭借、依靠、根据。

Here the preposition "凭" may be taken to mean "with", "rely on", or "according to".

例如 E.g.

(1)这位大夫凭经验,一看就知道那个孩子得的是肺炎。

(2)只凭这一点儿道理,怎么能叫人相信呢?

(3)不少同学凭自己的力量打工挣钱,不要父母的钱。

9. 她立下遗嘱

动词"立"这里是建立、制定的意思。动词"下"这里是引申用法,表示动作完成兼使结果固定下来的意思。

The verb "立" here carries the sense of "have something written down" or "work out". The verb "下" is in its extended usage, indicative that an action has been completed and the result has been fixed.

例如 E.g.

(1)这是经理立下的规章制度,大家都应该遵守。

(2)厂长已经定下今年的生产计划,明天开会的时候,他要跟大家说一说。

10. 让自己与长城永远在一起。

这里"让"是动词,表示愿望,多用于书面。

The verb "让" here expresses one's wish, generally used in written Chinese.

例如 E.g.

(1)让我们永远做好朋友吧。

(2)让我们为友谊干杯!

(3)让我们永远记住这值得纪念的日子。

五 词语例解

Word Study

1. 确实

(形)(adjective)

(1)这件事是确实的,许多人都知道了。

(2)这是确实的消息,电视台已经报道了。

(副)(adverb)

(3)他确实被那个大学录取为博士生了。

(4)林达汉字确实写得不错。

2. 每

(代)(pronoun)

(1)苏姗和李天明每星期都要去看一次电影。

(2)每个人都应该用道德力量指导自己的生活。

(副)(adverb)

(3)每学完一课,丁文月都要复习三个小时。

(4)每到暑假,我都得去打工挣钱。

3. 凡是

(副)(adverb)

(1)凡是有武打的电影,弟弟都喜欢看。

(2)凡是长寿的人,没有不注意锻炼身体的。

(3)凡是出国的人都要有护照。

4. 真

(形)(adjective)

(1)这件事是真的吗? 我还是不太相信。

(2)我希望大家能说真话。

(3)丁文海真的不想去了,别勉强他了。

(副)(adverb)

(4)这出京剧真有意思,唱、念、做、打全都有。

(5)真不简单,这次考试他一点儿错误都没有,得了 100 分。

5. 简直

(副)(adverb)

(1)他画的这匹马简直像真的一样。

(2)妈妈笑得简直像个孩子。

(3)这几年陈先生变化太大了,简直叫人不认识了。

六 阅读课文

京杭大运河

人们都知道雄伟的长城是人类历史上的建筑奇迹，但是还有一项在历史上与万里长城同样伟大的工程——京杭大运河，知道的人就不太多了。京杭大运河从北京到杭州全长 1747 公里,流经北京、天津、河北、山东、江苏、浙江四省二市,是世界上最长的一条人工开挖的河道,也是世界最早的运河之一。与长城一样,是中国人民的骄傲。

中国的地形是西高东低,大多数河流是从西向东流的,因此,东西方向的水上交通比较方便，南北之间的河流由于互不连接，水上交通就很困难。在没有飞机、火车和汽车的古代，比起陆上运输来，水上运输的好处，一是运输量大，二是省时省力，所以水运就成为交通运输的主要形式了。

这项工程最早的一段是公元前5世纪春秋时代的吴国开挖的，至今已有2400多年的历史了。此后隋朝建都河南洛阳，隋炀帝为解决南粮北运并且能到江南游览，就用了巨大的人力物力连年开挖运河。当时以洛阳为中心，南起杭州，北至北京，完成了2700多公里的南北水运大动脉工程。

到了元朝，国都定在北京(当时称为“大都”)，如果按照原来的运河航线航行，就要在洛阳绕一个大弯，很不方便。为了缩短航线，元朝用了十年时间，完成了从北京直达杭州，不必再绕洛阳的大运河航线，全程比原来缩短了900多公里。在元、明、清三代，这条大运河成为全国最重要的交通大动脉。

到了近代，由于南北方向修建了铁路，通了火车，沿海的运输事业也有了发展，京杭大运河的作用就日益变小了。当时的政府对它的关心治理也越来越差了。

20世纪50年代，可以通航的有1100公里以上。随着社会的进步和经济建设事业的发展，大运河又获得了新的生命。为了改变北方缺水的状况，大运河已成了南水北调的大动脉。如果不久的将来,人们可以乘船从北京出发,沿途欣赏美丽的风光,直达杭州,这将是一条多么有意思的旅游路线啊!

生词 New Words

1	运河	(名)	yùnhé	canal
2	人工	(名)	réngōng	man-made
3	方向	(名)	fāngxiàng	direction
4	运输	(动，名)	yùnshū	to transport; transportation
5	陆(上)		lù(shàng)	land
6	南粮北运		nán liáng běiyùn	transport grain from the south to the north
7	人力	(名)	rénlì	manpower
8	物力	(名)	wùlì	material resources
9	动脉	(名)	dòngmài	artery
10	航线	(名)	hángxiàn	shipping (or air) line
11	航行	(动)	hángxíng	to navigate
12	绕	(动)	rào	to go round

13	弯	(名)	wān	turn
14	缩短	(动)	suōduǎn	to shorten
15	铁路	(名)	tiělù	railway
16	缺	(动)	quē	to lack
17	南水北调		nán shuǐ běi diàothe	redirect the water from south to the north
18	沿途		yántú	on the way

专名 Proper Nouns

1	京杭大运河	Jīngháng Dàyùnhé	Beijing-Hangzhou Great Canal
2	天津	Tiānjīn	Tianjin
3	河北	Héběi	Hebei Province
4	江苏	Jiāngsū	Jiangsu Province
5	浙江	Zhèjiāng	Zhejiang Province
6	吴国	Wúguó	the Kingdom of Wu
7	隋朝	Suí Cháo	the Sui Dynasty
8	隋炀帝	Suíyángdì	Emperor Yang

第二十一课 Lesson 21

刘大勇是怎样走向世界的

一 课文 Text

陈丽英是不久前从中国来的留学生。她是来学经济的，与张力同在一个系。半个多月来，张力陪她拜访朋友、熟悉环境、参观名胜古迹。通过张力的介绍，陈丽英认识了丁文月、田中平、王云山等人，并且很快成了好朋友。昨天她自己去了动物园。今天张力、丁文月一商量，决定陪她逛逛商场。在一家百货商场里，陈丽英买了一个收音机和一支钢笔。丁文月他们买了一些牙刷、牙膏、香皂、毛巾之类的东西。三个人边买东西边议论商品的价格和质量。

他们逛累了，来到咖啡厅，张力买了一份报纸，上边[①]有一条消息说，中国今年上半年进出口贸易比去年同期增长21%。三个人由此又谈到了中国十几年来的经济变化和今后的发展情况。“报纸上的消息，我们都能看到，你给我们讲点儿具体的吧。”张力对陈丽英说。

“出国之前,我用了两个多月的时间到农村作了一次调查访问。”陈丽英说,“我给你们介绍一下儿南方沿海农村有些地方的变化。这是一个普普通通的村子,200 多户人家,1000 多口人。15 年前,他们每年人均收入只有人民币 150 元上下。

“自从改革开放以后,农村经济发展了,农民的聪明才智得到了发挥。开始时,村长刘大勇和他爱人带领几十个农民在村里办起了几个小工厂和小型家庭农场。没有几年工夫[②],农民收入增加了四倍多。后来,他们在全村 1000 多亩土地上搞起‘现代化立体农业’,这就是水渠里养鱼,架子上长葡萄,地上种庄稼,生产得到了很大的发展。然而,村长刘大勇并不满足于此。他又带领一批[③]人创办了一个大公司,搞起了工业、农业、商业、金融、房地产等等。与此同时,一座按国际三星级标准修建的宾馆已经开始营业,工业小区里八家中外合资企业已投入生产。北京、上海等地都有他们创办的企业。刘大勇已成为拥有上亿元资产的大公司董事长。

“这个村的成功吸引了不少外国客人前来参观和洽谈生意。极为聪明能干的刘大勇突然冒[④]出了一个想法:外国人能到我们中国来考察做生意,为什么我们不能到国外去考察做生意呢?

“刘大勇迈出国门,到一个西方国家考察。他发现那儿大片土地没人经营,就买下⑤了200亩;并在家乡聘请了一个工程师、一个大学生和一个农民,让他们三个人在那儿办起了养鱼场。他说,人家不愿意养鱼我们养。我们要先干人家不干的。等站稳了脚⑥以后再做其他的买卖。 在国外参观考察过程中,他看到了国家与国家之间,地区与地区之间有很大的差别。在这差别中可随时找到无数的机会来发展自己,现在他已经在好几个国家创办了自己的企业。就这样,在十几年的时间里,刘大勇从一个普通农村的村长成长为一个大企业家,从农村走向城市,从中国走向世界。”

不知不觉,三个人谈了一个多小时,眼看就要12点了,张力提议到对面的中餐馆吃快餐。

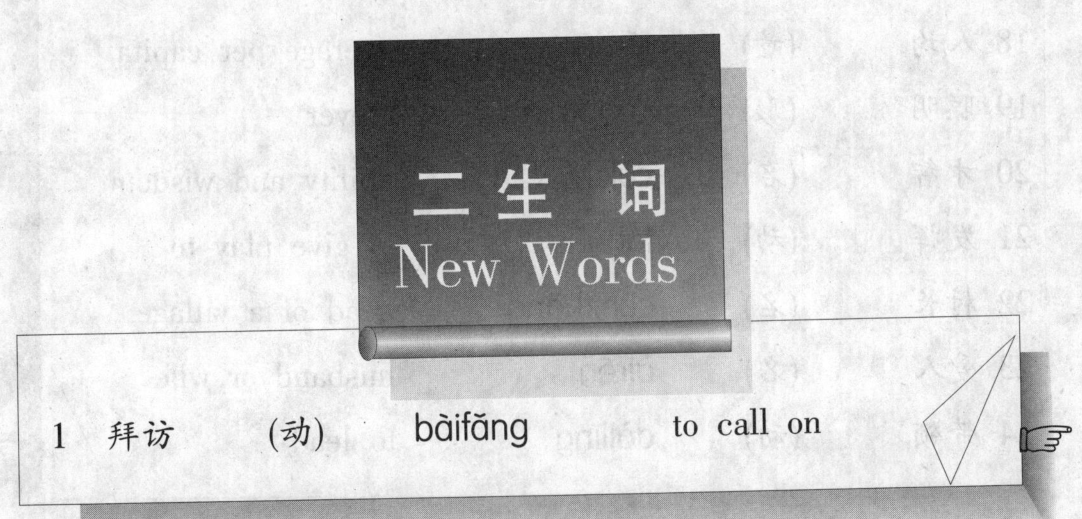

1 拜访 (动) bàifǎng to call on

2	动物园	(名)	dòngwùyuán	zoo
3	商量	(动)	shāngliang	to discuss
4	逛	(动)	guàng	to stroll around
5	商场	(名)	shāngchǎng	market, bazaar
6	百货	(名)	bǎihuò	articles of daily use
7	收音机	(名)	shōuyīnjī	radio
8	钢笔	(名)	gāngbǐ	pen
9	牙刷	(名)	yáshuā	toothbrush
10	牙膏	(名)	yágāo	toothpaste
11	香皂	(名)	xiāngzào	toilet soap
12	毛巾	(名)	máojīn	towel
13	价格	(名)	jiàgé	price
14	进口	(动)	jìnkǒu	to import
15	出口	(动)	chūkǒu	to export
16	同期	(名)	tóngqī	the corresponding period
17	…之前		…zhīqián	before
18	人均	(量)	rénjūn	average per capita
19	聪明	(形)	cōngming	clever
20	才智	(名)	cáizhì	ability and wisdom
21	发挥	(动)	fāhuī	to give play to
22	村长	(名)	cūnzhǎng	head of a village
23	爱人	(名)	àirén	husband or wife
24	带领	(动)	dàilǐng	to lead

25	小型	(形)	xiǎoxíng	small-sized
26	农场	(名)	nóngchǎng	farm
27	亩	(量)	mǔ	(measure word, One mu is equal to 0.0668 hectares.)
28	土地	(名)	tǔdì	land
29	立体	(名)	lìtǐ	three-dimensional
30	水渠	(名)	shuǐqú	canal
31	庄稼	(名)	zhuāngjia	crops
32	架子	(名)	jiàzi	trellis
33	批	(量)	pī	group, batch
34	金融	(名)	jīnróng	finance
35	房地产	(名)	fángdìchǎn	real estate
36	星级	(名)	xīngjí	star level
37	标准	(名)	biāozhǔn	standard
38	宾馆	(名)	bīnguǎn	hotel
39	营业	(名,动)	yíngyè	business; to do business
40	合资	(名)	hézī	joint venture, joint investment
41	企业	(名)	qǐyè	enterprise
42	投入	(动)	tóurù	to put into production
43	拥有	(动)	yōngyǒu	to possess
44	资产	(名)	zīchǎn	capital, assets

45	董事长	(名)	dǒngshìzhǎng	chairman of the board
46	吸引	(动)	xīyǐn	to draw, to attract
47	洽谈	(动)	qiàtán	to hold trade talks
48	能干	(形)	nénggàn	capable
49	冒	(动)	mào	to hit upon (an idea)
50	考察	(动)	kǎochá	to investigate
51	迈(出)		mài(chū)	to step (over), to go (out)
52	国门	(名)	guómén	national boundaries (threshold)
53	片	(量)	piàn	stretch (measure word)
54	经营	(动)	jīngyíng	to manage
55	聘请	(动)	pìnqǐng	to invite
56	场	(名)	chǎng	farm
57	稳	(形)	wěn	steady
58	买卖	(名)	mǎimài	business
59	随时	(副)	suíshí	at any time
60	走向	(动)	zǒuxiàng	to go to
61	不知不觉		bù zhī bù jué	without one's knowledge

专名 Proper Noun

陈丽英 Chén Lìyīng (name of a person)

1. 表示动作行为同时进行 biǎoshì dòngzuò xíngwéi tóngshí jìnxíng
Simultaneous action

a 边 b…边 c…

(1)他们三个人边买东西边议论商品的价格和质量。
(2)我喜欢边开车边听音乐。
(3)大家边走边聊，一会儿就到了。

2. 表示事件所经历的时间 biǎoshì shìjiàn suǒ jīnglì de shíjiān (1)
The time taken by something

…用(了)a…(时间)b(b_1, b_2…)

(1)出国之前，我用了两个多月的时间到农村调查访问。
(2)昨天晚上我用了一个小时复习旧课，又用了一个小时预习新课。
(3)他打算用三年的时间学习汉语。

3. 表示事件所经历的时间不长 biǎoshì shìjiàn suǒ jīnglì de shíjiān bùcháng
Short time taken by something

表示在说话人看来，事件所经历的时间不长。

It seems to the speaker that something was done over a short time.

没(有)a，b(b_1, b_2…)

(1)没有几年时间，农民的收入增加了四倍多。
(2)学过的生词没几天就忘了，所以得经常复习。
(3)五点钟爸爸回来了，没几分钟妈妈也下班回家了。

没(过)a，(就)b(b_1, b_2…)

(4)没过多久，汽车就到了万里长城。
(5)他向我借了三百块钱，没过几个小时就还给我了。
(6)听说王老师买了台新车，没几个月就卖了。

4. 表示同时 biǎoshì tóngshí
Simultaneous acitons

表示两个事件同时发生,多用于书面语。

The following is the way to denote simultaneous Actions often used in written Chinese.

| $a(a_1, a_2\cdots)$, 与此同时, $b(b_1, b_2\cdots)$ |

(1)他带领一批人创办了公司,搞起了工业、农业、商业等等。与此同时,又建起了一座三星级宾馆。

(2)改革开放后,到中国的外国人越来越多,与此同时,中国人也走向了世界。

(3)3月3号我到了香港,与此同时,妹妹也从北京赶到了香港。

5. 表示做某事的条件 biǎoshì zuò mǒushì de tiáojiàn
Working conditions

表示具备了某条件以后再做某事。

Something can be done only when the conditions are right.

| 等 $a(a_1, a_2\cdots)$(以后),再 $b(b_1, b_2\cdots)$ |

(1)等我们在国外站稳了脚以后,再做其他的买卖。

(2)电话里说不方便,等见了面再详细谈吧。

(3)邮局还没有开门,我们只好等九点钟以后再去。

6. 表示条件和结果 biǎoshì tiáojiàn hé jiéguǒ (3)
Conditions and results

表示具备了某条件就会有某结果或出现某种情况。

The Right conditions produce corresponding results or give rise to a situation.

| 等 $a(a_1, a_2\cdots)$, 就 $b(b_1, b_2\cdots)$ |

(1)等你到了中国,就会感到中国人太多了。

(2)等我有了钱,我就买这种车。

(3)我先不告诉你,等你来了就知道了。

7. 表示不限于什么时间 biǎoshì búxiànyú shénme shíjiān
Unlimited time

| a(可以)随时 $b(b_1, b_2\cdots)$ |

(1)在那儿可随时找到各种机会来发展自己。

(2)有事你可以随时来找我。

(3)大家有什么问题随时可以提出来。

四注释 Notes

1. 上边有一条消息说

这里“上边”指报纸上。

Here “上边” refers to “in the newspaper”.

2. 没有几年工夫

“没有几年工夫”表示经过的时间不长。

The phrase “没有几年工夫” is equivalent to “before long”.

例如 E.g.

(1)没有几年工夫,我弟弟已从一个孩子长成大人了。

(2)没有几年工夫,这里环境已发生了很大的变化,真是风景如画了。

3. 他又带领一批人创办了一个大公司

量词“批”用于数量较多的货物或人。

The measure word “批” is used for a great number of goods or people.

例如 E.g.

(1)学校的书店昨天来了一批汉英词典。

(2)今年这个学校有一批人获得了硕士学位。

4. 极为聪明能干的刘大勇冒出了一个想法

“极为”,同“极”,表示最高程度,用于书面,后面多为双音节的形容词或动词。

Same as “极”,“极为” indicates the highest degree, often in written Chinese, in connection with a following disyllabic adjective or verb.

例如 E.g.

(1)这项决定极为正确。

(2)他对待工作极为认真负责。

(3)朋友对我的关心,使我极为激动。

动词"冒"是往外透、往上升的意思,"冒出想法"是"头脑中突然出现一种想法"的意思。

The verb "冒" means "come out" or "gush". "冒出想法" is used in the sense of "suddenly hit upon an idea".

5. 他发现那儿大片土地没人经营,就买下了 200 亩。

这里动词"下"是引申用法,表示动作完成并使结果固定下来的意思(参见第 20 课注释 9)。

Here the verb "下" is in an extended usage to indicate that an action has been completed and the result fixed (Also see Note 9 in Lesson 20).

6. 等站稳了脚以后再做其他的买卖。

"站稳脚(跟)"是句俗语,本义是一个人只有站稳了脚(跟)以后,才不致跌倒,才能往前走路。常用来比喻一个人初到一个新地方工作或开创事业,必须先打好基础,做好根基的工作,才能向前发展。

"站稳脚(跟)" is a saying, meaning that only when one stands firm can one move forward. It is often figuratively used to describe that a solid foundation should be laid for further development shortly after one comes to a new place or undertakes an enterprise.

五 词语例解

Word Study

1. 通过

(动)(verb)

(1)他通过了笔试和口试,考上了有名的大学。

(2)前面正在修路,汽车不能通过。

(介)(preposition)

(3)通过锻炼,他的身体恢复得很快。

(4)通过老师的解释,我把这句话的意思弄清楚了。

(5)京剧通过不同的脸谱表现人物的不同性格。

2. 搞

(动)(verb)

“搞”可以代替很多动词,其意义常因所带的宾语不同而不同。主要的有如下几种:

“搞” can be used to replace many verbs with meanings which vary with the object taken. Its basic meanings are:

做、办

It means “to do” or “to make”.

(1)他工作搞得不错,很有能力。

(2)明天是林达的生日,我们搞个生日晚会吧。

从事

It means “to be engaged in”.

(3)老赵是搞科学研究的,老杨是搞会计的。

得到

It means “to obtain”.

(4)明天音乐会的票,你能搞到吗?

(5)李天明搞到了几本汉英词典,你要吗?

3. 满足

(动)(verb)

(1)为满足大家的要求,张老师明天下午给大家辅导汉语语音。

(2)有这样的学习环境,我非常满足了。

(3)我们不应该满足于现在的汉语水平,应该不断努力,不断提高。

4. 突然

(形)(adjective)

(1)这件事太突然了,我完全没有想到。

(2)他病得很突然,昨天还好好的。

(副)(adverb)

(3)屋里的灯突然不亮了。

(4)我正要出门,突然电话铃响了。

5. 随时

(副)(adverb)

(1)我在办公室,有问题你可以随时来找我。

(2)冰箱里有吃的,你想吃什么随时可以去拿。

(3)我们应该随时注意学习别人的长处。

六 阅读课文

Reading Comprehension

他们是这样走上富裕道路的

这是中国西南地区的一个村子。全村 300 来户人家,1000 多口人。这里生产条件极为不好。老百姓流传着各种说法:"出门就是山,种田靠老天,要想改变面貌难上难。""山高石头多,人穷土地少,靠天吃饭难吃饱。"长期以来,村里人均全年粮食只有 80 多公斤,年收入 200 元人民币。

70 年代末,周天信中学毕业回到家乡,他带领村里人干这个干那个,但是由于生产条件的限制,十多年过去了, 村子里的面貌还是老样子。

怎么办呢?周天信到底是上过学的人,有知识有文化,他决心到山外面去闯一闯。凭着他的木工技术,他很快挣到了钱,家里生活也慢慢好了起来。周天信自己的生活好起来了,但他并没有忘记村里的 1000 多口人。他从自己的经历中明白了一个道理,要想帮助村里人过上好生活，不能就在村里转。他看到山外不远的地方有一大片荒山坡，他跟有关方面签订了合同，承包了300多亩荒山坡。他在村里组织了十来户人家几十口人到荒山坡进行开发。要在荒山坡上建立起新家园并不是一件容易的事儿，他们修路、开荒、种果树。新家园一年一个样。三年以后，他们的年收入比以前在村里增加了六七倍。

十来户人家经过几年的努力，建起了新家园。这使全村的人看到了光明，看到了未来。他们纷纷来找周天信，要求他帮忙。周天信又先后在附近承包了荒山2000多亩，使村里80%以上的人家从大山里走了出来。

在荒山上，周天信他们主要种芒果。可是山里人从来没有种过芒果。怎么办呢?周天信决定花钱派两个人到省里农业大学去学习种芒果的技术。有一年，有一块100多亩地的芒果树长得很好，但就是不开花。这可急坏了周天信。他到农业大学去向芒果专家请教。回来后，他们按照专家的意见去办，使芒果树开了花，结了果。去年，他们的人平均年收入已达到6000多元，是十年前在村里收入的30多倍。

人们开始富裕起来了。以前的荒山坡建立起了新家园。家家建起了新房子，家里电灯、电视、冰箱、自行车样样都有了，但是周天信还有一件事没有办。这就是在新家园建起一所学校。他清楚地知道,他之所以敢走出大山去,是因为他上过中学。上学对孩子们太重要了,于是他决定办一所学校,使所有的孩子们都有学上。经过几个月的努力,学校办起来了,200多个孩子高高兴兴地上了学。

周天信不仅要带领这一代人走富裕的道路,而且也要为下一代人的富裕做准备。

生词 New Words

1	说法	(名)	shuōfǎ	saying
2	老天	(名)	lǎotiān	Heaven
3	面貌	(名)	miànmào	face
4	石头	(名)	shítou	stone, rock
5	限制	(名,动)	xiànzhì	limit; to restrict
6	闯	(动)	chuǎng	to hew one's way of living
7	木工	(名)	mùgōng	carpenter
8	转	(动)	zhuàn	to move round
9	荒山	(名)	huāngshān	barren hill
10	承包	(动)	chéngbāo	to contract

11	开发	(动)	kāifā	to develop
12	家园	(名)	jiāyuán	home
13	开荒		kāi huāng	to open up wasteland
14	果树	(名)	guǒshù	fruit tree
15	未来	(名)	wèilái	future
16	芒果	(名)	mángguǒ	mango
17	开花		kāi huā	to blossom
18	请教	(动)	qǐngjiào	to ask for advice
19	结果		jiē guǒ	to bear fruit

专名 Proper Nouns

1	西南	Xīnán	Southwest
2	周天信	Zhōu Tiānxìn	name of a person

第二十二课 Lesson 22

三顾茅庐

一 课 文 Text

今天上汉语课时,老师讲了一个"三顾茅庐"的故事:

刘备想自己之所以一连几次被打败,是因为[1]缺少一个有才能的人为他出谋划策。但是,到哪儿去找这样的人呢?他十分苦恼。

一天,有人告诉刘备,离这儿不远的卧龙冈住着一位极为聪明能干的人,叫诸葛亮。如果能得到他,统一天下就不会有问题。这人给刘备出了一个主意:你一定要亲自去请他,别人是请不动[2]的。

刘备准备好礼物,带着关羽、张飞去请诸葛亮。到了他家,刘备亲自敲门,里面出来一个书童。刘备说:"请转告诸葛先生,说刘备特意来拜访他。"

"先生今早出去了,不在家。"书童说。

"到哪里去了?"

“不晓得。”

“什么时候回来?”

“也许三五天[3],也许十几天。”

刘备十分失望。张飞说:“既然见不着,我们回去吧。”关羽也劝他:“不如先回去,等他回来以后,咱们再来。”刘备只好对书童说:“如果先生回来,请告诉他,刘备来拜访他了。”

过了几天,听说诸葛亮已经回家了。刘备就准备再去请。张飞说:“诸葛亮有什么了不起[4],何必哥哥亲自去,写信叫他来就是了[5]。”

“诸葛亮很有本事,我诚心诚意去请,还怕他不来呢,怎么能随便写信叫人家来呢[6]?”关羽、张飞只好跟着去。

三个人出发了,走了不一会儿[7],忽然刮起北风,下起大雪。张飞说:“天冷的时候,连打仗都要停止,我们却要去请诸葛亮。他到底有什么本事?”

刘备说:“我正要让诸葛亮知道我请他的诚意。如果弟弟怕冷,可先回去。”

“我死都不怕,还怕什么冷。我只是担心哥哥又要白跑一趟。”

“既然不怕冷,就不要多说,跟着我去就是了。”刘备说。

到了诸葛亮家，那个书童又出来了。刘备忙问："先生今天在家吗？"

"先生正好在家，他正在屋里读书呢。"

刘备十分高兴，赶紧跟着书童走进院子，见屋里有一年青人正在大声读书。刘备等他读完，走进去很有礼貌地说："我很久以来就非常钦佩先生的才能。今天能见到您，太高兴了。"

那年青人连忙站起来说："您大概是刘备，想见我哥哥诸葛亮吧。"

"先生不是诸葛亮？"刘备惊讶地问。

"我是诸葛亮的弟弟。我们家兄弟三人。诸葛亮是我二哥。"

"诸葛亮先生在家吗？"

"我二哥昨天和他的朋友一起出去了。"

刘备失望地说："我真是不幸，两次来拜访都没能见到先生。"

张飞说："既然人不在，哥哥回去吧。"

刘备对年青人说："过几天，我一定再来。"说完留下一封信就走了。

又过些日子,已经到了春天,气候转暖。刘备决定再去请诸葛亮。关羽、张飞都很不高兴。关羽说:“哥哥两次亲自去请他。对他太尊敬了。叫我说呀[⑧],诸葛亮肯定没有什么本事,所以故意躲起来[⑨]。哥哥何必对他这样迷信呢?”

“古代凡有作为的皇帝,对于有才能的人,都是这样尊重,我怎么能不这样呢?”刘备说。

“诸葛亮算什么有才能的人?这次哥哥不必亲自去,我用绳子把他捆来见哥哥。”张飞不满地喊着。

“你怎么能这样没有礼貌?这次你不用去。我和关羽两人去。”刘备生气了。

“两位哥哥都去,我怎能不去?”

刘备说:“你要是去,一定要老实点儿!”张飞答应了。

三个人骑着马来到诸葛亮家。书童出来对刘备说:“今天先生虽然在家,可是正在睡午觉。”

“不要紧。我等一等。不要叫醒他。”刘备十分高兴,叫关羽、张飞二人在门外等着。过了一会儿,关羽、张飞在外面等得不耐烦了。张飞大发脾气说:“等我去屋子后面放把火,看他起不起来?”刘备听了非常不高兴,命令他们老老实实在外面等着。

过了很长时间,诸葛亮好容易[10]才醒来。他问书童:“有客人来吗?”

“刘备来了。在外面等了很长时间了。”

一会儿,诸葛亮穿好衣服,戴好帽子出来迎接刘备。

诸葛亮请刘备坐下后,笑着说:“很想听听您对当今天下形势的看法。”

刘备说:“现在天下大乱,汉朝命运十分危险。我力量虽小,但很想除掉坏人,使汉朝强盛起来,所以希望先生出来帮我的忙。”

听了刘备的话,诸葛亮拿出一张地图,指着说:“现在曹操在北方,有百万军队,兵精粮足,目前不好战胜他。孙权在江东,地形险要,人民拥护,也是一时除不掉的。但可以把他作为联合的力量。我可以帮助你占领荆州地区和西川一带,与曹操、孙权形成三国鼎立的局面,然后,等力量强大了,再进一步统一天下。这样一来[11],目的便[12]可以达到,汉朝自然就可以强盛起来。”

刘备听了诸葛亮的这番话,激动得站了起来,他说:“先生在家,就可以预见到了将来三国鼎立的局面,真使我万分佩服。您的话给了我力量,使我看到了未来的前途。”他再一次请求诸葛亮出来帮助他。诸葛亮看到刘备确实是诚心诚意,就答应了他的要求。

从此,诸葛亮一直跟着刘备,鞠躬尽瘁,使刘备的力量越来越强。几年以后,正像他预见的那样,中国历史上出现了三国鼎立的局面。在诸葛亮的帮助下,刘备当了蜀国的皇帝。

二 生 词 New Words

1	三顾茅庐		sān gù máo lú	to invite somebody to an important post by visiting him three times
2	一连	(副)	yìlián	in succession

3	打败		dǎ bài	to defeat, to be defeated
4	缺少	(动)	quēshǎo	to lack
5	才能	(名)	cáinéng	talent, ability
6	出谋划策		chū móu huà cè	to give counsel
7	苦恼	(形)	kǔnǎo	worried
8	主意	(名)	zhǔyì	idea
9	亲自	(副)	qīnzì	personally
10	敲	(动)	qiāo	to knock, beat
11	书童	(名)	shūtóng	a boy serving in scholar's study
12	转告	(动)	zhuǎngào	to convey
13	何必	(副)	hébì	unnecessarily
14	诚心诚意		chéng xīn chéng yì	earnestly and sincerely
15	出发	(动)	chūfā	to set out
16	打仗		dǎ zhàng	to fight a battle
17	停止	(动)	tíngzhǐ	to stop
18	担心	(形)	dānxīn	to feel anxious
19	白	(副)	bái	in vain
20	正好	(副)	zhènghǎo	just in time
21	赶紧	(副)	gǎnjǐn	quickly
22	院子	(名)	yuànzi	courtyard
23	钦佩	(动)	qīnpèi	to admire

24	连忙	(副)	liánmáng	at once
25	惊讶	(形)	jīngyà	surprised
26	躲	(动)	duǒ	to hide
27	迷信	(动,名)	míxìn	to have a blind faith in; superstition
28	作为	(名)	zuòwéi	deed; achievement
29	不必	(副)	búbì	no need to
30	绳子	(名)	shéngzi	rope
31	捆	(动)	kǔn	to tie up
32	不满	(形)	bùmǎn	unsatisfied
33	生气		shēng qì	angry
34	不要紧		bú yàojǐn	It doesn't matter
35	醒	(动)	xǐng	awake
36	外面	(名)	wàimiàn	outside
37	耐烦	(形)	nàifán	patient
38	发	(动)	fā	to lose (one's temper)
39	脾气	(名)	píqì	temper
40	把	(量)	bǎ	(measure word)
41	火	(名)	huǒ	fire
42	命令	(动,名)	mìnglìng	to order; order
43	好容易	(副)	hǎoróngyì	with great difficulty
44	迎接	(动)	yíngjiē	to welcome, to greet
45	乱	(形)	luàn	chaotic
46	命运	(名)	mìngyùn	fate

47	除(掉)	(动)	chú(diào)	to get rid of
48	坏人	(名)	huàirén	bad person
49	军队	(名)	jūnduì	army, troops
50	兵精粮足		bīng jīng liáng zú	well-trained soldiers and sufficent food supply
51	战胜		zhànshèng	to win, to defeat
52	险要	(形)	xiǎnyào	strategically located and difficult of access
53	拥护	(动)	yōnghù	to support
54	占领	(动)	zhànlǐng	to occupy
55	鼎立	(动)	dǐnglì	tripartite confrontation
56	局面	(名)	júmiàn	situation
57	目的	(名)	mùdì	purpose
58	便	(副)	biàn	then
59	预见	(动)	yùjiàn	to foresee
60	万分	(副)	wànfēn	greatly, extremely
61	佩服	(动)	pèifú	to admire
62	前途	(名)	qiántú	future
63	从此	(连)	cóngcǐ	since then
64	鞠躬尽瘁		jū gōng jìn cuì	to spare no effort in performing one's duty

专名 Proper Nouns

1	刘备	Liú Bèi	(name of a person)
2	卧龙冈	Wòlónggāng	(name of a place)

3 诸葛亮	Zhūgě Liàng	(name of a person)
4 关羽	Guān Yǔ	(name of a person)
5 张飞	Zhāng Fēi	(name of a person)
6 曹操	Cáo Cāo	(name of a person)
7 孙权	Sūn Quán	(name of a person)
8 江东	Jiāngdōng	east of the Changjiang (Yangtze) River
9 荆州	Jīngzhōu	(name of a place)
10 西川	Xīchuān	west of Sichuan
11 三国	Sān Guó	Three Kingdoms
12 蜀国	Shǔ Guó	the Kingdom of Shu

1. 表示原因和结果 biǎoshì yuányīn hé jiéguǒ (3)

The cause and result

用"之所以 a"表示结果，用"是因为 b"表示原因。多用于书面语。

"之所以 a" can be used to indicate the results, and "是因为 b" can be used to show the cause, mostly in written Chinese.

之所以 a(a_1, a_2…)，是因为 b(b_1, b_2…)

(1)刘备想自己之所以一连几次被打败，是因为缺少一个有才能的人为他出谋划策。

(2)我觉得，他之所以不去，是因为他不想去，而不是没有钱。

(3)之所以这样说，是因为我们做了调查。

2. 请求转告某事 qǐngqiú zhuǎngào mǒushì

Convey a message

请(a)转告 / 告诉 b，(说)c(c_1，c_2…)

(1)刘备对书童说，请转告诸葛亮先生，说刘备特地来拜访他。

(2)请您转告王老师，我们祝他健康、幸福。

(3)请告诉丁文月，让她晚上给我打个电话。

3. 表示取舍 biǎoshì qǔshě (2)

Preference

用"不如 b"表示说话人经过比较后做出的选择。

"不如 b" can be employed to show the choice made after a comparison.

…不如 a(a_1，a_2…)，b(b_1，b_2…)

(1)我们不如先回去，等他回来以后再来拜访他。

(2)时间不多了，我们不如吃快餐，别去饭馆了。

(3)我可以给你请假，但不如你亲自去说。

4. 否定性强调 fǒudìngxìng qiángdiào (1)

Negative emphasis

a(a_1，a_2…)何必 b(b_1，b_2…)

(1)诸葛亮有什么了不起的，何必哥哥亲自去，派人叫他来就是了。

(2)她何必为这么点儿小事不高兴呢?

(3)你何必亲自去呢?打个电话就行了。

a(a_1，a_2…)怎么能 b…

(4)我去请还怕他不来呢，怎么能随便派人去叫呢?

(5)后天是爸爸的生日，你怎么能不回来呢?

(6)他是怎么想的，我怎么能知道?

5. 表示事件所经历的时间 biǎoshì shìjiàn suǒ jīnglì de shíjiān (2)

The time taken by something

表示事情已经经历的时间或将要经历的时间。

The Following is the right way to show the time used or to be used for something.

a…，(又)过(了)b…，c…

(1)刘备留下一封信就走了。又过些日子,已经到了春天,刘备决定再去请诸葛亮。
(2)我们等了半小时他也没有来,又过了十分钟,他终于来了。
(3)他临走时对我说,过几天再来看我。
(4)再过三个月我们就毕业了。

6. 表示有意识地做某事 biǎoshì yǒuyìshí de zuò mǒushì

Purposeful

表示明知不应该或不必这样做而这样做,常含贬意。

When something is purposefully done though one knows it should not have been done or it was unnecessary to do so. It is often derogatory.

a 故意 b(b_1, b_2…)

(1)诸葛亮肯定没有什么本领,所以故意躲起来。
(2)他故意这么说,其实他不是这么想的。
(3)我不是故意不参加,的确是没有时间。

7. 表示命令或祈使 biǎoshì mìnglìng huò qíshǐ

Commanding or imperative mode

a(a_1, a_2…)点儿(b)!

(1)刘备说:你要是去,一定要老实点儿!
(2)上课了,请大家安静点儿!
(3)别看电视了,快点儿写作业!

四 注释 Notes

1. 刘备想自己之所以一连几次被打败,是因为缺少一个有才能的人为他出谋划策。

"之所以…是因为…"是一固定格式,表示根据结果追究原因。

"之所以…是因为…" is a fixed pattern by which the cause of the matter can be traced from the result.

例如　E.g.

(1)陈丽英之所以能很快熟悉环境,是因为有张力等几个朋友的帮助。

(2)这个村子的生产之所以能很快发展,是因为他们搞了现代化主体农业。

(3)关羽认为他们之所以见不到诸葛亮,是因为诸葛亮没有什么本事,故意躲起来了。

2. 别人是请不动的。

动词"动"做可能补语,在不同的动词后有不同的意思。"请不动"是不能做到把某人请出来的意思。

The verb "动" as a potential complement, varies in meaning with the different verbs it follows. "请不动" implies that somebody is difficult to invite.

例如　E.g.

(1)大家希望马教授能作一个关于汉语语法的报告,谁能请得动马教授呢?

(2)林先生很少参加这种活动,除了你亲自去请,别人是请不动他的。

3. 也许三五天

"三五天"这里是概数,几天的意思。

Here "三五天" is an approximate number of days, meaning "a few days".

4. 诸葛亮有什么了不起

这是一句反问句,意思是诸葛亮没有什么了不起。

That is a rhetorical question, suggesting that Zhuge Liang is not so important.

5. 写信叫他来就是了。

"写信叫他来",这是连动句套着兼语句。"写信叫…"是连动结构,"叫他来"是兼语结构。

"写信叫他来" is a sentence with verbal construction in a series and a pivotal sentence. "写信叫…" is a sentence with verbal constructions in a series, and "叫他来" is a pivotal structure.

"就是了"用在陈述句句尾,或表示不用犹豫怀疑,或表示如此而已。

"就是了" appears at the end of a declarative sentence to indicate "no hesitation or doubt is necessary, and that's it".

例如　E.g.

(1)星期四我一定准时到,你放心就是了。

(2)你别批评了,以后我不再抽烟就是了。

(3)这件事谁不知道,只不过我不说就是了。

(4)房子很好,只是房租贵点儿就是了。

6. 怎么能随便写信叫人家来呢?

这也是一句反问句,意思是不能随便写信叫人家来。

That is another rhetorical question, suggesting it is improper to ask one to come by writing a letter.

例如 E.g.

(1)学校既然不同意,你怎么能这样做呢?

(2)期末考试你怎么能随便不参加呢?

7. 走了不一会儿

这里"不一会儿"表示时间不长,也可以说"不大会儿",用于口语。

Here "不一会儿" indicates "a few minutes" which may be replaced by "不大会儿", mostly used in spoken Chinese.

例如 E.g.

(1)坐了不一会儿他就走了。

(2)不一会儿他把三瓶啤酒都喝完了。

8. 叫我说呀

"叫我说呀"是按照我的看法。后面是叙述看法,也可以说"叫我看呀"、"依我看呀"、"照我看来"等。

"叫我说呀", possibly substituted by "叫我看呀","依我看呀" or "照我看来", means "it seems to me".

例如 E.g.

(1)叫我说呀,这东西又贵又不好,别买了。

(2)照我看来,抽烟一点儿好处也没有。

(3)依我看呀,今天这么热,咱们还是去游泳吧。

9. 所以故意躲起来

这里"起来"是引申用法,用在动词后表示事物或人随动作由显露到隐蔽。

In this extended usage "起来" goes after a verb, indicating that people or things become hidden as the action takes place.

例如 E.g.

(1)要下雨了,你把晒在外面的衣服收起来吧。
(2)敌人来了,村里的人都躲起来了。

10. 诸葛亮好容易才醒来。

"好容易"和"好不容易"都表示"很不容易"的意思。
Both "好容易" and "好不容易" mean "quite difficult".
例如 E.g.
(1)他的烟瘾很大,好容易才戒了烟。
他的烟瘾很大,好不容易才戒了烟。
(2)跑了好几家商店,好不容易买到了这双合适的鞋。
跑了好几家商店,好容易买到了这双合适的鞋。

11. 这样一来

"这样一来"意思是"在这种情况下",用于承接上文,引出结果,上文为说明情况或原因。
"这样一来" means "on this condition". This phrase is used to connect the foregoing statement about a situation or cause, and to introduce the result.
例如 E.g.
(1)我已买到了辞典,这样一来,学习就方便多了。
(2)老人们每天坚持打拳做操,这样一来,身体也就不容易生病了。
(3)他真的生气了,这样一来,大家就都不好说什么了。

12. 目的便可以达到

副词"便"的用法跟副词"就"的部分用法相同,多用于书面。
The adverb "便" is partially equal to "就" in usage, often in written Chinese.
用在动词前表示事情很久以前已经发生。
When used before a verb it indicates that something took place a long time ago.
例如 E.g.
(1)早在十年前我们便认识了。
(2)中国人从小便知道诸葛亮。
表示两件事紧接着发生。
It indicates that two things happen one after another.
(3)老师一走我们便离开教室了。
(4)我一听便明白他要说什么。
用在"是"前,表示肯定。

It can be put before “是” to express affirmation.
(5)这里便是我们的教室。
表示承接关系。
It can be employed to show relative liaison.
(6)只要肯努力,便能学好。

五 词语例解

Word Study

1. 何必

(副)(adverb)

(1)咱们是老朋友了,何必客气?
(2)路不远,走几分钟就到了,何必又去等公共汽车呢?
(3)为这点儿小事就吵架,何必呢?

2. 白

(形)(adjective)

(1)我喜欢这件白颜色的毛衣,你呢?
(2)这儿的衬衫很多,白的、蓝的、红的,什么颜色的都有,样子也不错。

(副)(adverb)

(3)今天白去了,飞机票还是没有买到。
(4)跟你讲了半天道理,你还是不听,我等于白讲了。
(5)他的汉语没有白学,现在都能翻译简单文章了。

3. 正好

(形)(adjective)

(1)你来得正好,我有事要告诉你。
(2)这条裤子我穿正好,就买这一条吧。

(副)(adverb)

(3)你去图书馆,正好我也要去,咱们一起去吧。
(4)一会儿见到张老师,正好可以问他几个问题。
(5)我正好要去邮局,你的信我替你寄吧。

4. 算

(动)(verb)

计算

It means "calculate".

(1)算一算这个学期花了多少钱了?

(2)你算一下儿,一共多少钱?

计算进去

It means "include".

(3)算我和他,一共才十个人。

(4)不算酒钱,这顿饭花了九十四块六。

算做,当作

It means "can be considered as".

(5)我们认识已经十几年了,算是老朋友了。

(6)今天不算太热。

"算+了"表示作罢

It means "let's forget it".

(7)算了,别再说它了,没意思。

5. 等

(动)(verb)

(1)我等你等了半天了,你怎么才来?

(2)你们在等公共汽车啊。

(3)等下了课我就进城去。

(4)等他大学毕业以后,你再推荐他去你们公司工作。

(助)(particle)

(5)这几年我去过北京、上海、西安、广州等城市。

(6)中国有长江、黄河、黑龙江、珠江等四大河流。

(7)中国的主要矿产有煤、石油、天然气、铁等等。

六 阅读课文

Reading Comprehension

空城计

在诸葛亮的帮助下,刘备当了蜀国的皇帝,诸葛亮当了丞相。

在与魏国军队战斗中,蜀国一个胜利接着一个胜利,一直打到祁山。一天,有人来报告,司马懿带领大军打来了。诸葛亮想,司马懿是个有本事的人,他一定会首先占领街亭, 截断我们运输粮食的道路。

街亭是个很小的地方,但非常重要。一旦丢失街亭,事情就很不好,蜀国就只能撤退。由于诸葛亮错用了马谡,也由于马谡没有按照诸葛亮的计划去做,街亭很快被司马懿占领了。

街亭一丢失,诸葛亮马上命令军队赶快收拾东西,准备撤退。

诸葛亮自己带领 5000 士兵去西城搬运粮食,忽然有人来报告,司马懿带领 15 万大军向西城方向来。诸葛亮一看,自己身边没有一名能用的武将,一半士兵已去搬运粮食,城里只有 2000 多士兵,怎么能打败司马懿呢?诸葛亮上城楼一看,魏军已经分两路向西城打来。他立即下命令:把所有的旗子都收起来,城楼上的士兵都到屋里呆着,谁要出来就杀谁,另外,把四个城门全都打开,每个城门找20个士兵装作老百姓打扫街道,魏军来了我有办法对付他们。说完以后,诸葛亮在城楼上点起香,然后面对15万魏军非常安闲地弹起琴来。

司马懿的军队来到城下,看到这种情况不敢进城,赶忙回去报告,司马懿一听就笑了,他根本不相信。他亲自来看了看,真是如此,无论是诸葛亮还是在城门扫地的人,好像什么事情都没发生似的。司马懿怀疑自己中了诸葛亮的埋伏,于是立刻命令军队撤退。

司马懿的儿子说:“是不是诸葛亮没有军队,故意装成这个样子?父亲为什么要撤退?”司马懿说:“诸葛亮一生都很谨慎,从来没有冒过险。今天他大开城门,一定有埋伏。我们如果进城,肯定会吃大亏。诸葛亮的本事你们哪能知道。”

诸葛亮看到魏军撤退以后笑了起来。很多人都非常惊讶,他们问诸葛亮:“司马懿是魏国有名的武将,今天带领十几万大军到了这里,为什么看到你以后马上就撤退了?”诸葛亮说:“司马懿知道我向来非常谨慎,今天看见我这样做,怀疑我们城里埋伏着军队,所以撤退了。我本来是不愿意这样做的,这实在是没有办法的办法啊。你们想，我们只有2000多人，如果逃跑，用不了多久就会被司马懿赶到。”诸葛亮说完以后带着军队向汉中撤退。

到了汉中，诸葛亮让人把马谡捆来见他。他说：“我多次告诉你，街亭非常重要，如果你按照我的计划去做，怎么会有今天的事呢？我要是不把你杀了，军队是不会服从我的领导的。”说完他流着眼泪命令士兵把马谡杀了。

生词 New Words

1	空城计	(名)	kōngchéngjì	empty-city stratagem
2	丞相	(名)	chéngxiàng	prime minister
3	战斗	(名,动)	zhàndòu	battle; to fight
4	截断	(动)	jiéduàn	to cut off
5	撤退	(动)	chètuì	to withdraw
6	收拾	(动)	shōushi	to pack
7	士兵	(名)	shìbīng	soldier
8	城楼	(名)	chénglóu	gate tower
9	旗子	(名)	qízi	flag, banner
10	打扫	(动)	dǎsǎo	to sweep

11	对付	(动)	duìfu	to deal with
12	点香		diǎn xiāng	to burn incense
13	安闲	(形)	ānxián	leisurely
14	弹琴		tán qín	to play *qin*
15	埋伏	(动)	máifú	to lay an ambush
16	谨慎	(形)	jǐnshèn	careful
17	冒险	(形)	màoxiǎn	to take a risk
18	吃亏		chī kuī	to suffer losses
19	逃跑	(动)	táopǎo	to escape

专名 Proper Nouns

1	魏国	Wèi Guó	the Kingdom of Wei
2	祁山	Qí Shān	Mountain Qi
3	马司懿	Sīmǎ Yì	name of a person
4	街亭	Jiētíng	name of a place
5	马谡	Mǎ Sù	name of a person
6	汉中	Hànzhōng	name of a place

第二十三课 Lesson 23

《家》

一 课文 Text

最近一个星期，中国城中华剧场正在演出话剧《家》。这是根据中国当代著名作家巴金的同名小说改编的。丁文月、林达、苏姗等几个人今天晚上来看《家》。在剧场门口，她们买了一份内容介绍。

内容介绍

故事发生在20年代中国南方某城市。

这是一个典型的四世同堂的封建大家庭，全家20多口人。高老太爷是这个家庭的最高统治者，封建势力的代表。

高觉新、高觉民、高觉慧是高老太爷大儿子高克文的三个儿子。觉民、觉慧是外国语专门学校的学生。

由于当局对学生的爱国行动不满，军队与学生的冲突不断发生，学生们走上街头游行。觉慧写文章、发[①]传单，积极参加学生运动。

一天,觉慧回到家就被祖父叫到屋里训斥:“你们整天不读书,光闹事。从今天起,我不准你出去。”觉慧觉得在他面前的这个老人并不是自己的祖父,而是一个专门跟拥护新思想的青年人作对的敌人。

鸣凤是高家的丫头。她年轻、漂亮、纯洁、聪明。由于小时候死了母亲,家里又穷,她来到高家当丫头,已经七年。她每天挨打受骂,从早忙到晚,不敢多说一句话。觉慧对鸣凤很好,鸣凤对觉慧也很好。她告诉觉慧:“在我心里,你就是救星。晚上,就剩下我一个人的时候,我总是在心里喊着你的名字。白天,在别人面前,我不敢喊呀!”

“鸣凤,你越说我越惭愧。我每天过得舒舒服服,你却在我家受苦受累。我真对不起你。”

“说什么[②]对得起对不起。我愿意一辈子做你的丫头,在你身边侍候你。有时候,我真觉得你就像天上的月亮,看得见,够不着[③]。”

“鸣凤,我们是平等的。我爱你,我一定要娶你。我要对得起你。”说完他紧紧地握住了她的手。他多次喊出:“为什么不能公开爱她呢?难道就因为她是丫头?丫头就不是人吗?这个该死[④]的家!”

高老太爷的好朋友、60多岁的冯乐山要娶小老婆。高老太爷决定要把鸣凤嫁给他。为了反抗，鸣凤投湖自杀。知道鸣凤自杀的消息后，觉慧一边哭着一边愤怒地喊着："我恨这个家！我恨吃人的旧制度！"

觉新是觉慧的大哥。他对新思想和学生运动是同情的、赞成的。但他对旧势力不敢反抗，他是矛盾的。他每天都在做违心的事。对长辈，无论是谁，他总是服从，连自己的终身大事⑤也要服从别人的安排，在长辈们的包办下，觉新与瑞珏结婚了。瑞珏是一个温柔贤惠的人。她待人诚恳，关心人、体贴人。全家上上下下⑥都喜欢她。他们已经有了一个可爱的4岁的儿子，现在她又怀孕要生第二个孩子了。

高老太爷得了病，不久就去世了。

高家的长辈们刚刚争夺完老太爷的遗产，马上联合起来对付觉新夫妇。他们说，老太爷刚死没多久，棺材还在家里，产妇不能在家里生孩子，必须住到城外去。

面对这个打击，觉新不敢反抗，瑞珏也没说一句话，因为她知道，她丈夫既没有力量保护自己，也⑦没有力量保护她。

瑞珏被迫迁到城外去。由于住的环境不好，又没有医疗条件，婴儿出生以后，瑞珏就死了。觉新终于懂得了，是封建家庭夺去了他的青春、幸福和前途，也夺去了他所爱的女人。

“大哥，这个家我再也住不下去⑧了。我要走！”觉慧对觉新说。

“你要走？到哪儿去？”

“到上海，到北京，到哪儿⑨都行。总之，要离开这个家！”

“三弟，你不要走，他们一定不让你走！”

“我偏要走给他们看。”

“他们有很多理由，爷爷的棺材还在家里，你要走，说不过去⑩。”

“这与我有什么关系。他们不敢像对付嫂子那样对付我。”

觉新去跟长辈们商量。果然他们都不同意觉慧走，他们说，路上危险，上海太繁华，一个人去要学坏的。

觉慧知道以后坚决地说：“我一定要走，我要让他们知道我是一个什么样的人。我要做这个家的‘叛徒’。”

经过几天的准备，觉慧在哥哥和朋友的帮助下离开了自己的家。这一切自然都是瞒着长辈们进行的。

船开动了。觉慧站在船头，他不知道究竟是快乐还是悲伤。他清清楚楚地知道,自己离开家了。他没有时间去回忆过去 18 年的生活,只是轻轻地说了一声:"再见,家!"

二 生 词 New Words

1	当代	(名)	dāngdài	the present age
2	作家	(名)	zuòjiā	writer
3	小说	(名)	xiǎoshuō	novel
4	改编	(动)	gǎibiān	to adapt
5	某	(代)	mǒu	certain
6	典型	(形)	diǎnxíng	typical
7	四世同堂		sì shì tóng táng	members of four generations live under the same roof

8	统治者	(名)	tǒngzhìzhě	ruler
9	当局	(名)	dāngjú	the authorities
10	行动	(名)	xíngdòng	act
11	不满	(形)	bùmǎn	dissatisfied, resentful
12	冲突	(动)	chōngtū	to conflict
13	游行	(动)	yóuxíng	to parade, to hold a demonstration
14	传单	(名)	chuándān	leaflet
15	训斥	(动)	xùnchì	to reprimand
16	光	(副)	guāng	only
17	闹事		nào shì	to make trouble
18	作对	(动)	zuòduì	to set oneself against
19	丫头	(名)	yātou	servant girl
20	挨	(动)	ái	to suffer; to get
21	骂	(动)	mà	to scold
22	敢	(助动)	gǎn	to dare
23	救星	(名)	jiùxīng	liberator
24	剩	(动)	shèng	to be left
25	惭愧	(形)	cánkuì	ashamed
26	侍候	(动)	shìhòu	to wait upon
27	月亮	(名)	yuèliang	moon
28	娶	(动)	qǔ	to marry (a woman)

29	紧	(形)	jǐn	close, tight
30	公开	(形)	gōngkāi	open
31	难道	(副)	nándào	(an adverb used to enforce a rhetorical question)
32	该死	(形)	gāisǐ	damned (used to express anger)
33	小老婆	(名)	xiǎolǎopo	concubine
34	嫁	(动)	jià	(of a woman) to marry
35	反抗	(动)	fǎnkàng	to resist
36	愤怒	(形)	fènnù	angry
37	恨	(动)	hèn	to hate
38	矛盾	(形,名)	máodùn	contradictory; contradiction
39	违心		wéi xīn	against one's own will
40	终身	(名)	zhōngshēn	all one's life
41	安排	(动)	ānpái	to arrange
42	包办	(动)	bāobàn	to arrange (a marriage)
43	贤惠	(形)	xiánhuì	virtuous
44	待(人)	(动)	dài(rén)	to get along (with people)
45	体贴	(动)	tǐtiē	to be considerate
46	上上下下		shàngshàng xiàxià	superior and inferior

47	争夺	(动)	zhēngduó	to fight for
48	遗产	(名)	yíchǎn	legacy
49	对付	(动)	duìfu	to deal with
50	棺材	(名)	guāncai	coffin
51	产妇	(名)	chǎnfù	lying-in woman
52	打击	(动)	dǎjī	to blow
53	婴儿	(名)	yīng'ér	baby
54	夺	(动)	duó	to take by force
55	青春	(名)	qīngchūn	youth
56	理由	(名)	lǐyóu	reason
57	嫂子	(名)	sǎozi	sister-in-law
58	果然	(副)	guǒrán	sure enough
59	繁华	(形)	fánhuá	flourishing
60	叛徒	(名)	pàntú	traitor
61	瞒	(动)	mán	to hide the truth from
62	悲伤	(形)	bēishāng	sorrowful
63	回忆	(动)	huíyì	to recollect
64	轻	(形)	qīng	light

专名 Proper Nouns

1	巴金	Bā Jīn	(name of a person)
2	《家》	Jiā	*Family*

3	高老太爷	Gāo Lǎotàiyé	the grand father of the Gaos
4	高觉新	Gāo Juéxīn	(name of a person)
5	高觉民	Gāo Juémín	(name of a person)
6	高觉慧	Gāo Juéhuì	(name of a person)
7	高克文	Gāo Kèwén	(name of a person)
8	鸣凤	Míngfèng	(name of a person)
9	冯乐山	Féng Lèshān	(name of a person)
10	瑞珏	Ruìjué	(name of a person)

1. 表示启始时间 biǎoshì qǐshǐ shíjiān

Commencing time

从 a 起，$b(b_1, b_2\cdots)$

(1)祖父对觉慧说：从今天起，我不准你出去。

(2)从去年起我开始学汉语，每周五个小时。

(3)从下个星期起，我们开始复习考试。

2. 表示一向如此 biǎoshì yīxiàng rúcǐ

Constant activity

a 总(是)b(b_1, b_2…)

(1)晚上,我总是在心里喊着你的名字,白天,我不敢在人前喊你。
(2)上课的时候,我总喜欢问老师问题。
(3)她最近总是不高兴的样子,不知为什么。

3. 憎恨 zènghèn
Hatred

a 恨 b(b_1, b_2…)

(1)我恨这个家,恨吃人的旧制度。
(2)我恨他,因为他骗了我。
(3)虽然我们离婚了,但我并不恨他。

4. 同情 tóngqíng
Sumpathy

a 对 b(b_1, b_2…)(很)同情。

(1)觉新对新思想和学生运动是很同情的。
(2)我对你的不幸很同情,很愿意为你做点什么。

a(很)同情 b(b_1, b_2…)

(3)我很同情那些由于战争而失去父母的孩子。
(4)听了你的介绍,我们非常同情他。

5. 否定性强调 fǒudìngxìng qiángdiào (2)
Negative emphasis

表示由于前面提到的原因,某种情况或动作行为无论如何也不能继续或重复了。
Due to the reason shown before, a situation or an action can not be allowed to go on or be repeated in any case.

a 再也 b 不 c 了

(1)这个家我再也住不下去了。
(2)我已经吃饱了,再也吃不下去了。
(3)我就知道这些,详细情况我再也想不起来了。
(4)毕业以后,也许我们再也见不到面了。

a 再也不／没(有)b(了)

(5)他说，他再也不想去那儿了。

(6)自从被警察罚了款以后，我开车再也不那么快了。

(7)三年前我们在一起学过汉语，此后，我再也没有见到他。

6. 表示故意如此 biǎoshì gùyì rúcǐ

Purposeful reaction

表示故意跟他人的要求或客观情况相反。

The following sentences illustrate the way to react against imposed restrictions or unfavourable situations.

a 偏(要)b(b_1, b_2…)

(1)觉新：三弟，他们一定不让你走！

觉慧：我偏要走给他们看。

(2)妈妈不同意我去中国，我偏要去。

(3)大家都喝啤酒，他偏喝葡萄酒。

7. 表示事实与所说所料相符 biǎoshì shìshí yǔ suǒshuō suǒliào xiāngfú

According to expectation

a(a_1, a_2…)，果然 b(b_1, b_2…)

(1)觉新去跟长辈们商量，果然他们都不同意觉慧走。

(2)听说这部电影很好，看了之后果然不错。

(3)他说三点钟打电话告诉我，三点钟的时候他果然打来了电话。

四 注释 Notes

1. 觉慧写文章、发传单

动词"发"这里是散发的意思。

The verb "发" here means "distribute".

2. 说什么对得起对不起

这里"什么"表示否定,全句的意思是,不用说对得起对不起。

Here "什么" denotes negation. This sentence means "no need to say sorry or not sorry".

3. 看得见,够不着

这里"够"是动词,表示接触到物体的意思。

"够" is a verb here, meaning "able to reach".

例如　E.g.

(1)太高了,我够不着,你帮我拿一下儿。

(2)你站在椅子上就够得着了,你试试。

4. 这个该死的家!

形容词"该死"常用于口语,表示厌恶、愤恨或埋怨。

The adjective "该死" is generally used in spoken Chinese in the sense of "dislike", "feel angry" or "complain about".

例如　E.g.

(1)冯乐山已经60多岁了,还要娶小老婆,真该死!

(2)这该死的车老修不好。

(3)该死,我又做错事了。

5. 连自己的终身大事也要服从别人的安排

"终身大事" 指关系一生的大事情,多指婚姻。

"终身大事" refers to an important event in one's life, such as marriage.

6. 全家上上下下都喜欢她。

"上下"用在人事方面,指上级与下级、领导与被领导、长辈与晚辈,可以重叠。

"上下" refers to lower and higher levels of authorities, leaders and people, senior and younger generations. It can be repeated.

例如　E.g.

(1)全校上上下下都在忙考试。

(2)制订了的规章制度，公司上上下下都要遵守。

(3)全家上上下下都喜欢这只小猫。

7. 她丈夫既没有力量保护自己，也没有力量保护她。

在"既…也…"格式中，后一部分表示进一步补充说明前一部分。连接的是两个结构相同或相似的词语。

"既…也…" can be used to connect two similar structures or words of which the latter adds to or further explains the former part.

例如 E.g.

(1)她既是好妻子，也是好母亲。

(2)这个农民既不想种粮食，也不想种蔬菜，他打算养鱼。

(3)我这儿既没有报纸也没有杂志，只有小说。

8. 这个家我再也住不下去了。

"再也"+否定词，表示某事绝对不能再继续，不能再存在，"永远不…"的意思。

"再也" plus a negative means "never again", or "things cannot go on like this any more".

例如 E.g.

(1)他走了以后再也没有回来过。

(2)我只见过他一次，后来再也没有见过他。

(3)这本小说太没意思了，我再也不想看它了。

"下去"这里是引申用法，表示动作仍然继续进行。"住不下去"是动词"住"的可能补语的否定式。

"下去" is in extended use here, meaning an action still continues. "住不下去" is the negative form of the verb "住" and its potential complement.

例如 E.g.

(1)这瓶酒你还喝得下去喝不下去?

(2)讨论不下去了，今天的会就开到这里吧。

(3)今天太累了，复习不下去了，早点儿休息吧。

9. 到哪儿都行。

这里"哪儿"是任指，表示任何一个地方。

Here "哪儿" is used for indefinite reference, meaning "anywhere".

例如 E.g.

(1)干工作在哪儿都一样。

(2)今天我要等一个朋友,哪儿也不去。

10. 你要走,说不过去。

"说不过去"是不合情理,无法交代的意思。

"说不过去" is used to describe something unreasonable, or one is unable to give a good account for what is in question.

例如 E.g.

(1)在中国呆了三年,还不会用筷子,说不过去。

(2)学了几年汉语,还说得不好,真说不过去。

(3)朋友经常帮助我,现在他有了困难,我不去帮他,就太说不过去了。

五 词语例解

Word Study

1. 走

(动)(verb)

行走

It means "walk".

(1)我是走来的,他是骑自行车来的。

(2)那个女演员在舞台上走了几圈就下去了。

移动

It means "move".

(3)火车一小时能走一百公里。

离开

It means "leave".

(4)时间不早了,我们该走了。

(5)代表团已经走了一个多月了。

用在动词后,表示物体随动作离开原来的地方。

When used after a verb, it means things move from where they were as the action takes place.

(6)昨天下午苏姗送走朋友以后就开始听录音。

(7)今天的中文报纸张力刚拿走。

2. 光

(副)(adverb)

(1)学习汉字光看不写不行。

(2)买衣服光好看不行,还要看质量和价格。

(3)光汽车他们家就有三辆。

3. 敢

(助动)(auxiliary)

(1)这种事我过去是不敢想的。

(2)你敢不敢一个人夜里走路?

(3)爷爷的话家里的人不敢不听。

(4)我敢说他们一定会赞成的。

4. 难道

(副)(adverb)

(1)我们连死都不怕,难道还怕这点儿困难吗?

(2)难道人家做得到的事,我们就做不到吗?

(3)这么重要的事,难道他会忘了?

5. 果然

(副)(adverb)

(1)经过改革,经济果然发展很快。

(2)吃了这种药以后,她母亲的病果然好多了。

(3)人们都说西安很值得去,我去了之后果然觉得不错。

六 阅读课文

Reading Comprehension

巴金和他的小说《家》

巴金是中国当代的著名作家之一,1904 年出生于四川成都的一个封建地主家庭里。《家》是巴金的主要代表作品之一,写于 1931 年,那时巴金 27 岁。

小说《家》通过对一个封建地主家庭日常生活的描写,揭露了封建社会吃人的罪恶,赞扬了青年知识分子的觉醒以及他们跟封建势力斗争的精神。

巴金说过:"要是没有我最初 19 年的生活,我也写不出这样的作品。我很早就说过,我不是为了要做作家才写小说;是过去的生活逼着我拿起笔来。《家》里面不一定就有我自己,可是书中那些人物却都是我所爱过的和我所恨过的,许多场面都是我亲眼见过或者亲身经历过的。"

巴金的家有些像小说《家》中描写的高家。他祖父也像小说中的高老太爷，是封建地主家庭的最高权威。巴金兄弟三人，也和小说中的觉新、觉民和觉慧一样，有着不同的性格和不同的遭遇。他家也有一个叫翠凤的丫头。但是，巴金并不是在写他的自传，也不是写他自己家庭的历史。巴金的大哥自杀了，而小说中的觉新并没有死去；他家的丫头翠凤，尽管有人要娶她做小老婆，她坚决不同意，但翠凤并没有去投湖自杀，而是嫁给了一个穷人。巴金本人和小说中的觉慧尽管有很多相同的地方，比如，在外国语专门学校念书，离开家庭到上海去等等。但两个人又有许多不同的地方，生活中也没有过跟鸣凤恋爱的事情。总之，小说《家》中的人物和事件都是来源于真实的生活，但同时又是经过作者的艺术加工和典型化了的。正如巴金自己说的，“我所写的人物并不一定是我们家里有的，我们家里没有，不要紧，中国社会里有！”

巴金常常说：“我自己喜欢这本小说，因为它至少告诉我一件事情：青春是美丽的东西。”

小说《家》在中国现代文学史上很有影响，半个多世纪来，《家》已被翻译成许多种文字。

《家》是巴金长篇小说《激流三部曲》中的一部，其他两部是《春》、《秋》。除此以外，巴金还写有长篇小说《灭亡》、《爱情三部曲》(《雾》、《雨》、《电》)等大量作品。

生词 New Words

1	地主	(名)	dìzhǔ	landlord
2	作品	(名)	zuòpǐn	works (of literature)
3	描写	(动)	miáoxiě	to describe
4	揭露	(动)	jiēlù	to expose
5	罪恶	(名)	zuì'è	crime
6	觉醒	(动)	juéxǐng	to awaken
7	逼	(动)	bī	to force
8	场面	(名)	chǎngmiàn	scene
9	亲眼	(副)	qīnyǎn	with one's own eyes
10	性格	(名)	xìnggé	disposition
11	遭遇	(名, 动)	zāoyù	experience; to encounter
12	自传	(名)	zìzhuàn	autobiography
13	穷人	(名)	qióngrén	poor people
14	本人	(代)	běnrén	oneself
15	事件	(名)	shìjiàn	event
16	加工		jiā gōng	to reproduce
17	典型化	(动)	diǎnxínghuà	to typify

18 至少	(副)	zhìshǎo	at least
19 长篇	(名)	chángpiān	long (writing)

专名 Proper Nouns

1 四川	Sìchuān	Sichuan Province
2 成都	Chéngdū	Chengdu
3 翠凤	Cuìfèng	(name of a person)
4《激流三部曲》	《Jīliú Sān Bù Qǔ》	*The Trilogy of Torrent*
5《春》	《Chūn》	*Spring*
6《秋》	《Qiū》	*Autumn*
7《灭亡》	《Mièwáng》	*Destruction*
8《爱情三部曲》	《Aiqíng Sān Bù Qǔ》	*The Trilogy of Love*
9《雾》	《Wù》	*Fog*
10《雨》	《Yǔ》	*Rain*
11《电》	《Diàn》	*Lightning*

第二十四课 Lesson 24

我对和平充满信心

一 课 文 Text

一天,国际关系研究所召开座谈会,就[①]当前国际形势问题进行座谈。出席会议的有20来个人。下面是一部分人的发言摘要:

主席:第二次世界大战结束50多年了。半个多世纪来,世界发生了很大的变化。当前,国际形势有哪些特点?人类面临的问题是什么?老百姓心里是怎么想的?欢迎大家发表自己的看法。

王云山:在第二次世界大战中,世界上50多个国家不分民族、肤色;不分宗教信仰和社会制度,联合在一起,相互[②]支持,共同战斗,终于打败了侵略者,取得反法西斯战争的伟大胜利。在这场战争中,为反对法西斯侵略,几千万人献出了宝贵的生命。各国物质财富的损失更是不计其数。历史表明,和平来得并不容易。 自从二战结束以来, 大规模的世界战争虽然没有打起来，但是局部地区的战争却一直没有停止过。我认为，现在世界最重要的问题是和平。显然，没有和平的环境，什么生产建设、科学研究、友好往来都是没有可能的。当前，从亚洲到非洲，从欧洲到美洲，世界人民喊出了一个共同的声音：要和平，不要战争！

丁文月：我来谈一点。尽管局部地区的战争还在打，局势很紧张，但是应该说，世界总的趋势是在缓和。和平的因素在不断增长。只要各国人民团结起来，大规模的世界战争不是不可避免的[3]。我对世界和平充满信心。

林教授：我同意这样一种观点，即[4]：当前世界多极化趋势在发展。世界正处在复杂而深刻的变化之中。怎么来看国际形势呢？我认为，首先要分析大国之间的关系，看大国本身的变化，因为大国的政治、经济、军事力量决定了它们各自在世界政治、经济舞台中的分量。大国本身的变化和它们之间的关系深刻地影响着世界的变化。现在世界上已经出现了大国之间相互制衡的力量结构。少数大国企图控制世界已不可能。面对这种变化中的形势，各国都在忙于根据自己的利益调整对外政策。

陈丽英：我也谈一点自己的看法。近年来，随着形势的发展，二战以后形成的旧格局已不存在。一大批获得独立的发展中国家积极参加国际政治、经济活动，为建立国际新秩序而努力。尽管它们的经济还比较落后，但是，它们是一支维护世界和平的重要力量。不管世界形势如何发展变化，毫无疑问，没有绝大多数发展中国家的积极支持和配合，世界上许多问题就得不到公正合理的解决。

张力：现在国际形势的一个明显特点是经济因素在国际关系中的作用日益突出。各国在处理对外关系中更加重视经济利益和民族利益。第二次世界大战以后，经济全球化的趋势一直在发展。生产国际化，交换国际化，金融国际化，技术开发国际化，各国经济更加互相依赖。谁[5]想发展经济谁就要积极参加世界经济活动。

罗杰：半个多世纪来，世界取得了空前的物质进步。然而，由于分配不合理，各国内部贫富悬殊、穷国与富国之间的差距日益扩大。有关资料表明，世界上有四分之一的人生活在贫困线以下[6]。每天晚上有五亿多人饿着肚子睡觉。文盲占世界人口总数 18%，几亿儿童不能上学，失业人数增多。联合国已明确提出，减少和消灭贫困是摆在各国政府面前的首要任务。各国政府应当采取有力措施。贫困化是当前人类面临的第一大问题。

主席：刚才大家从各种不同的角度谈了自己的看法。今天时间到了，我们的讨论会就开到这儿。希望以后还有机会在一起交流看法。谢谢大家！

二 生 词 New Words

1	召开	(动)	zhàokāi	to call
2	座谈	(动)	zuòtán	to have an informal discussion
3	出席	(动)	chūxí	to attend
4	发言		fā yán	to speak at a meeting
5	摘要	(名)	zhāiyào	abstract
6	面临	(动)	miànlín	to face
7	肤色	(名)	fūsè	colour of skin
8	宗教	(名)	zōngjiào	religion

9	信仰	(动)	xìnyǎng	to believe
10	战斗	(动)	zhàndòu	to fight a battle
11	侵略者	(名)	qīnlüèzhě	invader
12	反	(动)	fǎn	anti-
13	侵略	(动)	qīnlüè	to invade
14	献(出)	(动)	xiàn(chū)	to devote to
15	财富	(名)	cáifù	wealth
16	不计其数		bú jì qí shù	countless
17	局部	(名)	júbù	part of something
18	显然	(副)	xiǎnrán	obviously
19	紧张	(形)	jǐnzhāng	tense
20	趋势	(名)	qūshì	tendency
21	缓和	(动,形)	huǎnhé	to relax; relaxed
22	因素	(名)	yīnsù	factor
23	团结	(动)	tuánjié	to unite
24	避免	(动)	bìmiǎn	to avoid
25	充满	(动)	chōngmǎn	to fill
26	观点	(名)	guāndiǎn	point of view
27	即	(动)	jí	that is
28	极	(名)	jí	pole
29	处(在)	(动)	chǔ(zài)	to be situated in
30	深刻	(形)	shēnkè	deep
31	分析	(动)	fēnxī	to analyze

32	本身	(名)	běnshēn	itself
33	分量	(名)	fènliàng	weight
34	制衡	(动)	zhìhéng	to condition
35	企图	(动,名)	qǐtú	to attempt; attempt
36	利益	(名)	lìyì	benefit
37	调整	(动)	tiáozhěng	to adjust
38	格局	(名)	géjú	pattern, structure
39	独立	(动)	dúlì	to be independent
40	秩序	(名)	zhìxù	order
41	落后	(形)	luòhòu	backward
42	维护	(动)	wéihù	to maintain
43	毫无		háowú	not in the least
44	绝	(副)	jué	most
45	公正	(形)	gōngzhèng	just
46	合理	(形)	hélǐ	reasonable
47	突出	(动,形)	tūchū	to stand out; prominent
48	重视	(动)	zhòngshì	to attach importance to
49	开发	(动)	kāifā	to develop
50	依赖	(动)	yīlài	to rely on
51	空前	(形)	kōngqián	unprecedented
52	分配	(动)	fēnpèi	to distribute
53	内部	(名)	nèibù	inside

54	贫	(形)	pín	poor
55	富	(形)	fù	rich
56	悬殊	(形)	xuánshū	great disparity
57	差距	(名)	chājù	difference
58	扩大	(动)	kuòdà	to widen
59	贫困	(形)	pínkùn	poverty
60	线	(名)	xiàn	line, level
61	以下	(名)	yǐxià	below
62	儿童	(名)	értóng	child
63	明确	(形)	míngquè	clear
64	消灭	(动)	xiāomiè	to eliminate
65	摆	(动)	bǎi	to confront
66	首要	(形)	shǒuyào	of the first importance
67	有力	(形)	yǒulì	powerful, strong
68	角度	(名)	jiǎodù	angle

专名 Proper Noun

法西斯	Fǎxīsī	Fascist

1. 引出话题 yǐn chū huàtí (3)

Bring a topic up

(a)就 b…(问题)c…

(1)国际关系研究所就当前国际形势问题举行了座谈会。

(2)就当前的人口和环境问题,大家进行了热烈的讨论。

(3)双方就进一步发展两国关系进行了友好的会谈。

2. 表示事实很明显 biǎoshì shìshí hěn míngxiǎn (1)

Obviousness

表示事实或某种情况很容易看出或感觉到。

The Following is the way to indicate that a fact or situation can be easily seen or found out.

a(a_1, a_2……), 显然 b(b_1, b_2…)

(1)世界上最重要的是和平,显然,没有和平的环境,一切都是不可能的。

(2)都十点多了,显然他不会来了。

(3)他只会说汉语,显然他是中国人。

3. 表示事实很明显 biǎoshì shìshí hěn míngxiǎn (2)

Obviousness

表示在说话人看来,事实或某种情况很明显,勿庸怀疑。

It seems to the speaker that the fact or situation is undoubtedly clear.

a(a_1, a_2…), 毫无疑问 b(b_1, b_2…)

(1)不管世界形势如何发展变化,毫无疑问,没有发展中国家的支持,许多问题就得不到合理的解决。

(2)毫无疑问,有钱才可能出国留学。

(3)近些年来妇女的地位有了很大的提高,但是,毫无疑问,歧视妇女的现象仍然很普遍。

4. 表示假设 biǎoshì jiǎshè (3)

Hypothesis

表示如果没有假设的那种情况，就不会有某种结果。

It indicates that no result would come out from a situation other than the hypothetical one.

没有 a(a_1, a_2…)，就不／没有 b(b_1, b_2…)

(1)没有绝大多数发展中国家的支持和配合，世界上的许多问题就得不到公正合理的解决。

(2)显然，没有钱就不可能到国外去旅行。

(3)没有你们自己的努力，就没有今天的幸福生活。

5. 表示目的和条件 biǎoshì mùdì hé tiáojiàn

The purpose and condition

表示要想达到某种目的，就要首先实现某个条件。

The realization of a condition is decisive before one achieves the goal.

(谁)(要)想 a…，(谁)就要／得(děi)b…

(1)谁要想发展经济，谁就要积极参加世界经济活动。

(2)要想了解中国人的真实生活，就要到中国去。

(3)在这儿，想吃中国菜，就得到中国城去。

四 注释 Notes

1. 就当前国际形势问题进行座谈。

“就”这里是介词，引进动作的对象或范围。

The preposition “就” here is used to introduce the target or scope of an action.

例如 E.g.

(1)大家就如何治理环境污染发表了各自的看法。

(2)就气候来说,我们这儿不如你们那儿。

2. 相互支持,共同战斗

这里"相互"是互相的意思。

Here "相互" is the same as "互相" (mutually).

3. 只要各国人民团结起来,大规模的世界战争不是不可避免的。

"只要…,不…不…"前一分句是必要条件,后一分句用双重否定来强调肯定的结果。

In a sentence like "只要…, 不…不…", the first clause shows the necessary condition while the second clause lays a stress on the result of affirmation by double negation.

例如 E.g.

(1)只要有决心,困难不是不可以克服的。

(2)只要讲清道理,人们不会不遵守规定的。

(3)只要你提出来,他不可能不去帮助你。

4. 我同意这样一种观点,即:当前世界多极化趋势在发展。

动词"即"这里表示判断,"就是"的意思。用于书面。

The verb "即" is used in the sense of "namely" for judgement, often in written Chinese.

例如 E.g.

(1)孙逸仙即孙中山。

(2)这所大学有9个系,即:数学系、物理系、化学系、社会学系、计算机科学系、医学系、历史系、地理系、外语系等。

5. 谁想发展经济谁就要积极参加世界经济活动。

这里代词"谁"表示任指,两个"谁"前后照应,可指相同的任何人。

Here the pronoun "谁" is employed for indefinite reference. The twice used "谁" may indicate any of the same type of people.

例如 E.g.

(1)谁知道谁来回答。

(2)明天李老师辅导汉语语法,谁想听谁来。

两个"谁"也可以指不同的人。

The twice used "谁" may indicate different type of people.
例如 E.g.
(3)我们几个人,过去谁也不认识谁。
(4)就他们的口语能力来说,谁也不比谁差。

6. 世界上有四分之一的人生活在贫困线以下。

"以下"表示低于或后于某一点。与"以上"相对。
Opposite to "以上","以下" means "below the point" or "behind the point".
例如 E.g.
(1)我就谈这一些,以下由王先生谈具体办法。
(2)中国省以下有市、县、乡。
(3)昨天的气温已到了零度以下。

五 词语例解
Word Study

1. 就
(副)(adverb)
表示很短时间内即将发生。
It indicates that something is about to happen.
(1)你等一会儿,我马上就回来。
(2)饭就好了,吃了饭再走吧。
强调在很久以前就发生。
It indicates that something happened long time ago.
(3)她很小就开始学画画儿。
(4)林达和苏姗的学习成绩一直就很好。
表示两件事紧接着发生。
It indicates that two things happen one after another.
(5)你先看,看完就清楚了。
(6)明天我下了课就找你去。
加强肯定。
It is used to enforce an affirmation.
(7)他家就在学校的旁边。
(8)我就不相信我学不好汉语。
确定范围;只

It means "only".

(9)他家就三口人。

强调数量多寡。

It is used to indicate how great or small the number is.

(10)这学期我们学的生词很多,上星期就学了五十多个。

(11)昨天去爬山的人不多,我们班就去了两个。

表示承接上文。

It is used to continue from the preceding passage.

(12)如果你不同意,我就不去了。

(13)你要是没事就早点儿休息吧。

(介)(preposition)

引进动作的对象或范围。

It is used to introduce the target or scope of an action.

(14)昨天下午大家就新的考试规定进行了热烈讨论。

(15)就汉语水平来说,丁文月比李天明高一些。

2. 打

(动)(verb)

用手撞击

It means "beating".

(1)我妈妈从来没有打过我。

攻打

It means "fight".

(2)第二次世界大战打了好几年,死了几千万人。

(3)因为没有人为他出谋划策,刘备一连几次被打败。

发出

It means "send out".

(4)我已经给他打了几次电话,他说一会儿就到。

运动

It is used for sport.

(5)田中平喜欢打篮球,我喜欢打太极拳。

捕捉

It means "catch".

(6)他们从水库打了几条鱼回来。

通过一定的手段使成为

It means "make by a certain means".

(7)王云山打字打得又快又好。

做,从事

It means "do" or "to be engaged".

(8)每年的暑假我都要去打工挣钱。

解开、拉开

It means "open".

(9)你打开抽屉看看,手表是不是在里边?

3. 显然

(副)(adverb)

(1)南方的气候和北方的气候显然不同。

(2)你这么说,显然不合适,谁听了都会不高兴。

(3)我一提这本书,内容他都知道,显然他已看过这本书了。

4. 总

(动)(verb)

(1)总起来说,人民都希望和平,反对战争。

(形)(adjective)

(2)我们班的汉语学习,总的情况是好的。

(3)目前世界总的趋势是在缓和。

(4)长城总的长度是一万两千多里。

(副)(adverb)

表示推测、估计

It is used for a guess or an estimation.

(5)一个学期的生活费大概总得1500块。

一直

It means "all the time".

(6)你最近在忙什么,总见不到你。

(7)她对人总是那么热情诚恳。

毕竟

It means "after all".

(8)不要着急,问题总会解决的。

(9)她这一次虽然考得不太好,但总算是有了进步。

5. 只要

(连)(cojunction)

(1)只要努力,总是能学会。

(2)只要你提出来,他就会帮助你解决困难。

(3)我可以给你介绍介绍,只要你有这个要求。

(4)只要是去过杭州的人,没有人不说西湖风景好。

六 阅读课文

世界贫困化日益严重

随着和平因素的不断增长和冷战的结束，随着各国经济、政治、文化、科学技术和社会的全面发展，人类社会进入了一个互相依赖的时代，世界大战变得可以避免，和平成为可能。

各国人民在致力于制止战争的同时，越来越深刻地认识到社会发展存在着一系列的问题：环境污染、人口增长、贫困饥荒、男女不平等、恐怖主义、核扩散、贩毒、难民等等。世界是一个整体，任何一方面严重地失去平衡，都会给世界的和平和人类的安全带来危险。

贫困化是当前世界各国社会发展中的突出问题之一。根据统计，世界上目前有十几亿人生活在贫困之中，属于最不发达的国家约占全世界国家总数的四分之一。人们都清楚，战争会夺去许许多多人的生命，但是人们也许不太清楚，每年死于贫困的人要比死于战争的人多出几百倍。有资料表明，全世界每年死于饥饿和营养不良的人就有1000多万。全世界每天因营养不良而死亡的儿童有3万人。除儿童以外,每天因贫困而死亡的老人和妇女所占的比例也不少。

失业是造成贫困的重要原因之一。在全球50多亿人口中,有就业能力的约占一半。在这20多亿有劳动能力的人口中,30%的人处于失业、半失业状态。这就是说,三个有劳动能力的人就有一个没有工作或只有部分工作。

社会财富分配不合理是造成人类贫困的另一个重要原因。自从第二次世界大战结束以来,世界经济发展很快,创造出了大量的物质财富。但世界经济的发展不仅没有解决人们的贫困问题,相反地,贫富差距却越来越大。根据报道,占世界人口20%的穷人,他们的收入占不到世界总收入的2%,而占世界人口总数20%的富人,占有世界总收入的80%以上。有的国家的报纸指出,世界上从来没有产生过这么多的物质财富,但也从来没有这么多的穷人。还有,世界上100多个国家中,富国与穷国的差距也在不断扩大。就是在发达国家中,由于分配不合理,富人越来越富,穷人越来越穷,越来越多。无家可归的流浪汉在有的发达国家里就有上百万,有的一个城市就有几十万。

贫困化正在日益严重地威胁着世界的稳定。减少和消灭贫困是摆在世界各国政府面前的首要任务。

生词 New Words

1	冷战	(名)	lěngzhàn	cold war
2	进入	(动)	jìnrù	to enter
3	制止	(动)	zhìzhǐ	to stop
4	饥荒	(名)	jīhuāng	famine
5	恐怖	(形)	kǒngbù	terrific
6	核	(名)	hé	nuclear
7	扩散	(动)	kuòsàn	to proliferate
8	贩毒		fàn dú	traffic in narcotics
9	难民	(名)	nànmín	refugee
10	整体	(名)	zhěngtǐ	entirety
11	平衡	(名,动)	pínghéng	balance; to balance
12	总数	(名)	zǒngshù	total
13	营养	(名)	yíngyǎng	nutrition
14	不良	(形)	bùliáng	bad
15	无家可归		wú jiā kě guī	homeless

16	流浪汉	(名)	liúlànghàn	vagrant
17	威胁	(动)	wēixié	to threaten
18	稳定	(形,动)	wěndìng	stable; to stabilize

第二十五课 Lesson 25

高度发达的科学技术会给人们带来什么?

一 课 文 Text

学期就要结束了。今天上最后一次汉语课。课后,丁文月、田中平、李天明、苏姗几个人来到图书馆前面的草地上,刚要坐下,苏姗突然想起一件事。她说:"对不起,我得去给我姐姐发[①]个传真,差点儿[②]忘了。我一会儿再来。"

他们刚坐下来,前面又来了几个人,他们是医学系、计算机科学系的同学。

"丁小姐,林达没在这儿吗?"一个学计算机科学的同学问。

"她打球去了,有事吗?"

"这是她要看的几本科学技术杂志,麻烦你转给她,好吗?"

"没什么[③]。"

“你的书包放得下[4]吗?”丁文月对田中平说,“我的书包放不下了,放你那儿吧。”

“坐下来聊一会儿吧。”李天明对那几个同学说。

“坐下来,坐下来,我还有问题想问你们呢。”丁文月也热情地请他们坐下来聊聊天。

“什么问题?”学计算机科学的同学说完找了个地方就坐下来。

其他同学也跟[5]着坐了下来。

“小心,这儿有个杯子。”田中平说完挪开杯子,请站在他旁边的同学坐下来。

“最近报纸上经常出现‘信息高速公路’这个词,你给我们讲讲,好吗?哪怕[6]简单点儿也没关系。”丁文月说。

“‘信息高速公路’这仅是一种形象的说法。既然叫高速公路,那就得运输东西呀。不过,它运输的不是衣服、鞋、袜,也不是大米、小麦、鸡、鸭、鱼、肉、啤酒、咖啡等食品饮料,而是另外一种重要的商品——信息。路则是由光缆联成的有线传输系统,一秒钟能传输几百万字。计算机或计算机终端是公路上的‘站’。”

“你这样说,好懂,既简单又形象。”李天明插了一句。

“人们现在都在谈论信息革命。这种高度发达的信息科学技术,谁掌握了它谁就掌握了未来。随着信息科学技术的广泛应用,人们的生活方式、工作方式和交往方式都将发生巨大的变化。到那个时候,你可以不用到办公室上班,因为办公自动化,在家上班和在办公室上班没有两样⑦;病人躺在家里,只要一按键盘,就可以得到最先进的医疗服务,医生可以进行远距离诊断;学生不必到学校就可以得到你认为是最好的老师的指导和大量的资料;任何电影和电视节目随时都可在家里收看。”学计算机科学的同学又进一步说了说。

听到这儿,田中平插进来说:“不久的将来,利用计算机控制,司机可以避免交通事故,真正做到安全开车;机器人可以从事24小时的连续生产;机器人也将代替人类去征服外星球。”

“你知道的倒⑧不少啊,像是学自然科学的。”丁文月对田中平说。

“不,不敢当⑨。我是前几天在一本科学杂志上看到的。”田中平赶快做了解释。

“你是学医学的,未来的医学科学是什么样的?”丁文月向坐在她旁边的一个同学。

“我了解的不太多。但有一点是肯定的。用不了[10]多少年，癌症将可以得到彻底的治疗，预防各种疾病将变为现实。人类的寿命将普遍地得到延长。”

“科学技术的进步，自然要为人类服务，解决人们生活中遇到的问题。但是，科学技术的发展，有时又会与伦理道德产生矛盾，发生冲突。”田中平说，“比如，几年前有一篇报导说，有一对年轻夫妇到医院，男的32岁，女的29岁，他们结婚三年了，两个人相亲相爱，生活很幸福。美中不足的是女方[11]不能怀孕。请求医生帮助人工授精怀孕。

“大夫从他们身上取出了精子和卵子，成功地培育出了8个受精卵，并把其中的4个移入女方的子宫，但失败了。本来约好两个月以后再来做第二次移入手术，谁知道[12]刚过去一个月，女方就在一次车祸中死去了。半年后，有一天男方来到医院，他对大夫说，他岳母知道这情况以后愿意为她女儿完成这一任务。在有关当事人达成一致意见以后，大夫把两个受精卵移入男方岳母的身体内。这次成功了。后来，一个活泼可爱的男孩儿来到了世界上。孩子的出生引起了社会各种不同的反应，赞成的、反对的都能说出各自的理由。”

"这么一来[13],姥姥就变成了妈妈。"丁文月说。

"问题就在这儿,从法律角度讲,孩子的父母应该是他姥爷和姥姥。但从生物遗传角度讲,孩子又应该是那对年轻夫妇的孩子。"李天明说,"类似这种'姥姥'+'妈妈',在世界上已不是第一例了。'姑姑'+'妈妈'、'姨母'+'妈妈'都先后出现过。"

学医学的一个同学发表自己的看法, 他说:"首先应该承认,这是科学技术的进步。但同时我们又必须看到社会的伦理道德。我觉得惟一的也是最好的解决办法是制定有关的法律。否则,从伦理上来说,无论如何是不能接受的,也是解释不通[14]的。"

几个人越讨论越觉得有意思, 直到有的同学又该去上课了,大家才结束了谈话。

二 生 词 New Words

1	草地	(名)	cǎodì	grassland
2	传真	(名)	chuánzhēn	fax
3	差点儿	(副)	chàdiǎnr	nearly
4	(打)球	(名)	(dǎ)qiú	(to play) ball
5	小心	(形)	xiǎoxīn	careful
6	挪	(动)	nuó	to move
7	信息	(名)	xìnxī	information
8	高速	(形)	gāosù	high speed
9	公路	(名)	gōnglù	highway
10	哪怕	(连)	nǎpà	even if
11	仅	(副)	jǐn	only
12	形象	(形,名)	xíngxiàng	figurative; figure
13	运输	(动)	yùnshū	to transport
14	大米	(名)	dàmǐ	rice
15	小麦	(名)	xiǎomài	wheat
16	鸡	(名)	jī	chicken
17	肉	(名)	ròu	meat
18	食品	(名)	shípǐn	food

19	饮料	(名)	yǐnliào	beverage
20	光缆	(名)	guānglǎn	light cable
21	联(成)	(动)	lián(chéng)	to connect
22	有线	(名)	yǒuxiàn	wire
23	传输	(动)	chuánshū	to transmit
24	秒	(量)	miǎo	second
25	终端	(名)	zhōngduān	terminal
26	高度	(副，名)	gāodù	highly; height
27	广泛	(形)	guǎngfàn	wide
28	应用	(动)	yìngyòng	to apply
29	方式	(名)	fāngshì	way
30	自动	(形)	zìdòng	automatic
31	按	(动)	àn	to press
32	键盘	(名)	jiànpán	keyboard
33	先进	(形)	xiānjìn	advanced
34	距离	(名)	jùlí	distance
35	收看	(动)	shōukàn	to receive and watch
36	司机	(名)	sījī	(car) driver
37	安全	(形)	ānquán	safe
38	机器人	(名)	jīqìrén	robot
39	连续	(动)	liánxù	to continue
40	代替	(动)	dàitì	to substitute

41	征服	(动)	zhēngfú	to conquer
42	外星球	(名)	wàixīngqiú	extraterrestrial planet
43	倒	(副)	dào	actually
44	不敢当		bù gǎndāng	undeserving
45	彻底	(形)	chèdǐ	thorough
46	美中不足		měi zhōng bù zú	a blemish on an otherwise perfect thing
47	(女)方	(名)	(nǚ)fāng	(the female) side
48	人工	(名)	réngōng	artificial
49	授精		shòu jīng	to inseminate
50	取	(动)	qǔ	to get
51	精子	(名)	jīngzǐ	sperm
52	卵子	(名)	luǎnzǐ	ovum
53	培育	(动)	péiyù	to cultivate
54	受精卵	(名)	shòujīngluǎn	fertilized egg
55	移(入)	(动)	yí(rù)	to transplant
56	子宫	(名)	zǐgōng	womb
57	车祸	(名)	chēhuò	traffic accident
58	完成	(动)	wánchéng	to complete
69	任务	(名)	rènwu	task
60	当事人	(名)	dāngshìrén	person concerned
61	达成	(动)	dáchéng	to reach (an agreement)

62 活泼	(形)	huópo	lively
63 反应	(动)	fǎnyìng	to react
64 生物	(名)	shēngwù	living things, biology
65 遗传	(动)	yíchuán	heredity
66 例	(名)	lì	instance, case
67 惟一	(形)	wéiyī	only
68 无论如何		wúlùn rúhé	at any rate

1. 请求某人做某事 qǐngqiú mǒurén zuò mǒushì

Request

(a)麻烦 b+c(c_1, c_2…)

(1)这是林达要看的杂志,麻烦你转给她。

(2)你下午去书店,麻烦你给我买本书。

(3)麻烦先生帮我捡起来,谢谢!

2. 表示假设兼让步 biǎoshì jiǎshè jiān ràngbù **(3)**

Hypothesis and concession

用"哪怕 a"假设一种情况,后面表示在这种情况下结论也不变或也可以。

Under the hypothetical condition formed by "哪怕 a" the following conclusion basically, if not completely, remains unchanged.

哪怕 $a(a_1, a_2\cdots)$，也／都 $b(b_1, b_2\cdots)$

(1)你给我们讲讲吧，哪怕简单点儿也没关系。
(2)学习外语最重要的是坚持学，哪怕一天学一个小时也行。
(3)我喜欢的东西，哪怕借钱我也要买。
(4)丁文月对什么事都很认真，哪怕是一件小事，她都不马虎。
(5)只要你同意和我结婚，哪怕提什么条件我都答应。

3. 谦虚地回答对方的称赞 qiānxū de huídá duìfāng de chēngzàn
A modest reply to one's praise

(a…)不敢当。(b…)

(1)"你知道的真多，像是学自然科学的。"
"不，不敢当。我也是刚从杂志上看到的。"
(2)"你对中国太了解了，真是个中国通。"
"中国通可不敢当，我只是比你多知道一点儿。"
(3)"这位是李小虎，年轻的哲学家。"
"不敢当，我只是对哲学有兴趣。"

4. 表示已经约定 biǎoshì yǐjīng yuēdìng
Appointment

$a(a_1, a_2\cdots)$约好 $b(b_1, b_2\cdots)$

(1)他们和大夫约好两个月以后再来做第二次手术。
(2)我和女朋友已经约好，明年圣诞节去中国旅行。
(3)我们约好三点钟在友谊宾馆门口见面。

5. 表示结论或情况不变 biǎoshì jiélùn huò qíngkuàng búbiàn
Unchangeable conclusion or situation

表示不管在什么条件下，某一结论或某种情况都不变。

A conclusion or a situation remains unchanged whatever the conditions may be.

$a(a_1, a_2\cdots)$无论如何 $b(b_1, b_2\cdots)$

(1)从伦理上来说，无论如何是不能接受的，也是解释不通的。
(2)这个问题无论如何要想办法解决。
(3)无论如何你要来一趟，否则以后很难见面了。

6. 表示一直到某时 biǎoshì yīzhí dào mǒushí
Continuation

a(一)直到 b 才 c

(1)他们讨论得很有意思,直到上课了,大家才结束谈话。
(2)我经常见到他,可一直到昨天我才知道,他就是有名的马教授。
(3)我们等了他很长时间,直到三点钟他才来。

1. 我得去给我姐姐发个传真

这里动词"发"是"送出"的意思。
Here the verb "发" means "send out".

2. 差点儿忘了

副词"差点儿"常用于口语,表示某种事情几乎实现而没有实现,或几乎不能实现而终于实现。

The adverb "差点儿" is often used in spoken Chinese, denoting that something was almost done but failed, or something could be almost carried out but ended otherwise.

例如 E.g.
(1)我刚才差点儿上你那儿去。 (几乎实现而没有实现)
(2)他差点儿没考上博士生。 (几乎不能实现而终于实现)

3. 没什么

"没什么"是对别人表示感谢的一种回答,和"没关系"意思差不多。

"没什么" serves as a polite reply to "thank you", considered as the equivalent of "没关系".

4. 你的书包放得下吗?

这里动词"下"做可能补语,表示有没有空间来容纳。

Here the verb "下" is used as a potential complement, indicating what the holding capacity is.

例如 E.g.

(1)这个屋子住得下五个人吗?

(2)手提包里放不下这么多东西,怎么办?

(3)这辆车坐得下五个人。

5. 其他同学也跟着坐了下来。

这里"跟"是动词,表示紧接着向同一方向行动。

The verb "跟" indicates an immediate movement in the same direction.

例如 E.g.

(1)你跟着他走,很快就能找到。

(2)你走得太快,孩子跟不上。

6. 哪怕简单点儿也没关系。

连词"哪怕"表示假设兼让步,后边常有"都、也、还"呼应。

The conjunction "哪怕", often with a following adverb "都","也" or "还", shows a hypothesis and a concession.

例如 E.g.

(1)哪怕贵一些也应该买,否则你用什么?

(2)哪怕他不高兴,你也得去见见他。

(3)哪怕输了,我们也应当参加明天的比赛。

7. 在家上班和在办公室上班没有两样。

"没有两样"意思是没有不同、一样。

"没有两样" means "it desn't make any difference".

8. 你知道的倒不少啊。

副词"倒"表示跟一般情理相反。

The adverb "倒" indicates that the situation is in opposition to what is normally expected.

例如 E.g.

(1)夏天还没到呢,可这几天倒热起来了。

(2)他的口语一直很好,可是这次考得倒不怎么样。

9. 不,不敢当。

"不敢当"常用于回答对方对自己的夸奖,表示谦虚,承当不起。

"不敢当" is a modest reply to the praise of the speaker.

例如 E.g.

A:你汉语说得真不错。

B:不敢当,不敢当。

10. 用不了多少年

动词"了"这儿做可能补语,表示一种可能性。"用不了"即不需要的意思。

The verb "了" here acts as a potential complement. "用不了" means "it won't take".

例如 E.g.

(1)在这儿一个月的生活费用不了300元吧?

(2)我用不了那么多纸,你拿些去用吧。

(3)用不了几天,考试成绩就能知道。

11. 美中不足的是女方不能怀孕。

这里"方"是名词,"方面"的意思,常与单音节名词或代词组合。例如:男方、女方、你方、我方、双方、对方、厂方、官方、甲方、乙方等等。

Here "方" means "side", ofter combined with a monosyllabic noun or pronoun like "男方","女方","你方","我方","双方","对方","厂方","官方","甲方" and "乙方".

12. 谁知道刚过去一个月

"谁知道"表示出乎意料之外,没有想到的意思,多用于口语。

"谁知道" indicates something unexpected, often used in spoken Chinese.

例如 E.g.

(1)谁知道今天会下这么大的雪。

(2)谁知道他会得这样的病。

(3)夫妻俩本来相亲相爱,谁知道后来离婚了。

13. 这么一来

"这么一来"在这儿起承接上文的作用,然后由此引出下面的结果来。

"这么一来" functions as the continuation of the preceding passage and an introduction to the following result.

14. 也是解释不通的

动词"通"的本义是没有堵塞,可以穿过的意思。"通"这里做可能补语。"解释不通"意思是不能得到合理、正确的解释。

The verb "通" originally means "through" or "not blocked". Here it acts as a potential complement. "解释不通" implies that a good account has not been given.

五 词语例解

Word Study

1. 差点儿

(副)(adverb)

表示不希望实现的事情几乎实现而没有实现,有庆幸的意思。动词用肯定式或否定式,意思相同。

It is used to indicate one's rejoicing over what was unexpected to happen and almost going to happen but failed in the end. It makes no difference in meaning whether it goes with an affirmative or a negative form of the verb.

(1)老师问的问题我差点儿回答错了。(没回答错)

(2)老师问的问题我差点儿没回答错。(没回答错)

(3)我差点儿把书包丢了。(没有丢)

(4)我差点儿没把书包丢了。(没有丢)

表示希望实现的事情几乎不能实现而终于实现,有庆幸的意思。动词用否定式。

It is used to indicate one's rejoicing over what was expected to happen and almost unable to happen but happened at last. The verb should be in its negative form.

(5)京剧票快卖完了,他差点儿没买到。(买到了)

(6)来晚了,我们差点儿没赶上火车。(赶上火车了)

表示希望实现的事情几乎实现而终于没有实现,有惋惜的意思。动词用肯定式。

It is used to indicate one's unhappiness about what was expected to happen and very likely to happen but finally failed. The verb is often in its affirmative form.

(7)昨天的面试她差点儿就通过了。(没有通过)

(8)那场足球比赛,我们差点儿就赢了。(没有赢)

2. 下

(动)(verb)

(1)时间不早了,我们下山吧。

(2)昨天这儿下大雨了,你们那儿下了没有?

(3)他弟弟下决心要当一名律师。

(4)一会儿你下了课到我办公室来一下儿。

用在动词后,表示动作由高处向低处。

When used after a verb, it indicates an action from high to low.

(5)请坐下,我们好好儿聊聊。

(6)他激动得流下了眼泪。

用在动词后,表示动作完成兼有脱离的意思。

When used after a verb, it indicates an action has been completed in the sense of "off".

(7)他换下衣服拿着书包走了。

用在动词后,表示动作完成有时兼有使结果固定下来。

When used after a verb, it indicates that an action has been completed, and the result has been fixed.

(8)他立下遗嘱,死后要把骨灰撒在大海里。

(9)她留下电话号码了,有事你给她打电话。

"下"用做可能补语,表示能不能容纳一定的数量。

"下" may be used as a potential complement, indicating what holding capacity it is.

(10)那个报告厅坐得下坐不下500人?

(11)这地方停不下三辆车。

3. 哪怕

(连)(conjunction)

(1)明天哪怕刮风下雨,我们也要准时去,否则,人家不会相信我们。
(2)学习上哪怕困难再大,我也有信心去克服。
(3)哪怕你不发言,你也应该去参加那个座谈会,听听别人的发言也好嘛。

4. 倒

(副)(adverb)

(1)他那么喜欢音乐,昨天晚上的音乐会倒没去。
(2)你这个中国人倒会做西餐。
(3)没吃药,他感冒倒好了。

5. 无论如何

表示不管条件怎样变化,其结果都不变。

It indicates whatever the condition may be, the result will remain unchanged.

(1)无论如何你也不能那样对待他。
(2)觉慧下决心,无论如何也要离开那个封建大家庭。
(3)为了人民的健康,环境污染问题无论如何也要想办法解决。

六 阅读课文

Reading Comprehension

21 世纪的汽车

汽车出现在世界上已经 100 多年了。100 多年来,汽车的发明和应用有力地推动了人类社会文明的发展,而人类社会文明的发展反过来又促进了汽车工业的迅速发展。100 年来,全世界大约生产了十几亿辆汽车,现在全世界每年大约生产各种汽车五千万辆。随着科学技术的进步和汽车工业的发展,汽车在人类社会生活中的地位将越来越重要。人们的生活方式、生产方式将发生巨大的变化,所以有人称汽车是改造世界的机器。

21 世纪的汽车会是什么样子的呢?有人预言:首先,汽车将成为高速度的交通工具。当然汽车要想成为高速度的交通工具必须有高速度的交通道路设施与之相配合。人们的生活、工作将更为方便自由,世界将变得更小,无论你要到地球的哪一个角落,只要几个小时便能到达。

其次,利用高度发达的电子学技术,汽车驾驶将实现自动化,交通事故将不再发生。汽车对于全世界的人来说,将成为比学骑自行车还容易的一种快速安全的交通工具。

此外,新能源的出现和多样化,也将是未来汽车发展的趋势。由于新能源的应用,汽车的传统技术将进行大力革新,污染问题也必将得到解决。由于汽车已经成为人类社会生活中不可缺少的重要工具,社会需要量日益增多,为满足社会的需要,汽车生产必然出现多样化,人们需要什么样的汽车,社会就会出现什么样的汽车。

21 世纪的社会,将是汽车的社会。

生词 New Words

1	紧密	(形)	jǐnmì	close
2	发明	(动)	fāmíng	to invent
3	推动	(动)	tuīdòng	to promote
4	反	(副)	fǎn	on the other hand
5	改造	(动)	gǎizào	to transform
6	预言	(动,名)	yùyán	to predict; foretell
7	工具	(名)	gōngjù	means
8	设施	(名)	shèshī	facilities
9	角落	(名)	jiǎoluò	corner
10	电子学	(名)	diànzǐxué	eletronics
11	驾驶	(动)	jiàshǐ	to drive
12	自动化	(名)	zìdònghuà	automation
13	快速	(形)	kuàisù	speedy
14	能源	(名)	néngyuán	energy resources
15	多样化	(名)	duōyànghuà	diversity
16	需要量	(名)	xūyàoliàng	the number demanded
17	必然	(形)	bìrán	inevitable

词汇总表

A

挨	(动)	ái	to suffer, to get	23
癌症	(名)	áizhèng	cancer	6
矮	(名)	ǎi	short	10
艾滋病	(名)	àizībìng	ATDS	7
爱国	(名)	àiguó	patriotism; to love one's country	13
爱好	(名, 动)	àihào	hobby; to love	2
爱情	(名)	àiqíng	love between man and woman	2
爱人	(名)	àirén	husband or wife	21
安静	(形)	ānjìng	peaceful	9
安乐死	(名)	ānlèsǐ	euthanasia	9
安眠药	(名)	ānmiányào	sleeping pills	9
安排	(动)	ānpái	to arrange	23
安全	(形)	ānquán	safe	25
安慰	(动)	ānwèi	to comfort	7
岸	(名)	àn	bank, shore	10
按	(动)	àn	to press	25
按照	(介)	ànzhào	according to	10

B

巴士	(名)	bāshì	bus	15
把	(量)	bǎ	(measure word)	22
白	(副)	bái	in vain	22
白天	(名)	báitiān	daytime	8
白银	(名)	báiyín	silver	20
摆	(动)	bǎi	to confront	24
百货	(名)	bǎihuò	articles of daily use	21
拜访	(动)	bàifǎng	to call on	21
半(失业)	(数)	bàn(shīyè)	semi-(unemployment)	3
半百		bànbǎi	fifty	20
办学		bàn xué	to run a school	19
包	(量)	bāo	packet, parcel	8
包办	(动)	bāobàn	to arrange(a marriage)	23
宝贵	(形)	bǎoguì	valuable	19
保存	(动)	bǎocún	to preserve	19
保护	(动)	bǎohù	to protect	6
保留	(动)	bǎoliú	to keep, to retain, to reserve	5
保险	(形,名)	bǎoxiǎn	safe; insurance	9
报案		bào àn	to report a case (to the security authorities)	9
报道	(名,动)	bàodào	report; to report	10
报告	(名,动)	bàogào	report; to report, to give a lecture	1
爆发	(动)	bàofā	to break out	18
杯子	(名)	bēizi	cup, glass	20

悲伤	(形)	bēishāng	sorrowful	23
悲痛	(形)	bēitòng	grieved, sorrowful	9
北部	(名)	běibù	the northern part	17
被动	(形)	bèidòng	passive	8
被迫		bèi pò	to be forced	6
本身	(名)	běnshēn	itself	24
本事	(名)	běnshì	ability	19
比例	(名)	bǐlì	ratio	1
比喻	(名,动)	bǐyù	analogy; figuratively describe as	1
必要	(形)	bìyào	necessary	14
避免	(动)	bìmiǎn	to avoid	24
编	(动)	biān	to compile	13
鞭子	(名)	biānzi	whip	14
便	(副)	biàn	then	22
变	(动)	biàn	to change, to become	6
遍(地)	(形)	biàn(dì)	everywhere, all (places)	13
标准	(名)	biāozhǔn	standard	21
表明	(动)	biǎomíng	to show	8
表情	(名)	biǎoqíng	facial expression	14
表现	(动, 名)	biǎoxiàn	to indicate; expression	11
别看	(连)	biékàn	although	6
别人	(代)	biérén	others	3
宾馆	(名)	bīnguǎn	hotel	21
兵精粮足		bīng jīng liáng zú	well-trained soldiers and sufficient food supply	22
并	(副)	bìng	(an adverb used before a negative word as in "not …at all")	9

并且	(连)	bìngqiě	and, moreover	10
病人	(名)	bìngrén	patient	7
驳回	(动)	bóhuí	to reject	5
博士后	(名)	bóshìhòu	post doctorate	15
不必	(副)	búbì	no need to	22
不断	(副)	búduàn	continuously	4
不过	(副)	búguò	only	2
不计其数		bú jì qí shù	countless	24
不见得	(副)	bújiàndé	not quite so	5
不利	(形)	búlì	harmful, unfavourable	8
不幸	(形)	búxìng	unfortunate	7
不要紧		bú yàojǐn	It doesn't matter	22
补充	(动)	bǔchōng	to add to	12
不得不	(副)	bùdébù	cannot but, have to	2
不得了	(形)	bùdéliǎo	disastrous	3
不敢当		bù gǎndāng	not deserve this	25
不管	(连)	bùguǎn	no matter, regardless of	3
不好意思		bù hǎo yìsi	embarrassed	11
不满	(形)	bùmǎn	unsatisfied	22
不然	(连)	bùrán	otherwise, or	6
不如	(动，连)	bùrú	not as good as	6
不时	(副)	bùshí	frequently	14
不知不觉		bù zhī bù jué	without one's knowledge	21
步	(名)	bù	step	1
部落	(名)	bùluò	tribe	16
部长	(名)	bùzhǎng	minister	5

C

才能	(名)	cáinéng	talent, ability	22
才智	(名)	cáizhì	ability and wisdom	21
财产	(名)	cáichǎn	property	11
财富	(名)	cáifù	wealth	24
采取	(动)	cǎiqǔ	to adopt, to take	3
采用	(动)	cǎiyòng	to adopt, to use	14
彩电	(名)	cǎidiàn	colour television	15
彩色	(名)	cǎisè	colour	15
彩照	(名)	cǎizhào	colour photo	15
参考书	(名)	cānkǎoshū	reference book	7
参赛	(名)	cānsài	participation in competition	15
惭愧	(形)	cánkuì	ashamed	23
灿烂	(形)	cànlàn	bright, splendid	17
仓库	(名)	cāngkù	storehouse	19
(做)操	(名)	(zuò)cāo	(do) physical exercise	4
草地	(名)	cǎodì	grassland	25
草原	(名)	cǎoyuán	grasslands	17
测验	(动，名)	cèyàn	to test; test	16
曾经	(副)	céngjīng	once	2
插	(动)	chā	to interpose (a remark)	5
差别	(名)	chābié	difference	17
差距	(名)	chājù	difference	24
差点儿	(副)	chàdiǎnr	nearly	25
产妇	(名)	chǎnfù	lying-in woman	23
产生	(动)	chǎnshēng	to produce	6

长处	(名)	chángchù	good points	14
长度	(名)	chángdù	length	20
长期	(名)	chángqī	a long period of time	7
常识	(名)	chángshí	common knowledge	8
场	(名)	chǎng	farm	21
场所	(名)	chǎngsuǒ	place	8
超过	(动)	chāoguò	to exceed, more than	3
朝	(介)	cháo	towards	12
朝代	(名)	cháodài	dynasty	16
吵架		chǎo jià	to quarrel	2
车祸	(名)	chēhuò	traffic accident	25
彻底	(形)	chèdǐ	thorough	25
晨练	(名)	chénliàn	morning exercises	15
称	(动)	chēng	to call, to be called	11
成功	(动, 名)	chénggōng	to succeed; success	18
成就	(名)	chéngjiù	achievement	6
成立	(动)	chénglì	to found, to establish	18
成年人	(名)	chéngniánrén	adult	8
成千上万		chéng qiān shàng wàn	tens of thousands	20
成员	(名)	chéngyuán	member	13
成长	(动)	chéngzhǎng	to grow, to be brought up	1
诚恳	(形)	chéngkěn	sincere	19
诚实	(形)	chéngshí	sincere	12
诚心诚意		chéng xīn chéng yì	earnestly and sincerely	22
承认	(动)	chéngrèn	to recongnize, to admit	9
程度	(名)	chéngdù	degree; extent	3
惩罚	(动)	chéngfá	to punish	6

吃惊	(形)	chījīng	shocking, startled	12
尺	(量)	chǐ	chi (One chi is equal to 1/3 metre.)	20
充分	(形)	chōngfèn	full	11
充满	(动)	chōngmǎn	to fill	24
冲突	(动)	chōngtū	to conflict	23
重重	(形)	chóngchóng	mumerous	20
重新	(副)	chóngxīn	again	18
崇拜	(动)	chóngbài	to worship	13
崇高	(形)	chónggāo	lofty, high	18
丑	(名)	chǒu	clown (in chinese operas)	14
出	(量)	chū	(measure word)	14
出版	(动)	chūbǎn	to publish	12
出发	(动)	chūfā	to set out	22
出口	(动)	chūkǒu	to export	21
出谋划策		chū móu huà cè	to give counsel	22
出席	(动)	chūxí	to attend	24
出现	(动)	chūxiàn	to appear	10
初步	(形)	chūbù	preliminary, basic	11
初级	(形)	chūjí	basic	22
除(掉)	(动)	chú(diào)	to get rid of	22
除此之外		chú cǐ zhīwài	apart from this	8
处(在)	(动)	chǔ(zài)	to be situated in	24
处理	(动)	chǔlǐ	to treat	6
传	(动)	chuán	to pass on, to spread to	16
传播	(动)	chuánbō	to spread	19
传单	(名)	chuándān	leaflet	23
传染	(动)	chuánrǎn	to infect	7
传输	(动)	chuánshū	to transmit	25

传说	(动, 名)	chuánshuō	It is said; legend	16
传真	(名)	chuánzhēn	fax	25
船队	(名)	chuánduì	fleet	16
创办	(动)	chuàngbàn	to establish	18
创立	(动)	chuànglì	to establish	19
创造	(动)	chuàngzào	to create, to coin	15
纯洁	(形)	chúnjié	pure	12
纯真	(形)	chúnzhēn	pure	2
词语	(名)	cíyǔ	word, expression	15
此	(代)	cǐ	this	10
此外	(代)	cǐwài	apart from that, besides	4
聪明	(形)	cōngming	clever	21
从此	(连)	cóngcǐ	since then	22
从来	(副)	cónglái	always	2
从事	(动)	cóngshì	to work on, to be engaged in	11
粗心大意		cū xīn dà yì	careless	10
促进	(动)	cùjìn	to promote	16
村长	(名)	cūnzhǎng	head of a village	21
存款单	(名)	cúnkuǎndān	document of deposit account, deposit paper	10
存在	(动)	cúnzài	to exist	1
措施	(名)	cuòshī	measure, step	1

D

答应	(动)	dāying	to promise	18
达成	(动)	dáchéng	to reach (an agreement)	25
达到	(动)	dádào	to reach	1

打(太极拳)	(动)	dǎ(tàijíquán)	to do (*taijiquan*)	4
打(鱼)	(动)	dǎ(yú)	to fish; to catch (fish)	6
打败		dǎbài	to defeat, to be defeated	22
打扮	(动)	dǎ bàn	to make up, to dress up	12
打的		dǎ dī	to take a taxi	15
打断	(动)	dǎduàn	to interrupt	17
打击	(动)	dǎjī	to blow	23
打仗		dǎ zhàng	to fight a battle	22
打字		dǎ zì	to type	19
大多	(副)	dàduō	mostly	1
大伙儿	(名)	dàhuǒr	everybody	12
大力	(副)	dàlì	energetically	20
大量	(形)	dàliàng	a great quantity	6
大米	(名)	dàmǐ	rice	25
大声	(名)	dàshēng	loud voice	10
大小	(名)	dàxiǎo	diference of age, generation or size	13
大型	(形)	dàxíng	large	6
大约	(副)	dàyuē	about	8
大自然	(名)	dàzìrán	nature	6
代	(名)	dài	generation	1
代表	(名, 动)	dàibiǎo	representative; to represent	14
代价	(名)	dàijià	price, cost	5
代替	(动)	dàitì	to substitute	25
带领	(动)	dàilǐng	to lead	21
待(人)	(动)	dài(rén)	to get along (with people)	23
单(姓)	(形)	dān(xìng)	single-character (surname)	13
单亲	(名)	dānqīn	single parent	1
单身	(名)	dānshēn	single person, singleness	1

担心	(形)	dānxīn	to feel anxious	22
旦	(名)	dàn	female character (in Chinese operas)	14
但	(副)	dàn	only	4
当	(动)	dāng	to work as, to be elected for a post	3
当场	(名)	dāngchǎng	on the spot	12
当代	(名)	dāngdài	the present age	23
当今	(名)	dāngjīn	nowadays	3
当局	(名)	dāngjú	the authorities	23
当前	(名)	dāngqián	at present	1
当时	(名)	dāngshí	at the same time	16
当…时		dāng…shí	at the time of, when	10
当事人	(名)	dāngshìrén	person concerned	25
当做	(动)	dàngzuò	to take…as	2
导弹	(名)	dǎodàn	guided missile	15
导致	(动)	dǎozhì	to lead to, to result in	11
到达	(动)	dàodá	to arrive	16
到底	(副)	dàodǐ	after all, finally	13
倒	(副)	dào	actually	25
道	(量)	dào	(measure word)	20
道	(动)	dào	to say, to alk	18
道德	(名)	dàodé	virtue	2
道具	(名)	dàojù	stage property	14
道理	(名)	dàolǐ	principle, sense	3
道路	(名)	dàolù	road, way	1
得了		dé le	That's enough	3
敌人	(名)	dírén	enemy	7
的确	(形)	díquè	really, indeed	3

迪斯科	(名)	dísīkē	disco	4
抵消	(动)	dǐxiāo	to offset, to counteract	3
地方	(名)	dìfāng	locality, place	4
地理	(名)	dìlǐ	geography	17
地球	(名)	dìqiú	the earth, the globe	6
地区	(名)	dìqū	district, area	5
地图	(名)	dìtú	map	17
地位	(名)	dìwèi	position	5
地形	(名)	dìxíng	topography, terrain	17
地址	(名)	dìzhǐ	address	10
递	(动)	dì	to hand over	19
点	(名)	diǎn	point	15
典型	(形)	diǎnxíng	typical	23
掉	(动)	diào	to get rid of, to lose	8
调查	(动，名)	diàochá	to investigate; investigation	9
鼎立	(动)	dǐnglì	tripartite confrontation	22
(下)定	(动)	(xià)dìng	to be determined	20
东部	(名)	dōngbù	the eastern part	17
董事长	(名)	dǒngshìzhǎng	chairman of the board	21
动物园	(名)	dòngwùyuán	zoo	21
动作	(名)	dòngzuò	movement, action	14
斗争	(动)	dòuzhēng	to fight	18
(有)毒	(名)	(yǒu)dú	poinson	8
独立	(动)	dúlì	to be independent	24
独自	(副)	dúzì	alone, by oneself	20
度过	(动)	dùguò	to spend, to pass	7
对	(量)	duì	pair, couple	1
对不起		duìbuqǐ	be sorry for	2

对待	(动)	duìdài	to treat	5
对方	(名)	duìfāng	the other side	12
对付	(动)	duìfu	to deal with	23
对于	(介)	duìyú	to, for	1
夺	(动)	duó	to take by force	23
躲	(动)	duǒ	to hide	22

E

而	(连)	ér	(a particle used to connect two opposite parts)	1
儿童	(名)	értóng	child	24
儿媳妇儿	(名)	érxífur	daughter-in-low	4

F

发	(动)	fā	a lose (one's temper)	22
发表	(动)	fābiǎo	to express, to publish	10
发病		fā bìng	incidence (of a disease)	6
发出	(动)	fāchū	to send out, to issue	18
发达	(形)	fādá	flourishing	16
发呆		fā dāi	to be in a trance	20
发动	(动)	fādòng	to launch, to call into action	18
发挥	(动)	fāhuī	to give play to	21
发言	(动)	fāyán	to speak at a meeting	24
发育	(动)	fāyù	to grow	8
法院	(名)	fǎyuàn	law court	5
番	(量)	fān	(measure word)	12

凡是	(副)	fánshì	any, every	20
繁华	(形)	fánhuá	flourishing	23
反驳	(动)	fǎnbó	to refute	5
反复	(副)	fǎnfù	repeatedly	19
反感	(形)	fǎngǎn	disgusted with	12
反抗	(动)	fǎnkàng	to resist	23
反面	(名)	fǎnmiàn	the negative, reverse side	5
反应	(动)	fǎnyìng	to react	25
反映	(动)	fǎnyìng	to reflect	13
犯罪		fàn zuì	to commit crimes	1
泛滥	(动)	fànlàn	to spread unchecked	7
方法	(名)	fāngfǎ	method	19
方式	(名)	fāngshì	way	25
房地产	(名)	fángdìchǎn	real estate	21
仿造	(动)	fǎngzào	to copy, to be medelled on	15
放假		fàng jià	to have a holiday, to have a day off	20
非	(副)	fēi	non-, un-	
肺	(名)	fèi	lungs	8
废水	(名)	fèishuǐ	waste water	6
分	(动)	fēn	to divide	16
分明	(形)	fēnmíng	clear	17
分配	(动)	fēnpèi	to distribute	24
分手		fēn shǒu	to separate	2
分析	(动)	fēnxī	to analyse	24
纷纷	(副)	fēnfēn	one after another	14
分量	(名)	fènliàng	weight	24
愤怒	(形)	fènnù	angry	23

风险	(名)	fēngxiǎn	risk	15
丰盛	(形)	fēngshèng	rich	11
丰富多彩		fēng fù duō cǎi	rich and varied	13
封建	(形)	fēngjiàn	feudal	16
否认	(动)	fǒurèn	to deny	8
否则	(连)	fǒuzé	otherwise	3
夫妇	(名)	fūfù	husband and wife	2
肤色	(名)	fūsè	colour of skin	24
服从	(动)	fúcóng	to obey	9
服装	(名)	fúzhuāng	costume	14
符号	(名)	fúhào	sign, symbol	13
符合	(动)	fúhé	to accord with	15
付出	(动)	fùchū	to pay	5
负责	(动)	fùzé	to be responsible for	4
妇女	(名)	fùnǚ	woman	5
副	(形)	fù	vice, deputy	3
富	(形)	fù	rich	24
富裕	(形)	fùyù	rich	9

G

该死	(形)	gāisǐ	dammed	23
改	(动)	gǎi	to change, to correct	8
改编	(动)	gǎibiān	to adapt	23
改变	(动)	gǎibiàn	to change	2
改革	(动)	gǎigé	to reform	15
改良派	(名)	gǎiliángpài	reformist	18
改组	(动)	gǎizǔ	to reorganize, to reshuffle	18

肝	(名)	gān	liver	9
赶(上)	(动)	gǎn(shàng)	to be lucky enough to get, to get by chance	10
赶紧	(副)	gǎnjǐn	quickly	22
敢	(助动)	gǎn	to dare	23
感动	(动)	gǎndòng	to be touched	10
感情	(名)	gǎnqíng	feeling, affection	2
感染	(动)	gǎnrǎn	to infect	7
干部	(名)	gànbù	cadre	4
钢笔	(名)	gāngbǐ	pen	21
高度	(名)	gāodù	height	25
高速	(形)	gāosù	high speed	25
高原	(名)	gāoyuán	plateau	17
告	(动)	gào	to bring a law suit against someone	5
歌剧	(名)	gējù	opera	14
革命	(动, 名)	gémìng	to rise in revolt against; revolution	18
格局	(名)	géjú	pattern, structure	24
个人	(名)	gèrén	personal, individual	1
个体户	(名)	gètǐhù	household	15
各自	(代)	gèzì	individual, each	11
根本	(副, 形, 名)	gēnběn	(not) at all; cardinal; base	1
根据	(动)	gēnjù	according to	9
耕地	(名)	gēngdì	cultivated land	17
更加	(副)	gèngjiā	even more	13
工程	(名)	gōngchéng	project	9
工资	(名)	gōngzī	wages, salary	11

公安	(名)	gōngān	public security	9
公关	(名)	gōngguān	public relations	15
公家	(名)	gōngjiā	the state, the public	19
公开	(形)	gōngkāi	open	23
公路	(名)	gōnglù	high way	25
公元	(名)	gōngyuán	the christian era	3
公正	(形)	gōngzhèng	just	24
功夫	(名)	gōngfu	time	19
共同	(形)	gòngtóng	mutual, with one another	2
贡献	(动)	gòngxiàn	to contribute	7
勾结	(动)	gōujié	to collude with	18
构成	(动)	gòuchéng	to constitute	9
古代	(名)	gǔdài	ancient time	16
骨灰	(名)	gǔhuī	bone ashes (of the dead)	20
鼓掌		gǔ zhǎng	to clap one's hands, to applaud	14
故意	(形)	gùyì	deliberate	9
怪	(动)	guài	to blame	10
关怀	(动)	guānhuái	to show loving care for	7
关键	(名，形)	guānjiàn	key, crux; crucial	8
关于	(介)	guānyú	about	2
观点	(名)	guāndiǎn	point of view	24
观念	(名)	guanniàn	ideology, mentality	3
观众	(名)	guānzhòng	audience	14
官衔	(名)	guānxián	official title	13
棺材	(名)	guāncai	coffin	23
管	(动)	guǎn	to be in charge of	19
光	(副)	guāng	only	23

光缆	(名)	guānglǎn	light cable	25
光明	(形)	guāngmíng	bright	13
广东话	(名)	guǎngdōnghuà	Guangdong dialect	15
广泛	(形)	guǎngfàn	wide	25
广告	(名)	guǎnggào	advertisement	8
广阔	(形)	guǎngkuò	vast	15
逛	(动)	guàng	to stroll around	21
规模	(名)	guīmó	scale	20
国都	(名)	guódū	capital	14
国防	(名)	guófáng	national defence	15
国门	(名)	guómén	national boundaries (threshold)	21
国王	(名)	guówáng	king	5
果然	(副)	guǒrán	sure enough	23
过程	(名)	guòchéng	process	7
过年		guò nián	to celebrate the New Year	12
过去	(名)	guòqù	past	4

H

海	(名)	hǎi	sea	10
海岸线	(名)	hǎi'ànxiàn	coastline	17
海洋	(名)	hǎiyáng	ocean	15
害	(动)	hài	to do harm to somebody	8
害处	(名)	hàichù	harm	8
害怕	(动)	hàipà	to fear	8
含	(动)	hán	to contain	8
含义	(名)	hányì	implication, significance	14

喊	(动)	hǎn	to shout	5
(改)行	(名)	(gǎi)háng	(to change) trade	15
毫克	(量)	háokè	milligram	8
毫无	(动)	háowú	not in the least	24
好处	(名)	hǎochù	good, benefit	8
好久	(名)	hǎojiǔ	very long	19
好容易	(副)	hǎoróngyì	with great difficulty	22
好客	(形)	hàokè	hospitable	11
号召	(动, 名)	hàozhào	to call; call	18
合理	(形)	hélǐ	reasonable	24
合同	(名)	hétong	contract	4
合资	(名)	hézī	joint venture, joint investment	21
何必	(副)	hébì	unnecessarily	22
和美	(形)	héměi	happy and harmonious	7
和平	(形)	hépíng	peaceful	18
河流	(名)	héliú	river	17
黑板	(名)	hēibǎn	blackboard	17
恨	(动)	hèn	to hate	23
后果	(名)	hòuguǒ	consequence	7
后记	(名)	hòujì	postscript	12
后面	(名)	hòumiàn	rear, behind	13
呼	(动)	hū	to exhale, to breathe out	8
呼吸	(动)	hūxī	to breathe	8
忽然	(副)	hūrán	suddenly	16
胡思乱想		hú sī luàn xiǎng	to give way to foolish fancies	19
虎	(名)	hǔ	tiger	13
户	(量)	hù	(measure word)	6

花费	(动)	huāfèi	to cost, to spend	20
划(船)	(动)	huá(chuán)	to row	10
滑稽	(形)	huájī	funny, amusing	14
…化		…huà	-ization	15
化肥	(名)	huàféi	chemical fertilizer	6
化验	(动)	huàyàn	to give laboratory tests	9
化妆	(动)	huàzhuāng	to make up	14
话剧	(名)	huàjù	play, modern drama	14
话题	(名)	huàtí	topic of conversation	11
画报	(名)	huàbào	pictorial	12
怀疑	(动)	huáiyí	to suspect, to doubt	9
怀孕		huái yùn	to be pregnant	8
坏人	(名)	huàirén	bad person	22
欢乐	(形)	huānlè	happy, joyous	4
环保	(名)	huánbǎo	environmental protection	15
缓和	(动, 形)	huǎnhé	to relax; relaxed	24
患者	(名)	huànzhě	patient	7
换句话说		huàn jù huà shuō	in other words	13
皇帝	(名)	huángdì	emperor	13
灰色	(名)	huīsè	grey	6
灰心	(形)	huīxīn	dejected	18
恢复	(动)	huīfù	to recover	19
回忆	(动)	huíyì	to recollect	23
会议	(名)	huìyì	conference	3
婚纱	(名)	hūnshā	wedding dress	12
婚生	(名)	hūnshēng	(child) born in wedlock	1
活该	(动)	huógāi	to serve somebody right, to get what one deserves	22
活泼	(形)	huópo	lively	25

火	(名)	huǒ	fire	22
火箭	(名)	huǒjiàn	rocket	15
获得	(动)	huòdé	to obtain	18

J

几乎	(副)	jīhū	almost, nearly	15
机关	(名)	jīguān	organization	4
机器	(名)	jīqì	machine	20
机器人	(名)	jīqìrén	robot	25
鸡	(名)	jī	chicken	25
积极	(形)	jījí	active	3
基地	(名)	jīdì	base	17
激动	(动, 形)	jīdòng	to execite; excited, inspiring	20
吉利	(形)	jílì	lucky	12
极	(名)	jí	pole	24
极(大)	(副)	jí(dà)	greatly	9
即	(动)	jí	that is	24
即使	(连)	jíshǐ	even if	11
疾病	(名)	jíbìng	disease	6
集中	(动)	jízhōng	to gather	17
记得	(动)	jìdé	to remember	3
记录	(动, 名)	jìlù	to record; record	19
记载	(动)	jìzǎi	to record	20
纪念	(动, 名)	jìniàn	to commemorate; souvenir	18
既然	(连)	jìrán	since	8
寂寞	(形)	jìmò	lonely	4
加强	(动)	jiāqiáng	to strengthen	16

夹	(动)	jiā	to pick up with chopsticks	11
…家		…jiā	-ist (as in "sociologist")	1
甲骨	(名)	jiǎgǔ	tortoise shells and ox bones	16
价格	(名)	jiàgé	price	21
价值	(名)	jiàzhí	value	9
架子	(名)	jiàzi	trellis	21
嫁	(动)	jià	(of a woman) to marry	23
奸诈	(形)	jiānzhà	fraudulent	14
坚决	(形)	jiānjué	firm	18
坚强	(形)	jiānqiáng	firm, strong	2
艰巨	(形)	jiānjù	arduous	20
艰苦	(形)	jiānkǔ	hard	18
肩	(名)	jiān	shoulder	17
煎熬	(动)	jiān'áo	to suffer	9
捡	(动)	jiǎn	to find, to pick up	10
减少	(动)	jiǎnshǎo	to decrease	1
简称	(名，动)	jiǎnchēng	abbreviation; to addreviate	15
简直	(副)	jiǎnzhí	simply	20
见闻	(名)	jiànwén	what one sees and hears	4
建	(动)	jiàn	to build	6
建立	(动)	jiànlì	to establish	16
建筑	(动，名)	jiànzhù	to build; building	20
健美	(形)	jiànměi	health and beauty	4
键盘	(名)	jiànpán	key board	25
渐渐	(副)	jiànjiàn	gradually	2
将	(副，介)	jiāng	will; to be going to	3
将来	(名)	jiānglái	future	7
讲学		jiǎng xué	to give lectures	19

交得起		jiāo de qǐ	to afford to pay	19
交换	(动)	jiāohuàn	to exchange	11
交流	(动)	jiāoliú	to exchange	16
交往	(动)	jiāowǎng	to associate; to contact	12
骄傲	(形)	jiāo'ào	proud	20
角度	(名)	jiǎodù	angle	24
叫法	(名)	jiàofǎ	the way it is called	13
教训	(名，动)	jiàoxùn	lesson; to teach somebody a lesson	18
教育	(名，动)	jiàoyù	education; to educate	3
校对	(动)	jiàoduì	to proofread	19
阶段	(名)	jiēduàn	stage	18
接触	(动)	jiēchù	to contact	7
节假日	(名)	jiéjiàrì	festival or holiday	4
杰出	(形)	jiéchū	outstanding	18
结构	(动)	jiégòu	structure	1
结合	(动)	jiéhé	to combine	12
解放	(动，名)	jiěfàng	to liberate; freedom	5
解决	(动)	jiějué	to solve	1
解释	(动)	jiěshì	to explain	16
戒(烟)	(动)	jiè(yān)	to give up (smoking)	8
今后	(名)	jīnhòu	from now on, hereafter	3
金融	(名)	jīnróng	finance	21
金属	(名)	jīnshǔ	metal	17
仅	(副)	jǐn	only	25
仅仅	(副)	jǐnjǐn	only	2
尽管	(连，副)	jǐnguǎn	though; in spite	2
紧	(形)	jǐn	close, tight	23

紧张	(形)	jǐnzhāng	tense	24
尽	(动)	jìn	to do (one's duty)	4
进步	(动，名，形)	jìnbù	to progress; progress; progressive	4
进场		jìn chǎng	to enter	13
进口	(动)	jìnkǒu	to import	21
进一步	(副)	jìnyíbù	further	11
近代	(名)	jìndài	modern times	18
近来	(名)	jìnlái	recently	19
近年	(名)	jìnnián	recent years	14
经历	(名，动)	jīnglì	experience; to experience	7
经营	(动)	jīngyíng	to manage	21
惊讶	(形)	jīngyà	surprised	22
精神	(名)	jīngshén	spirit	7
精子	(名)	jīngzǐ	sperm	25
净	(形)	jìng	clear, net	3
净	(名)	jìng	painted character (in Chinese operas)	14
敬老院	(名)	jìnglǎoyuàn	home of respect for the aged	4
究竟	(副)	jiūjìng	exactly, after all	17
救	(动)	jiù	to rescue	18
救星	(名)	jiùxīng	liberator	23
就是	(连)	jiùshì	even, quite right	15
就业		jiù yè	to take up an occupation	3
鞠躬尽瘁		jū gōng jìn cuì	to spare no effort in performing one's duty	22
局部	(名)	júbù	part	24
局面	(名)	júmiàn	situation	22

举	(动)	jǔ	to raise	16
巨	(形)	jù	gigantic	20
巨大	(形)	jùdà	tremendous	18
拒绝	(动)	jùjué	to refuse	9
具体	(形)	jùtǐ	concrete	5
具有	(动)	jùyǒu	to possess	13
剧目	(名)	jùmù	list of plays or operas	14
距离	(名)	jùlí	distance	25
据	(动)	jù	according to	3
聚会	(名，动)	jùhuì	party; to get together	20
聚精会神		jù jīng huì shén	to concentrate one's attention	14
决	(副)	jué	definitely	3
决心	(名)	juéxīn	determination	8
绝	(副)	jué	most	24
角色	(名)	juésè	role, part	14
军队	(名)	jūnduì	army, troops	22
军事	(名)	jūnshì	military affairs	16

K

开创	(动)	kāichuàng	to start	18
开发	(动)	kāifā	to develop	24
开放	(动)	kāifàng	to open	15
开头	(名)	kāitóu	beginning	19
开展	(动)	kāizhǎn	to carry out, to unfold	8
看不起		kàn bù qǐ	to look down upon	12
看样子		kàn yàngzi	it seems	4

看重	(动)	kànzhòng	to value	2
考察	(动)	kǎochá	to investigate	21
靠	(动)	kào	to rely on	14
科学	(名，形)	kēxué	science; scientific	2
可信	(形)	kěxìn	believable, reliable	5
渴	(形)	kě	thirsty	10
渴望	(动)	kěwàng	to thirst for	2
克服	(动)	kèfú	to overcome	20
刻	(动)	kè	to carve, to cut	16
刻苦	(形)	kèkǔ	hardworking	19
课本	(名)	kèběn	textbook	12
空前	(形)	kōngqián	unprecedented	24
空想	(动，名)	kōngxiǎng	to dream; fantasy	19
恐怕	(副)	kǒngpà	perhaps	5
控制	(动)	kòngzhì	to control	3
口号	(名)	kǒuhào	slogan	5
苦	(形)	kǔ	bitter	2
苦恼	(形)	kǔnǎo	worried	22
矿产	(名)	kuàngchǎn	mineral products	17
捆	(动)	kǔn	to tie up	22
扩大	(动)	kuòdà	to widen	24

L

垃圾	(名)	lājī	rubbish	6
辣	(形)	là	hot, peppery	2
来不及		lái bù jí	late for	12
来源	(动，名)	láiyuán	to originate; origin	13

来自	(动)	láizì	to come from	6
浪费	(动)	làngfèi	to waste	12
劳动	(动)	láodòng	to labour, to work	4
劳累	(形)	láolèi	tired	18
老(是)	(副)	lǎo(shì)	always	6
老百姓	(名)	lǎobǎixìng	ordinary people	11
老两口儿	(名)	lǎoliǎngkǒur	an old couple	4
老年	(名)	lǎonián	old age	4
老实	(形)	lǎoshi	honest	19
老外	(名)	lǎowài	foreigner	15
类	(量)	lèi	sort, kind (measure word)	11
类似	(形)	lèisì	similar	12
里	(量)	lǐ	li (One li is equal to half a kilometre)	20
里面	(名)	lǐmiàn	inside	10
理想	(名, 形)	lǐxiǎng	ideal	19
理由	(名)	lǐyóu	reason	23
力量	(名)	lìliàng	strength, ability	2
力所能及		lì suǒ néng jí	to do what one can	7
历来	(名)	lìlái	always	13
立(下)	(动)	lì(xià)	to write down (one's will)	20
立即	(动)	lìjí	at once, immediately	5
立刻	(副)	lìkè	at once	12
立体	(名)	lìtǐ	three-dimensional	21
利益	(名)	lìyì	benefit	24
利用	(动)	lìyòng	to make use of	7
例	(名)	lì	instance, case	25
例子	(名)	lìzi	example	5
连接	(动)	liánjiē	to connect	16

连忙	(副)	liánmáng	at once	22
连续	(动)	liánxù	to continue	25
联(成)	(动)	lián(chéng)	to connect	25
联合	(动)	liánhé	to ally with	18
联想	(动)	liánxiǎng	to associate, to connect in the mind	14
脸谱	(名)	liǎnpǔ	facial makeup patterns in operas	14
练(气功)	(动)	liàn(qìgōng)	to practise (*qigong*)	4
良好	(形)	liánghǎo	good	6
粮食	(名)	liángshi	crops, grain	6
两	(量)	liǎng	liang (One liang is equal to 50 grams)	20
聊天		liáo tiān	to chat	11
了	(动)	liǎo	to finish	9
临	(副)	lín	just before	9
临时	(名)	línshí	temporary	18
邻国	(名)	līn guó	neighbouring country	17
邻居	(名)	línjū	neighbour	2
领导	(名，动)	lǐngdǎo	leader; to lead	13
领袖	(名)	lǐngxiù	leader	16
领域	(名)	lǐngyù	domain, realm	15
另	(副)	lìng	another, the other	5
流	(动)	liú	to shed	2
流传	(动)	liúchuán	to hand down	13
流浪儿	(名)	liúlàng'ér	waif	7
流域	(名)	liúyù	valley, river basin	17
录音		lù yīn	(sound) recording	3
陆续	(副)	lùxù	successively	13

绿	(形)	lǜ	green	6
率	(名)	lǜ	rate	1
卵子	(名)	luǎnzǐ	ovum	25
乱	(形)	luàn	chaotic	22
伦理	(名)	lúnlǐ	ethics	19
落后	(形)	luòhòu	backward	24

M

骂	(动)	mà	to scold	23
买卖	(名)	mǎimài	business	21
迈(出)	(动)	mài(chū)	to step (over), to go (out)	21
瞒	(动)	mán	to hide the truth from	23
毛巾	(名)	máojīn	towel	21
矛盾	(形，名)	máodùn	contradictory; contradiction	23
冒	(动)	mào	to hit upon (an idea)	21
贸易	(名)	màoyì	trade	11
煤	(名)	méi	coal	17
媒体	(名)	méitǐ	medium	8
美丽	(形)	měilì	beautiful	6
美中不足		měi zhōng bù zú	a blemish in an otherwise perfect thing	25
梦	(名)	mèng	dream	9
梦想	(名，动)	mèngxiǎng	dream; to dream	20
迷路		mí lù	to lose one's face	20
迷信	(动，名)	míxìn	to have a blind faith in; superstition	22
绵延	(动)	miányán	to stretch	20
免去	(动)	miǎnqù	to save, to avoid	10

勉强	(动, 形)	miǎnqiǎng	to force; strained	11
面的	(名)	miàndī	minibus taker by passengers for journeys	15
面对	(动)	miànduì	to face	2
面积	(名)	miànjī	size	17
面临	(动)	miànlín	to face	24
面前	(名)	miànqián	face, front	10
面子	(名)	miànzi	face	11
秒	(量)	miǎo	second	25
民权	(名)	mínquán	civil rights	18
民生	(名)	mínshēng	people's livelihood	18
民主	(形)	mínzhǔ	democratic	18
名称	(名)	míngchēng	name	13
明白	(动、形)	míngbai	to see; clear	19
明明	(副)	míngmíng	obvious	19
明确	(形)	míngquè	clear	24
明显	(形)	míngxiǎn	obvious, clear	6
命	(名)	mìng	life	8
命令	(动, 名)	mìnglìng	to order; order	22
命名		mìng míng	to name	18
命运	(名)	mìngyùn	fate	22
摸	(动)	mō	to feel with one's hand	15
模仿	(动)	mófǎng	to imitate	15
末	(名)	mò	end	3
某	(代)	mǒu	certain	23
亩	(量)	mǔ	mu (measure word. One mu is equal to 0.0667 hectare.)	21
母系	(名)	mǔxì	matriarch	13
目的	(名)	mùdì	purpose	22

目前	(名)	mùqián	at present	7

N

拿…来说		ná…lái shuō	take…(for exemple)	5
哪怕	(连)	năpà	even if	25
耐烦	(形)	nàifán	patient	22
耐心	(形)	nàixīn	patient	19
难道	(副)	nándào	(an adverb used to enforce a rhotorical question)	23
难忍	(形)	nánrěn	unbearable	9
男子	(名)	nánzĭ	man	19
脑	(名)	năo	brain	8
闹事		nào shì	to make trouble	23
内	(名)	nèi	inside	3
内部	(名)	nèibù	inside	24
内外	(名)	nèiwài	inside and outside	18
能干	(形)	nénggàn	capable	21
能够	(助动)	nènggòu	able, can	7
尼古丁	(名)	nígŭdīng	nicotine	8
泥沙	(名)	níshā	silt, mud and sand	17
年代	(名)	niándài	years, time	16
年龄	(名)	niánlíng	age	11
娘家	(名)	niángjiā	a married woman's parents' home	9
农场	(名)	nóngchăng	farm	21
农历	(名)	nónglì	the lunar calendar	16
农民	(名)	nóngmín	farmer, peasant	9
浓厚	(形)	nónghòu	great, strong	11

弄	(动)	nòng	to work out, to do	15
女方	(名)	nǚfāng	the female side	25
女士	(名)	nǚshì	lady	13
女婿	(名)	nǚxu	son-in-law	4
虐待	(动)	nuèdài	to maltreat	5
挪	(动)	nuó	to move	25

P

排	(名，量)	pái	row	17
派	(动)	pài	to send	16
判处	(动)	pànchǔ	to sentence	9
叛徒	(名)	pàntú	traitor	23
跑	(动)	pǎo	to run	20
陪	(动)	péi	to accompany	20
培育	(动)	péiyù	to cultivate	25
佩服	(动)	pèifú	to admire	22
配合	(动)	pèihé	to cooperate	14
批	(量)	pī	group, batch	21
批评	(动，名)	pīpíng	to criticize; criticism	14
皮包	(名)	píbāo	leather handbag; portfolio	10
脾气	(名)	píqì	temper	22
偏	(副)	piān	stubbornly	19
片	(量)	piàn	stretch (measure word)	21
贫	(形)	pín	poor	24
贫困	(形)	pínkùn	poverty	24
聘请	(动)	pìnqǐng	to invite	21
平等	(形)	píngděng	equal	5

平地	(名)	píngdì	flat ground	17
平均	(名，动)	píngjūn	average; to average	1
平原	(名)	píngyuán	plain	17
凭	(介，动)	píng	with; to rely on	20
破裂	(动)	pòliè	to split, to break up	1
普遍	(形)	pǔbiàn	general	17
普通	(形)	pǔtōng	ordinary	10

Q

其	(代)	qí	her; his; its; their	20
其次	(代)	qícì	secondly	7
其实	(副)	qíshí	in fact	12
其他	(代)	qítā	other	7
其中	(名)	qízhōng	in (it), among (which, them)	6
奇怪	(形)	qíguài	strange	11
奇迹	(名)	qíjī	miracle	20
歧视	(动)	qíshì	to discriminate against	5
企图	(动，名)	qǐtú	to attempt; attempt	24
企业	(名)	qǐyè	enterprise	21
起(名)	(动)	qǐ(míng)	to give (a name), to name	13
(东)起	(动)	(dōng)qǐ	(from the east) to begin	20
起点	(名)	qǐdiǎn	beginning point	20
起伏	(动)	qǐfú	to rise and fall	20
起义	(动，名)	qǐyì	to revolt; uprising	18
起…作用		qǐ…zuòyòng	to play a role	7
气功	(名)	qìgōng	deep breathing exercises	4
气温	(名)	qìwēn	atmospheric temperature	17

洽谈	(动)	qiàtán	to hold trade talks	21
千差万别		qiān chā wàn bié	to differ in thousands of ways	5
千万	(副)	qiānwàn	be sure	19
迁	(动)	qiān	to shift	16
签订	(动)	qiāndìng	to sign (an agreement)	4
前后	(名)	qiánhòu	from beginning to end	16
前面	(名)	qiánmiàn	front	13
前期	(名)	qiánqī	earlier stage	16
前途	(名)	qiántú	future	22
前言	(名)	qiányán	preface	12
强大	(形)	qiángdà	powerful	16
强盛	(形)	qiángshèng	powerful and prosperous	16
抢	(动)	qiǎng	to rob, to grab	10
敲	(动)	qiāo	to knock	22
切	(动)	qiē	to cut	12
亲	(形)	qīn	one's own (child)	2
亲切	(形)	qīnqiè	cordial	15
亲情	(名)	qīnqíng	affection of kinship	4
亲人	(名)	qīnrén	members of one's family, dear ones	7
亲身	(副)	qīnshēn	personally	7
亲自	(副)	qīnzì	personally	22
钦佩	(动)	qīnpèi	to admire	22
侵略	(动)	qīnlüè	to invade	24
侵略者	(名)	qīnlüèzhě	invader	24
青	(形)	qīng	blue or green	6
青春	(名)	qīngchūn	youth	23
轻	(形)	qīng	light	23

轻易	(形)	qīngyì	easily, rashly	11
清新	(形)	qīngxīn	fresh	6
倾家荡产		qīng jiā dàng chǎn	to lose a family fortune	10
情形	(名)	qíngxíng	situation	1
请求	(动)	qǐngqiú	to request	9
穷	(形)	qióng	poor	18
球	(名)	qiú	ball	25
(全)球	(名)	(quán)qiú	(whole) globe	3
区别	(动)	qūbié	to distinguish	13
趋势	(名)	qūshì	tendency	24
曲子	(名)	qǔzi	melody, song	20
取	(动)	qǔ	to get	25
取得	(动)	qǔdé	to achieve	6
娶	(动)	qǔ	to marry (a woman)	23
圈	(名)	quān	circle	14
权利	(名)	quánlì	right	5
全面	(形)	quánmiàn	all-round, overall	19
劝	(动)	quàn	to urge, to try to persuade	11
缺乏	(动)	quēfá	to lack, to be short of	15
缺少	(动)	quēshǎo	to lack	22
却	(副)	què	but, yet	5
确切	(形)	quèqiè	exact	15
确诊	(动)	quèzhěn	to make definite diagnosis	7

R

然而	(连)	rán'ér	however	5

热爱	(动)	rè'ài	to love ardently	19
热烈	(形)	rèliè	warm, enthusiastic	10
人工	(名)	réngōng	artificial	25
人家	(代)	rénjiā	household	6
人均	(量)	rénjūn	average per capta	21
人类	(名)	rénlèi	mankind	6
人人为我		rén rén wèi wǒ	everybody cares for me	10
人生	(名)	rénshēng	life	9
人生七十古来稀		rénshēng qīshí gǔ lái xī	Since ancient times only a small number of people live as old as seventy.	4
人体	(名)	réntǐ	human body	1
人物	(名)	rénwù	figure, personage	19
人造	(形)	rénzào	artificial, man-made	15
任何	(名)	rènhé	any	5
任务	(名)	rènwù	task	25
仍然	(副)	réngrán	still	1
日益	(副)	rìyì	daily	18
肉	(名)	ròu	meat	25
如	(动)	rú	to resemble, to be like	6
如何	(代)	rúhé	how	4
如实	(副)	rúshí	to give strict facts	9
如同	(动)	rútóng	just like	15
(流)入	(动)	(liú)rù	to enter, to flow into	6
软件	(名)	ruǎnjiàn	software	15

S

撒	(动)	sǎ	to spread	20

三顾茅庐		sān gù máo lú	to invite somebody to an important post by visiting him three times	22
三人行 必有我师		sān rén xíng bì yǒu wǒ shī	Where there are three men walking together, one of them is bound to be able to teach me something.	19
丧事	(名)	sāngshì	funeral	12
嫂子	(名)	sǎozi	sister-in-law	23
杀	(动)	shā	to kill	9
沙滩	(名)	shātān	sandy beach	10
傻瓜	(名)	shǎguā	fool	10
晒	(动)	shài	to be exposed to the sun, (of thesun) to shine on	10
善于	(动)	shànyú	to be good at	19
商场	(名)	shāngchǎng	market, bazaar	21
商量	(动)	shāngliàng	to discuss	21
商品	(名)	shāngpǐn	goods	15
商业	(名)	shāngyè	business, commerce	15
上(百万)	(动)	shàng(bǎiwàn)	to reach (a million)	20
上班		shàng bān	to go to work	4
上级	(名)	shàngjí	superior, higher authority	11
上上下下		shàngshàng xiàxià	superior and inferior	23
上书		shàng shū	to submit a memorial to a high authority	18
上诉	(动)	shàngsù	to appeal to a higher court	9
上下	(名)	shàngxià	around, about	10
上游	(名)	shàngyóu	upper reaches (of a river)	6
尚	(副)	shàng	still	18

稍微	(副)	shāowēi	slightly	17
社会学	(名)	shèhuìxué	sociology	1
深刻	(形)	shēnkè	deep	24
身份	(名)	shēnfen	status	12
身份证	(名)	shēnfenzhèng	identity card	10
神奇	(形)	shénqí	miraculous	20
甚至	(副, 连)	shènzhì	even	11
生(孩子)	(动)	shēng(háizi)	to give birth to (a child)	2
生	(名)	shēng	male character (in Chinese operas)	14
生病		shēng bìng	to be ill	20
生命	(名)	shēngmìng	life	7
生气		shēng qì	angry	22
生物	(名)	shēngwù	living things, biology	25
声誉	(名)	shēngyù	reputation	14
绳子	(名)	shéngzi	rope	22
省	(名)	shěng	province	17
胜利	(动, 名)	shènglì	to win; victory	18
剩	(动)	shèng	to be left	23
失败	(动, 名)	shībài	to fail; failure	11
失去	(动)	shīqù	to lose	4
失业		shī yè	to be unemployed	3
失主	(名)	shīzhǔ	loser	10
师长	(名)	shīzhǎng	teacher	11
诗歌	(名)	shīgē	poetry	16
诗人	(名)	shīrén	poet	16
石油	(名)	shíyóu	petroleum	17
时常	(副)	shícháng	often	11
时代	(名)	shídài	times	13

时刻	(名)	shíkè	time, hour	7
时期	(名)	shíqī	period	16
实际	(形)	shíjì	real; in fact	13
实践	(动，名)	shíjiàn	to practise; practice	11
实施	(动)	shíshī	to use, to carry out	9
实现	(动)	shíxiàn	to realize	19
实行	(动)	shíxíng	to carry out, to implement	18
食品	(名)	shípǐn	food	25
使	(动)	shǐ	to make, to enable	6
始终	(副)	shǐzhōng	from beginning to end	14
氏族	(名)	shìzú	clan	13
世纪	(名)	shìjì	century	3
是否	(副)	shìfǒu	whether or not, if	1
事实	(名)	shìshí	fact	1
事物	(名)	shìwù	thing	15
事业	(名)	shìyè	undertaking, career	2
势力	(名)	shìlì	force	18
适宜	(形)	shìyí	appropriate, suitable	11
逝世	(动)	shìshì	to pass away	18
侍候	(动)	shìhòu	to wait upon	23
…似的		…shìde	just like	5
收看	(动)	shōukàn	to receive and watch	25
收集	(动)	shōují	to collect, to gather	13
收入	(动，名)	shōurù	to get in; income	4
收音机	(名)	shōuyīnjī	radio	21
手工业	(名)	shǒugōngyè	handicraft industry	16
首要	(形)	shǒuyào	of the first importance	24
寿命	(名)	shòumìng	life span	4

受	(动)	shòu	to suffer from	5
授精		shòu jīng	to inseminate	25
授精卵	(名)	shòujīngluǎn	fertilized egg	25
书籍	(名)	shūjí	books	19
书童	(名)	shūtóng	a boy serving in a scholar's study	22
输血		shū xuè	blood transfusion	7
熟人	(名)	shúrén	acquaintance	13
熟悉	(形)	shúxī	familiar	11
属于	(动)	shǔyú	to belong to	10
数字	(名)	shùzì	figure, statistics	5
水库	(名)	shuǐkù	reservoir	6
水渠	(名)	shuǐqú	canal	21
税	(名)	shuì	tax, duty	8
顺利	(形)	shùnlì	smooth	4
说明	(动)	shuōmíng	to explain	9
丝绸	(名)	sīchóu	silk	16
司机	(名)	sījī	(car) driver	25
私人	(名)	sīrén	private	19
私事	(名)	sīshì	private affairs	11
思考	(动)	sīkǎo	to think	19
思想	(名)	sīxiǎng	thought	16
死亡	(动)	sǐwáng	to die	3
四化	(名)	sìhuà	four modernizations	15
四季	(名)	sìjì	four seasons	17
四世同堂		sì shì tóng táng	members of four generationslive under oneroof	23
耸	(动)	sǒng	to shrug	17

速度	(名)	sùdù	speed	3
酸	(形)	suān	sour	2
算	(动)	suàn	to count, followed by 了 let's forget it (as in"算了")	11
随(着)	(动)	suí(zhe)	to follow	4
随便	(形, 连)	suíbiàn	casual; as one pleases	12
随时	(副)	suíshí	at any time	21
损失	(名, 动)	sǔnshī	loss; to lose	7
缩略语	(名)	suōlüèyǔ	abbreviation, shortened term	15
所	(助)	suǒ	(particle)	3
所有	(形)	suǒyǒu	all	4

T

它们	(代)	tāmen	they (neuter pronoun)	17
胎儿	(名)	tāi'ér	foetus; embryo	8
太极拳	(名)	tàijíquán	a traditional Chinese shadow boxing	4
太阳	(名)	tàiyáng	sun	10
谈论	(动)	tánlùn	to chat, to talk	3
躺	(动)	tǎng	to lie	6
特别行政区	(名)	tèbié xíngzhèngqū	special administrative region	17
特区	(名)	tèqū	special zone	15
特殊	(形)	tèshū	special	19
特色	(名)	tèsè	characteristics	13
特意	(副)	tèyì	specially	18
疼痛	(动)	téngtòng	to ache	9
提倡	(动)	tíchàng	to encourage, to promote	10
提供	(动)	tígōng	to provide	10
提醒	(动)	tíxǐng	to remind, to warn	8

题目	(名)	tímù	topic	1
体会	(动)	tǐhuì	to experience, to realize	11
体贴	(动)	tǐtiē	to be considerate	23
体现	(动)	tǐxiàn	to embody, to reflect	11
天	(名)	tiān	day	5
天空	(名)	tiānkōng	sky	6
天然气	(名)	tiānránqì	gas	17
天上	(名)	tiānshàng	sky, heaven	10
天下	(名)	tiānxià	world, land under heaven	14
天有不测风云		tiān yǒu bú cè fēngyún	There are unexpected storms (figuratively, sudden misforture may come without one's knowledge)	9
添	(动)	tiān	to add	11
甜	(形)	tián	sweet	2
条件	(名)	tiáojiàn	condition	1
调整	(动)	tiáozhěng	to adjust	24
跳	(动)	tiào	to jump	3
铁	(名)	tiě	iron	17
停止	(动)	tíngzhǐ	to stop	22
通	(动)	tōng	to be proficient in	20
同(年)	(形)	tóng(nián)	same (year)	18
同期	(名)	tóngqī	the corresponding period	21
同情	(形)	tóngqíng	sympathetic	10
同情心	(名)	tóngqíngxīn	sympathy	10
同事	(名)	tóngshì	colleague	11
同样	(形)	tóngyàng	similar, equal	1
同志	(名)	tóngzhì	comrade	18

统计	(动，名)	tǒngjì	to collect information in numbers; stastics	3
统一	(动)	tǒngyī	to unify	16
统治	(动)	tǒngzhì	to rule	16
统治者	(名)	tǒngzhìzhě	ruler	23
痛苦	(形)	tòngkǔ	painful, agonizing	2
偷	(动)	tōu	to steal	10
头	(形)	tóu	first	6
头脑	(名)	tóunǎo	brain	15
投入	(动)	tóurù	to put into	21
突出	(动，形)	tūchū	to stand out; prominent	24
突破	(动)	tūpò	to break through	3
图腾	(名)	túténg	totem	13
徒刑	(名)	túxíng	imprisonment	9
途径	(名)	tújìng	way, channel	7
土地	(名)	tǔdì	land	21
团结	(动)	tuánjié	to unite	24
团体	(名)	tuántǐ	organization	18
推辞	(动)	tuīcí	to decline	12
推翻	(动)	tuīfān	to overthrow	18
退休金	(名)	tuìxiūjīn	retirement pension	4

W

外(系)	(名)	wài(xì)	other (departments)	13
外面	(名)	wàimiàn	outside	22
外星球	(名)	wàixīngqiú	extraterrestrial planet	25
完成	(动)	wánchéng	to complete	25

晚年	(名)	wǎnnián	late years, old age	4
晚期	(名)	wǎnqī	advance stage	9
万分	(副)	wànfēn	greatly, extremely	22
王朝	(名)	wángcháo	imperial court, dynasty	16
往来	(动)	wǎnglái	to contact, to come and go	16
往往	(副)	wǎngwǎng	often	12
忘记	(动)	wàngjì	to forget	18
危险	(动)	wēixiǎn	dangerous	8
威望	(名)	wēiwàng	prestige	18
微笑	(动)	wēixiào	to smile	10
违心		wéi xīn	against one's own will	23
惟一	(形)	wéiyī	only	25
维护	(动)	wéihù	to maintain	24
伟大	(形)	wěidà	great	6
卫生	(名，形)	wèishēng	health; healthy	4
卫星	(名)	wèixīng	satellite	15
未	(副)	wèi	not yet	6
位置	(名)	wèizhì	position	17
温带	(名)	wēndài	temperate zone	17
温暖	(形)	wēnnuǎn	warm	2
温柔	(形)	wēnróu	gentle and soft	13
文盲	(名)	wénmáng	illiterate	15
文字	(名)	wénzì	writing; written language	16
稳	(形)	wěn	steady	21
我为人人		wǒ wèi rén rén	I care for everybody	10
污染	(动)	wūrǎn	to pollute, to contaminate	6
无	(副)	wú	no, free of	8
无边		wúbiān	boundless	15

无非	(副)	wúfēi	simply, no more than	12
无家可归		wú jiā kě guī	homeless	7
无论	(连)	wúlùn	whether (…or); no matter how (what/which)	12
无论如何		wúlùn rúhé	at any rate	25
无数	(形)	wúshù	numerous; countless	1
武打	(名)	wǔdǎ	acrobatic fighting (in Chinese operas)	14
武将	(名)	wǔjiàng	general	14
武装	(动, 名)	wǔzhuāng	to arm; arms	18
舞蹈	(名)	wǔdǎo	dance	14
舞剧	(名)	wǔjù	dance drama	14
舞台	(名)	wǔtái	stage	14
物质	(名)	wùzhì	material, substance	8
误会	(名, 动)	wùhuì	misunderstanding; to misunderstand	11

X

西部	(名)	xībù	the western part	17
西北部	(名)	xīběibù	the northwestern part	16
吸	(动)	xī	to inhale, to breathe in	8
吸毒		xī dú	drug taking	7
吸取	(动)	xīqǔ	to absorb	14
吸引	(动)	xīyǐn	to draw, to attract	21
喜爱	(动)	xǐ'ài	to love, to like	14
喜庆	(动)	xǐqìng	jubilant	12
戏剧	(名)	xìjù	drama, play	14
系统	(名, 形)	xìtǒng	system; systematic	8

细胞	(名)	xìbāo	cell	1
虾	(名)	xiā	shrimp, prawn	6
下(决心)	(动)	xià(juéxīn)	to make up (one's mind)	9
下海		xià hǎi	to get involved in business by giving up one's profession	15
下面	(名)	xiàmiàn	underneath, below	4
吓	(动)	xià	to frighten	3
先进	(形)	xiānjìn	advanced	25
鲜艳	(形)	xiānyàn	bright-coloured	12
贤惠	(形)	xiánhuì	virtuous	23
险要	(形)	xiǎnyào	strategically located and difficult of access	22
显得	(动)	xiǎndé	to look, to appear	12
显然	(副)	xiǎnrán	obviously	24
显著	(形)	xiǎnzhù	remarkably	14
县	(名)	xiàn	county	9
现款	(名)	xiànkuǎn	cash	10
现实	(名, 形)	xiànshí	reality; real	2
现状	(名)	xiànzhuàng	present situation	2
线	(名)	xiàn	line, level	24
献(出)	(动)	xiàn(chū)	to devote to	24
陷入	(动)	xiànrù	to be put in (a difficult position)	9
相反	(形)	xiāngfǎn	contrary	2
相亲相爱		xiāng qīn xiāng ài	to love one another	2
相同	(形)	xiāngtóng	same	13
相信	(动)	xiāngxìn	to believe	1
相应	(形)	xiāngyìng	corresponding	15

香烟	(名)	xiāngyān	cigarette	8
香皂	(名)	xiāngzào	toilet soap	21
响	(动)	xiǎng	to sound, (of applause) to break out	14
想法	(名)	xiǎngfǎ	idea, opinion	3
想象	(动)	xiǎngxiàng	to imagine	20
向来	(副)	xiànglái	always	4
象征	(动)	xiàngzhēng	to symbolize	12
消灭	(动)	xiāomiè	to eliminate	24
小伙子	(名)	xiǎohuǒzi	young man	10
小看	(形)	xiǎokàn	to look down upon	6
小老婆	(名)	xiǎolǎopo	concubine	23
小麦	(名)	xiǎomài	wheat	25
小说	(名)	xiǎoshuō	novel	23
小心	(形)	xiǎoxīn	careful	25
小型	(形)	xiǎoxíng	small-sized	21
晓得	(动)	xiǎode	to know	5
孝顺	(形)	xiàoshùn	to show filial obedience	4
协会	(名)	xiéhuì	association	3
心脏病	(名)	xīnzàngbìng	heart disease	8
欣赏	(动)	xīnshǎng	to enjoy	20
信息	(名)	xìnxī	information	25
信仰	(动)	xìnyǎng	to believe in	24
星级	(名)	xīngjí	star level	21
行动	(名)	xíngdòng	act	23
形成	(动)	xíngchéng	to form	12
形容	(动)	xíngróng	to describe	13
形式	(名)	xíngshì	form	7
形势	(名)	xíngshì	situation	18

形象	(名)	xíngxiàng	figurative, figure	25
形状	(名)	xíngzhuàng	shape	15
醒	(动)	xǐng	awake	22
性	(名)	xìng	sex	7
幸福	(形)	xìngfú	happy	2
兄(妹)	(名)	xiōng(mèi)	elder brother (and younger sister)	15
兄弟	(名)	xiōngdì	brother	9
雄伟	(形)	xióngwěi	magnificent	20
修改	(动)	xiūgǎi	to revise	19
修建	(动)	xiūjiàn	to build	16
修养	(名)	xiūyǎng	training, cultivation	12
虚伪	(形)	xūwěi	hypocritical	12
畜牧业	(名)	xùmùyè	animal husbandry	17
宣传	(动)	xuānchuán	to propagate	7
悬殊	(形)	xuánshū	great disparity	24
选	(动)	xuǎn	to elect, to choose	3
选修	(动)	xuǎnxiū	to take as an optional course	16
学期	(名)	xuéqī	academic term	13
学术	(名)	xuéshù	learning	12
学说	(名)	xuéshuō	theory, doctrine	19
学位	(名)	xuéwèi	academic degree	18
学问	(名)	xuéwèn	learning	12
学者	(名)	xuézhě	scholar	2
血管	(名)	xuèguǎn	blood vessel	8
血统	(名)	xuètǒng	blood relationship	1
询问	(动)	xúnwèn	to ask about	11
训斥	(动)	xùnchì	to reprimand	23

Y

丫头	(名)	yātou	servant girl	23
牙膏	(名)	yágāo	toothpaste	21
牙刷	(名)	yáshuā	toothbrush	21
亚热带	(名)	yàrèdài	subtropical zone	17
烟雾	(名)	yānwù	smoke	8
沿	(介)	yán	along	20
沿海	(名)	yánhǎi	coast	17
(肺)炎	(名)	(fèi)yán	(lung) inflammation (as in "pneumonia")	8
延长	(动)	yáncháng	to prolong	4
严重	(形)	yánzhòng	serious	6
研究所	(名)	yánjiūsuǒ	institute	14
眼看	(副)	yǎnkàn	obviously (something is to happen)	12
眼泪	(名)	yǎnlèi	tears	2
演出	(动)	yǎnchū	to perform	14
养	(动)	yǎng	to recuperate	9
养老		yǎng lǎo	care for the aged	3
养老院	(名)	yǎnglǎoyuàn	old folk's home	4
样	(量)	yàng	(measure word)	10
样式	(名)	yàngshì	style	14
邀请	(动)	yāoqǐng	to invite	15
摇(头)	(动)	yáo(tóu)	to shake (one's head)	10
摇篮	(名)	yáolán	cradle	17
药物	(名)	yàowù	medicine	7
也许	(副)	yěxǔ	perhaps	9
依赖	(动)	yīlài	to rely on	24
医疗	(名)	yīliáo	medical treatment	3

医学	(名)	yīxué	medical science	8
一带	(名)	yídài	around	17
一旦	(副)	yídàn	once, in case	11
一系列	(名)	yíxìliè	a whole set of, series	3
一下子	(副)	yíxiàzi	immediately, in a moment	12
一再	(副)	yízài	repeatedly	9
一致	(形)	yízhì	unanimous, identical	5
疑问	(名)	yíwèn	doubt, question	5
移(入)	(动)	yí(rù)	to transplant	25
遗产	(名)	yíchǎn	legacy	23
遗传	(动)	yíchuán	heredity	25
遗弃	(动)	yíqì	to forsake	4
遗书	(名)	yíshū	statement written by one before one's death	9
遗嘱	(名)	yízhǔ	testament, will	20
以	(连)	yǐ	in order to	12
以及	(连)	yǐjí	and, as well as	8
以来	(助)	yǐlái	since	19
以…为…		yǐ…wéi…	with…as	1
以下	(名)	yǐxià	below	24
一口气		yì kǒu qì	in one breath	19
一连	(副)	yìlián	successively	22
一生	(名)	yìshēng	all one's life	2
议论	(动)	yìlùn	to discuss, to talk about	10
议员	(名)	yìyuán	member of parliment, congressman	5
异口同声		yì kǒu tóng shēng	with one voice	5
异性	(名)	yìxìng	opposite sex	11
意味	(动)	yìwèi	to mean	2

意愿	(名)	yìyuàn	wish	11
因此	(连)	yīncǐ	therefore, hence	5
因…而…		yīn…ér…	(This structure is used to show the interrelationship of the cause and result.)	7
因素	(名)	yīnsù	factor	24
引起	(动)	yǐnqǐ	to give rise to	8
饮料	(名)	yǐnliào	beverage	25
瘾	(名)	yǐn	addiction	8
印	(名)	yìn	to print	8
婴儿	(名)	yīng'ér	baby	23
迎接	(动)	yíngjiē	to welcome, to greet	22
营业	(名, 动)	yíngyè	business; to do business	21
影响	(动, 名)	yǐngxiǎng	to influence, to affect; influence	11
应用	(动)	yìngyòng	to apply	25
拥护	(动)	yōnghù	to support	22
拥有	(动)	yōngyǒu	to possess	21
永久	(形)	yǒngjiǔ	forever	6
永远	(副)	yǒngyuǎn	always	5
勇敢	(形)	yǒnggǎn	brave	13
优美	(形)	yōuměi	fine	6
优秀	(形)	yōuxiù	excellent	18
幽默	(形)	yōumò	humorous	14
尤其	(副)	yóuqí	especially	11
由	(介)	yóu	from	1
由…而…		yóu…ér…	(a structure)	13
由于	(连)	yóuyú	due to	1
犹豫	(形)	yóuyù	undecided, hesitant	2
游行	(动)	yóuxíng	to parade; to hold a demonstration	23

友好	(形)	yǒuhǎo	friendly	16
有利	(形)	yǒulì	beneficial	7
有力	(形)	yǒulì	powerful; strong	24
有趣	(形)	yǒuqù	interesting	14
有色金属		yǒusè jīnshǔ	nonferrous metal	17
有时候		yǒu shíhou	sometimes	2
有线	(名)	yǒuxiàn	wire	25
有效	(形)	yǒuxiào	effective	7
有用	(形)	yǒuyòng	useful	19
于	(介)	yú	with, at	2
于是	(连)	yúshì	hence, therefore	2
与	(介，连)	yǔ	with	4
与其…不如…		yǔqí…bùrú…	Not so much…as; It will be better…than	9
雨水	(名)	yǔshuǐ	rainfall	17
预防	(动)	yùfáng	to prevent	7
预计	(动)	yùjì	to estimate	3
预见	(动)	yùjiàn	to foresee	22
原因	(名)	yuányīn	reason, cause	5
远古	(名)	yuǎngǔ	remote antiquity	13
远近	(名)	yuǎnjìn	distance	17
院子	(名)	yuànzi	courtyard	22
愿	(名)	yuàn	wish	4
愿望	(名)	yuànwàng	wish	20
愿意	(助动，动)	yuànyì	to be willing, to wisk	16
约	(动)	yuē	to make an appointment, to arrange in advance	12
月亮	(名)	yuèliàng	moon	23
岳父	(名)	yuèfù	father-in-law	2

岳母	(名)	yuèmǔ	mother-in-law	2
允许	(动)	yǔnxǔ	to allow	5
运气	(名)	yùnqì	luck	10
运输	(动)	yùnshū	to transport	25

Z

再说	(连)	zàishuō	what's more, besides	5
在…下		zài…xià	under	7
在…中		zài…zhōng	in, during	2
咱	(代)	zán	I, we	19
赞成	(动)	zànchéng	to agree with, to be infavour	9
赞扬	(动)	zànyáng	to praise	10
葬礼	(名)	zànglǐ	funeral	9
遭到	(动)	zāodào	to suffer	18
造成		zàochéng	to cause	6
造纸		zàozhǐ	paper making	6
噪音	(名)	zàoyīn	noise	6
责任	(名)	zérèn	responsibility, duty	4
怎么办		zěnme bàn	what's to be done	1
增长	(动)	zēngzhǎng	to increase	3
摘要	(名)	zhāiyào	abstract	24
展销	(动)	zhǎnxiāo	to exhibit and sell	15
占	(动)	zhàn	to account for	4
占领	(动)	zhànlǐng	to occupy	22
战斗	(动)	zhàndòu	to fight a battle	24
战胜	(动)	zhànshèng	to win, to defeat	22
战争	(名)	zhànzhēng	war	16

长辈	(名)	zhǎngbèi	senior member of a family	13
掌握	(动)	zhǎngwò	to master	11
丈	(量)	zhàng	zhang (One zhang is equal to $3\frac{1}{3}$ metres.)	20
招待	(动)	zhāodài	to entertain	11
招呼语	(名)	zhāohuyǔ	expressions used when people meet	11
召开	(动)	zhàokāi	to call	24
照	(动)	zhào	to take (a photo)	20
照顾	(动)	zhàogù	to look after	7
哲学	(名)	zhéxué	philosophy	16
者	(助)	zhě	(a particle used after a numeral to indicate what is mentioned above.)	3
着呢	(助)	zhene	(a particle, used to show a high degree)	19
针对	(动)	zhēnduì	to aim at	19
诊断	(动)	zhěnduàn	to diagnose	9
(一)阵	(量)	(yí)zhèn	(measure word)	10
争夺	(动)	zhēngduó	to fight for	23
争论	(动)	zhēnglùn	to argue	5
征服	(动)	zhēngfú	to conquer	25
征收	(动)	zhēngshōu	to collect (taxes), to levy	8
整个	(形)	zhěnggè	whole	17
整理	(动)	zhěnglǐ	to pack, to straighten out	9
正好	(形)	zhènghǎo	just in time	22
正面	(名)	zhèngmiàn	the positive	5
正直	(形)	zhèngzhí	honest, upright	14
证明	(动)	zhèngmíng	to prove, to certify	5
政策	(名)	zhèngcè	policy	1

政治	(名)	zhèngzhì	politics	14
之	(助)	zhī	of (a structural particle)	1
…之后		zhīhòu	after	4
…之间		zhījiān	between, among	11
…之前		zhīqián	before	21
…之一		zhīyī	one of	7
…之中		zhīzhōng	in, in the middle of	9
支持	(动)	zhīchí	to support	20
支气管	(名)	zhīqìguǎn	bronchus	8
知识	(名)	zhīshi	knowledge	12
知识分子		zhīshi fènzǐ	intellectual	4
直到		zhí dào	up to	16
直接	(形)	zhíjiē	direct	13
直辖市	(名)	zhíxiáshì	municipality directly under the Central Governement	17
值钱	(形)	zhíqián	costly, valuable	12
殖民地	(名)	zhímíndì	colony	16
植物	(名)	zhíwù	plant	13
职称	(名)	zhíchēng	title of one's professional post	13
职业	(名)	zhíyè	profession	13
只是	(副)	zhǐshì	only	7
只有	(连)	zhǐyǒu	only	13
止境	(名)	zhǐjìng	limit	12
指	(动)	zhǐ	to point	20
指出	(动)	zhǐchū	to point out	1
指导	(动)	zhǐdǎo	to guide	7
至	(动)	zhì	to reach	20
至今		zhìjīn	to this day, up to now	5

至于	(介，副)	zhìyú	as for	15
治理	(动)	zhìlǐ	to harness	6
治疗	(动)	zhìliáo	to give medical treatment	7
制订	(动)	zhìdìng	to lay down, to work out (a plan or policy)	1
制衡	(动)	zhìhéng	to condition	24
制造	(动)	zhìzào	to make, to produce	15
质量	(名)	zhìliàng	quality	12
致力	(动)	zhìlì	to devote oneself to	19
致死量	(名)	zhìsǐliàng	lethal dose	8
秩序	(名)	zhìxù	order	24
中巴	(名)	zhōngbā	medium-sized bus	15
中部	(名)	zhōngbù	the central part	17
中国通	(名)	zhōngguótōng	an old Chinese hand	11
中山装	(名)	zhōngshān zhuāng	Chinese tunic suit	18
中外	(名)	zhōngwài	China and foreign countries	16
中西	(名)	zhōngxī	Chinese and Western	12
中下游	(名)	zhōngxiàyóu	middle and lower reaches	17
中心	(名)	zhōngxīn	centre	14
中型	(形)	zhōngxíng	medium sized	15
终点	(名)	zhōngdiǎn	ending	20
终端	(名)	zhōngduān	terminal	25
终身	(名)	zhōngshēn	lifelong	23
终于	(副)	zhōngyú	finally, at last	9
忠	(形)	zhōng	loyal	13
忠义	(形)	zhōngyì	loyal and righteous	14
种类	(名)	zhǒnglèi	kind	14
种	(动)	zhòng	to grow	6

重视	(动)	zhòngshì	to attach importance to	24
逐渐	(副)	zhújiàn	gradually	8
主动	(形)	zhǔdòng	initiative	10
主人	(名)	zhǔrén	host, owner, master	11
主义	(名)	zhǔyì	-ism, doctrine	18
主意	(名)	zhǔyì	idea	22
主席	(名)	zhǔxí	chairperson	3
主张	(动)	zhǔzhāng	to advocate	19
助人为乐		zhù rén wéi lè	It's a pleasure to help others	10
注重	(动)	zhùzhòng	to attach importance to	13
著名	(形)	zhùmíng	well-known, famous	16
专家	(名)	zhuānjiā	expert	3
专门	(形)	zhuānmén	special	14
转	(动)	zhuǎn	to turn to	12
转告	(动)	zhuǎngào	to convey	22
庄稼	(名)	zhuāngjia	crops	21
装	(动)	zhuāng	to pretend	19
壮丽	(形)	zhuànglì	majestic	20
状况	(名)	zhuàngkuàng	state, situation	11
追求	(动)	zhuīqiú	to seek after	1
准	(动, 形, 副)	zhǔn	to permit, to allow; exact; definitely	8
准确	(形)	zhǔnquè	precise	17
准时	(形)	zhǔnshí	punctual	13
资产	(名)	zīchǎn	capital, assets	21
资料	(名)	zīliào	data, material	8
资源	(名)	zīyuán	natural resources	17
子宫	(名)	zǐgōng	womb	25

子女	(名)	zǐnǚ	one's children	1
子孙	(名)	zǐsūn	descendants	16
自从	(介)	zìcóng	since	4
自动	(形)	zìdòng	automatic	25
自然	(形, 名)	zìrán	natural; nature	2
自杀	(动)	zìshā	to commit suisid	9
自由	(形, 名)	zìyóu	free; freedom	1
自愿	(动)	zìyuàn	of one's own free will	9
自在	(形)	zìzài	carefree	1
自治区	(名)	zìzhìqū	autonomous region	17
字	(名)	zì	alias, secondary name formerly taken at the age of twenty	18
字旁	(名)	zìpáng	side of a chracter, component	13
宗教	(名)	zōngjiào	religion	24
总结	(动, 名)	zǒngjié	to sum up; summary	5
总理	(名)	zǒnglǐ	premier	5
总统	(名)	zǒngtǒng	president	18
总之	(连)	zǒngzhī	in short, in a word	13
走向	(名)	zǒuxiàng	to go to	21
组成	(动)	zǔchéng	to form	1
祖国	(名)	zǔguó	motherland	18
祖先	(名)	zǔxiān	ancestors	16
组织	(动, 名)	zǔzhī	to organize; organization	7
钻研	(动)	zuānyán	to study intensively	19
罪	(名)	zuì	crime	9
最好	(副)	zuìhǎo	It would be best···	3
尊称	(名)	zūnchēng	respectful form of address	19

尊敬	(形)	zūnjìng	to respect	4
尊重	(动)	zūnzhòng	to respect	5
作对	(动)	zuòduì	to set oneself against	23
作家	(名)	zuòjiā	writer	23
作为	(动)	zuòwéi	being, as	2
作为	(名)	zuòwéi	deed, achievement	22
作用	(名)	zuòyòng	function	7
作者	(名)	zuòzhě	author	12
座谈	(动)	zuòtán	to have an informal discussion	24
座位	(名)	zuòwèi	seat	12
做法	(名)	zuòfǎ	way of doing	3

专名

A

阿富汗	Āfùhàn	Afghanistan	17
安徽	Ānhuī	Anhui Province	14
奥林匹克	Àolínpǐkè	Olympic	15
澳门	Àomén	Macao	18

B

八达岭	Bādálǐng	(name of a place)	20
巴基斯坦	Bājīsītǎn	Pakistan	17
巴金	Bā Jīn	(name of a person)	23
白	Bái	(a surname)	13
《百家姓》	《Bǎijiāxìng》	*A Collection of Surnames*	13
北宋	Běi Sòng	the Northern Song Dynasty (960–1127)	16
不丹	Bùdān	Bhutan	17

C

曹操	Cáo Cāo	(name of a person)	22
长江	Chángjiāng	the Changjiang (Yangtze) River	17
长江中下游平原	Chángjiāng zhōng xiàyóu píngyuán	the plain of the middle and lower reaches of the Changjiang (Yangtze) River	17
朝鲜	Cháoxiăn	Korea	17
陈丽英	Chén Lìyīng	(name of person)	21
陈良兴	Chén Liángxīng	(name of person)	14
春秋战国	Chūnqiū zhànguó	Spring-Autumn and Warring States Perieds	16

D

大洋洲	Dàyángzhōu	Oceania	7
第二次世界大战	Dì-èr cì shìjiè Dàzhàn	the Second World War	3
地中海	Dìzhōnghăi	the mediterranean (Sea)	16
东北平原	Dōngběi Píngyuán	the Northeastern plain of China	17
东汉	Dōng Hàn	the Eastern Han Dynasty (25–220)	16
东京	Dōngjīng	Tokyo	3
东周	Dōng Zhōu	the Eastern Zhou Dynasty (770B.C.–221B.C.)	16
杜甫	Dù Fŭ	(name of a poet)	16

E

俄罗斯	Éluósī	Russia	17

F

法西斯	Făxīsī	Fascist	24
非洲	Fēizhōu	Africa	7
冯乐山	Féng Lèshān	(name of a person)	23

G

甘肃	Gānsù	Gansu Province	20
高觉新	Gāo Juéxīn	(name of a person)	23
高觉民	Gāo Juémín	(name of a person)	23
高觉慧	Gāo Juéhuì	(name of a person)	23
高克文	Gāo Kèwén	(name of a person)	23
高老太爷	Gāo lǎotàiyé	the grandfather of the Gaos	23
谷	Gǔ	(a surname)	13
关羽	Guān Yǔ	(name of a person)	22
广东省	Guǎngdōng Shěng	Guangdong Province	18
广州	Guǎngzhōu	Guangzhou	18
国富	Guófù	(name of a person)	13
国民党	Guómíndǎng	the Kuomintang	18
国强	Guóqiáng	(name of a person)	13

H

哈萨克斯坦	Hāsàkèsītǎn	Kazakhstan	17
海南岛	Hǎinándǎo	Hainan Island	17
汉朝	Hàn Cháo	the Han Dynasty (206B.C.–220)	16
汉族	Hànzú	the Han people	16
黑龙江	Hēilóngjiāng	the Heilongjiang River	17
呼延	Hūyán	(a surname)	13
湖北	Húběi	Hubei Province	14
华北平原	Huáběi Píngyuán	the Northern plain of China	17
黄帝	Huángdì	the Yellow Emperor	16
黄河	Huánghé	the Yellow River	17
黄土高原	Huángtǔ Gāoyuán	Loess Plateau	17

J

吉尔吉斯斯坦	Jí'ěrjísīsītǎn	Kirghiziastan	14

《家》	《Jiā》	*family*	23
嘉峪关	Jiāyùguān	(name of a place)	20
姜	Jiāng	(a surname)	13
江东	Jiāngdōng	east of the Yangtze River	22
荆州	Jīngzhōu	(name of a place)	22

K

孔子	Kǒngzǐ	Confucius	16

L

蓝	Lán	(a surname)	13
老挝	Lǎowō	Laos	17
李白	Lǐ Bái	(name of a poet)	16
李昌德	Lǐ Chāngdé	(name of a person)	2
李华	Lǐ Huá	(name of a person)	13
联合国	Liánhéguó	the United Nations	5
林美英	Lín Měiyīng	(name of a person)	9
刘备	Liú Bèi	(name of a person)	22
柳	Liǔ	(a surname)	13
龙	Lóng	(a surname)	13
鲁国	Lǔ Guó	(name of a Kingdom)	19
《论语》	《Lúnyǔ》	*the Analects of Confucius*	16
洛阳	Luòyáng	(name of a city)	19

M

蒙古	Měnggǔ	Mongolia	17
孟轲	Mèng kē	Mencius	19
缅甸	Miǎndiàn	Myanmar (Burma)	17
明朝	Míng Cháo	the Ming Dynasty	14
鸣凤	Míngfèng	(name of a person)	23

墨翟	Mò Dí	(name of a person)	19
慕田峪	Mùtiányù	(name of a place)	20

N

南宋	Nán Sòng	the Southern Song Dynasty (1127–1279)	16
内蒙古	Nèiměnggū	Inner Mongolia	17
尼泊尔	Níbó'ěr	Nepal	17

Q

齐	Qí	(a surname)	13
秦	Qín	(a surname)	13
秦朝	Qín Cháo	the Qin Dynasty (221 B.C.–207 B.C.)	16
秦始皇	Qínshǐhuáng	the first emperor of the Qin Dynasty	14
清朝	Qīng Cháo	the Qing Dynasty	14
丘	Qiū	personal name of Confucius	19
曲阜市	Qūfù Shì	Qufu City	19

R

儒家	Rújiā	the Confucianists	19
瑞珏	Ruìjué	(name of a person)	23

S

萨	Sà	(a surname)	13
萨丽	Sà Lì	(name of a person)	20
三国	Sān Guó	Three Kingdoms	22
三民主义	Sānmín Zhǔyì	the Three Peoples Principles	18
山东省	Shāndōng Shěng	Shandong Province	19
山海关	Shānhǎiguān	(name of a place)	20
商朝	Shāng Cháo	the Shang Dynasty (1600 B.C.–1100 B.C)	16

世界卫生组织	Shìjiè Wèishēng Zǔzhī	The World Health Orgnization	7
蜀国	Shǔ Guó	the Kingdom of Shu	22
舜	Shùn	Shun (a legendary monarch in ancient China)	16
丝绸之路	Sīchóu Zhī Lù	the Silk Road	16
司马	Sīmǎ	(a surname)	13
宋	Sòng	(a surname)	13
宋朝	Sòng Cháo	Song Dynasty	13
孙权	Sūn Quán	(name of a person)	22
孙文	Sūn Wén	(the secondary name of Dr. Sun Yat-sen)	18
孙中山	Sūn Zhōngshān	Dr. Sun Yat-sen	18

T

塔吉克斯坦	Tǎjíkèsītǎn	Tadzhikistan	17
太平洋	Tàipíngyáng	the Facific Ocean	1
唐朝	Táng Cháo	the Tang Dynasty (618–907)	16
唐人	Tángrén	Chinese	16
唐人街	Tángrén Jiē	China Town	16
陶	Táo	(a surname)	13
同盟会	Tóngménghuì	Sociey of Alliance	18

W

王祖安	Wáng Zǔ'ān	(name of a person)	9
卧龙冈	Wòlónggāng	(name of a place)	22
武昌起义	Wǔchāng Qǐyì	Wuchang Uprising	18

X

西方	Xīfāng	the West	11

西周	Xī Zhōu	the Western Zhou Dynasty (1100 B.C.–771 B.C.)	16
西川	Xīchuān	west of Sichuan	22
西汉	Xī Hàn	the Western Han Dynasty (206 B.C.–24)	16
锡金	Xījīn	Sikkim	17
夏朝	Xià Cháo	the Xia Dynasty (2100 B.C.–1600 B.C)	16
夏威夷	Xiàwēiyí	Hawaii	18
香港	Xiānggǎng	Hong Kong	15
谢丽	Xiè Lì	(name of a person)	22
辛亥革命	Xīnhài Gémìng	the Revolution of 1991	16
兴华	Xīnghuá	(name of a person)	13
兴中会	Xīngzhōnghuì	Society of Resurgence	18
熊	Xióng	(a surname)	13

Y

鸦片战争	Yāpiàn Zhànzhēng	the Opium War (1840–1842)	16
亚洲	Yàzhōu	Asia	7
炎帝	Yándì	the Yan Emperor	16
尧	Yáo	Yao (a legendary monarch in ancient China)	16
姚	Yáo	(a surname)	13
叶	Yè	(a surname)	13
逸仙	Yìxiān	(courtesy name of Dr. Sun Yat-sen)	18
印度	Yìndù	India	17
禹	Yǔ	Yu (founder of the Xia Dynasty)	16
元	Yuán	the Yuan Dynasty (1271–1368)	16
越南	Yuènán	Viet Nam	17

Z

张飞	Zhāng Fēi	(name of a person)	22
赵	Zhào	(a surname)	13
振华	Zhènhuá	(name of a person)	13
中华民国	Zhōnghuá Mínguó	Republic of China	18
中华民族	Zhōnghuá Mínzú	the Chinese Nation	16
中日甲午战争	Zhōng-Rì Jiǎwǔ Zhànzhēng	Japanese aggressive war against China (between 1894 and 1895)	18
中山大学	Zhōngshān Dàxué	Zhongshan University	18
中山公园	Zhōngshān Gōngyuán	Zhongshan Park	18
中山路	Zhōngshān Lù	Zhongshan Road	18
中山县	Zhōngshān Xiàn	Zhongshan County	18
中亚	Zhōng Yà	the Central Asia	16
仲尼	Zhòngní	the secondary name of Confucius	19
周朝	Zhōu Cháo	the Zhou Dynasty (1100 B.C.–221 B.C.)	16
诸葛亮	Zhūgě Liàng	(name of a person)	22
珠江	Zhūjiāng	the Pearl River	17
庄周	Zhuāng Zhōu	(name of a person)	19

阅读课文词汇表

A

安全	(形)	ānquán	safe	10
安闲	(形)	ānxián	leisurely	22
安详	(形)	ānxiáng	calm	9
暗杀	(动)	ànshā	to assassinate	18
暗示	(动)	ànshì	to hint	2
懊悔	(形,动)	ǎohuǐ	remorseful; to regret	8

B

百家争鸣		bǎi jiā zhēng míng	contention of a hundred schools of thought	19
颁发	(动)	bānfā	to issue	6
半边天	(名)	bànbiāntiān	half the sky	5
办理	(动)	bànlǐ	to go through	1
伴侣	(名)	bànlǚ	companion	18
绑	(动)	bǎng	to tie	7
包括	(动)	bāokuò	to include	13
保存	(动)	bǎocún	to preserve	17
保健	(名)	bǎojiàn	health protection	18
暴露	(动)	bàolù	to expose	10
本人	(代)	běnrén	oneself	23
逼	(动)	bī	to force	23
笔画	(名)	bǐhuà	stroke	16
必然	(形)	bìrán	inevitable	25
变成	(动)	biànchéng	to become	5
标准	(名)	biāozhǔn	criterion	19
标准语	(名)	biāozhǔnyǔ	standard speech	15

不断	(副)	búduàn	continuously	3
不利	(形)	búlì	disadvantageous	1
卜辞	(名)	bǔcí	oracle inscriptions on animal bones	16
补	(动)	bǔ	to make up for a loss	6
不曾	(副)	bùcéng	never	10
不良	(形)	bùliáng	bad	24
不然	(连)	bùrán	otherwise	2
部	(量)	bù	(a measure word)	5

C

灿烂	(形)	cànlàn	brilliant	15
藏	(动)	cáng	to hide	10
草书	(名)	cǎoshū	cursive hand	16
差别	(名)	chābié	difference	15
差不多	(副)	chàbuduō	about the same	13
长篇	(名)	chángpiān	long (writing)	23
场面	(名)	chǎngmiàn	scene	23
撤退	(动)	chètuì	to withdraw	22
称谓词	(名)	chēngwèicí	appellation	13
成功	(形)	chénggōng	successful	14
成立	(动)	chénglì	to found, to establish	3
成年	(名)	chéngnián	adult	4
成熟	(形)	chéngshú	ripe	16
丞相	(名)	chéngxiàng	prime minister	22
承包	(动)	chéngbāo	to contract	21
城楼	(名)	chénglóu	gate tower	22
吃亏		chī kuī	to suffer losses	22
冲击	(动)	chōngjī	to pound	1

出版	(动)	chūbǎn	to publish	4
处死		chǔ sǐ	to kill	9
传播	(动)	chuánbō	to spread	14
闯	(动)	chuǎng	to hew one's way of living	21
创造	(动)	chuàngzào	to create	5
词汇	(名)	cíhuì	vocabulary	15
此地无银三百两		cǐ dì wú yín sān bǎi liǎng	no 300 taels of silver buried here--a stupid denial for inviting trouble	10
聪明	(形)	cōngming	clever	2
从政	(动)	cóngzhèng	to join government service	5

D

达成	(动)	dáchéng	to reach	1
打扮	(动)	dǎban	to disguise, to dress up	2
打扰	(动)	dǎrǎo	to bother	11
打扫	(动)	dǎsǎo	to sweep	22
大官	(名)	dàguān	high-ranking official	2
大陆	(名)	dàlù	mainland	15
代替	(动)	dàitì	to substitute	13
待(人)	(动)	dài(rén)	to get along with people	18
贷款		dài kuǎn	to get (or grant) a loan; loan	5
担心		dān xīn	to worry about	7
耽误	(动)	dānwu	to delay	9
当时	(名)	dāngshí	at that time	3
导致	(动)	dǎozhì	to lead to	9
道德	(名)	dàodé	morality	1
登山		dēng shān	mountain climbing	17
低头		dī tóu	to lower one's head	6
地下	(名)	dìxià	underground	10

地主	(名)	dìzhǔ	landlord	23
点香		diǎn xiāng	to burn incense	22
典型化	(动)	diǎnxínghuà	to typify	23
电脑	(名)	diànnǎo	computer	9
电子学	(名)	diànzǐxué	eletronics	25
奠定	(动)	diàndìng	to lay (a foundation)	14
动脉	(名)	dòngmài	artery	20
动物	(名)	dòngwù	animal	19
独特	(形)	dútè	unique	15
断	(动)	duàn	to break	19
对付	(动)	duìfu	to deal with	22
多样化	(名)	duōyànghuà	diversity	25
多子多福		duō zǐ duō fú	the more children one has the happier one would be	1

F

发明	(动)	fāmíng	to invent	25
法院	(名)	fǎyuàn	law court	1
繁荣	(形)	fánróng	prosperous	14
凡是	(副)	fánshì	every	18
反	(副)	fǎn	on the other hand	25
贩毒		fàn dú	traffic in narcotics	24
方向	(名)	fāngxiàng	direction	20
方块字	(名)	fāngkuàizì	characters	16
方式	(名)	fāngshì	way	12
防护林	(名)	fánghùlín	shelter forest	6
防止	(动)	fángzhǐ	to prevent	6
飞	(动)	fēi	to fly	17
分开		fēn kāi	to separate	2

奋斗	(动)	fèndòu	to fight	18
风暴	(名)	fēngbào	windstorm	6
风光	(名)	fēngguāng	scene	15
缝	(动)	féng	to sew up	7
负担	(动)	fùdān	burden	12
妇幼	(名)	fùyòu	women and children	18
富强	(形)	fùqiáng	prosperous and strong	18

G

改善	(动)	gǎishàn	to improve	4
改造	(动)	gǎizào	to transform	25
高度	(名)	gāodù	height	14
高峰	(名)	gāofēng	peak	17
告别	(动)	gàobié	to say good-bye	9
胳膊	(名)	gēbo	arm	7
割	(动)	gē	to cut	19
革新	(动)	géxīn	to innovate	14
工具	(名)	gōngjù	means	25
攻打	(动)	gōngdǎ	to attack	18
古代	(名)	gǔdài	ancient times	7
谷物	(名)	gǔwù	cereal	17
骨灰	(名)	gǔhuī	ashes of the dead	18
故居	(名)	gùjū	former residence	18
刮骨疗毒		guā gǔ liáo dú	to clean an infected bone to remove the poison	7
观念	(名)	guānniàn	idea, thinking	1
官员	(名)	guānyuán	official	16
广泛	(形)	guǎngfàn	wide	13
规模	(名)	guīmó	scale	17

龟甲	(名)	guījiǎ	tortoise shell	16
贵重	(形)	guìzhòng	valuable	12
跪	(动)	guì	to kneel	2
国语	(名)	guóyǔ	the national language	15
果树	(名)	guǒshù	fruit tree	21
过度	(动)	guòdù	to transit	4

H

海拔	(名)	hǎibá	above sea level	17
含义	(名)	hányì	implication, meaning	13
航线	(名)	hángxiàn	shipping (or air) line	20
航行	(动)	hángxíng	to navigate	20
合	(动)	hé	to close	2
何必	(副)	hébì	unnecessarily	12
和睦	(形)	hémù	harmonious	5
核	(名)	hé	nuclear	24
恨透	(动)	hèntòu	to have a deep hatred	8
喉咙	(名)	hóulóng	throat	8
蝴蝶	(名)	húdié	butterfly	2
花轿	(名)	huājiào	bridal sedan chair	2
华语	(名)	huáyǔ	Chinese	15
滑雪杆	(名)	huáxuěgān	ski pole	8
…化		…huà	(-ization)	6
化身	(名)	huàshēn	embodiment	14
荒山	(名)	huāngshān	barren hill	21
回赠	(动)	huízèng	to send a gift in return	12

J

基数	(名)	jīshù	base	3

饥荒	(名)	jīhuāng	famine	24
及	(连)	jí	as well	23
计划生育		jìhuà shēngyù	family planning	4
纪录片	(名)	jìlùpiān	documentary film	9
继承	(动)	jìchéng	to inherit	19
夹	(动)	jiā	to hold between two fingers or chopsticks	8
加工	(动)	jiāgōng	to reproduce	23
家园	(名)	jiāyuán	home	21
驾驶	(动)	jiàshǐ	to drive	25
嫁	(动)	jià	(of a woman) to marry	17
嫁妆	(名)	jiàzhuang	dowry	17
艰难	(形)	jiānnán	difficult	6
坚持	(动)	jiānchí	to adhere to	14
坚定	(形)	jiāndìng	firm	9
简朴	(形)	jiǎnpǔ	simple	10
建立	(动)	jiànlì	to establish	1
箭	(名)	jiàn	arrow	7
交往	(动)	jiāowǎng	to contact	17
角落	(名)	jiǎoluò	corner	25
叫卖	(动)	jiàomài	to cry one's wares	19
揭露	(动)	jiēlù	to expose	23
结果	(名)	jiéguǒ	to bear fruit	21
截断	(动)	jiéduàn	to cut off	22
届	(名)	jiè	(a measure word)	5
紧密	(形)	jǐnmì	close	25
谨慎	(形)	jǐnshèn	careful	22
进入	(动)	jìnrù	to enter	24
井	(名)	jǐng	well	2

居住	(动)	jūzhù	to live	15
局面	(名)	júmiàn	situation	19
巨大	(形)	jùdà	vast	15
剧院	(名)	jùyuàn	theatre	18
觉醒	(动)	juéxǐng	to awaken	23

K

开发	(动)	kāifā	to develop	21
开花		kāi huā	to blossom	21
开荒		kāi huāng	to open up wasteland	21
楷书	(名)	kǎishū	regular script	16
棵	(量)	kē	(a measure word)	6
可贵	(形)	kěguì	valuable	5
坑	(名)	kēng	pit, hole	10
空城计	(名)	kōngchéngjì	empty-city stratagem	22
恐怖	(形)	kǒngbù	terrific	24
跨越	(动)	kuàyuè	to cross	6
快速	(形)	kuàisù	speedy	25
扩散	(动)	kuòsàn	to proliferate	24

L

老龄	(名)	lǎolíng	old age	4
老天	(名)	lǎotiān	Heaven	21
冷战	(名)	lěngzhàn	cold war	24
礼貌	(名)	lǐmào	courtesy	12
礼价	(名)	lǐjià	money paid for gifts	12
理想	(名)	lǐxiǎng	ideal	5
隶书	(名)	lìshū	official script	16
利益	(名)	lìyì	benefit, interest	5
连根拔起		lián gēn bá qǐ	to uproot	6

两	(量)	liǎng	(a measure word)	10
聊天		liáo tiān	to chat	9
临(死)	(副)	lín(sǐ)	just before (die)	8
领	(动)	lǐng	to appreciate	12
领导	(动,名)	lǐngdǎo	to lead; leader	4
留步		liú bù	don't bother to see me out	11
流产		liú chǎn	abortion	18
流浪汉	(名)	liúlànghàn	vagrant	24
龙骨	(名)	lónggǔ	fossil fragments	16
陆(上)	(名)	lù(shàng)	land	20
绿色长城		lǜsè chángchéng	green great wall	6

M

麻醉剂	(名)	mázuìjì	anaesthetic	9
埋	(动)	mái	to bury	10
埋伏	(动)	máifú	to lay an ambush	22
芒果	(名)	mángguǒ	mango	21
矛盾	(形,名)	máodùn	contradictory; contradiction	9
冒险		mào xiǎn	to take a risk	22
梦想	(名,动)	mèngxiǎng	dream; to dream	6
密度	(名)	mìdù	density	3
面貌	(名)	miànmào	face	21
描写	(动)	miáoxiě	to describe	23
民间	(名)	mínjiān	folk	10
名誉	(名)	míngyù	honorary, reputation	18
模仿	(动)	mófǎng	to imitate	14
模特	(名)	mótè	model	8
蘑菇	(名)	mógu	mushroom	5
某	(代)	mǒu	certain	13

木工	(名)	mùgōng	carpenter	21
木牌	(名)	mùpái	wooden sign	10
目的	(名)	mùdì	purpose	19
墓	(名)	mù	grave	2
墓碑	(名)	mùbēi	gravestone	18

N

南粮北运		nán liáng běi yùn	transport grain from the south to the north	20
南水北调		nán shuǐ běi diào	transport the water from the south to the north	20
难民	(名)	nànmín	refugee	24
内部	(名)	nèibù	inside	15
能源	(名)	néngyuán	energy resources	25
年代	(名)	niándài	years, time	13
念头	(名)	niàntou	idea	9
牛仔	(名)	niúzǎi	cowboy	8
农田	(名)	nóngtián	farmland	6
女神	(名)	nǚshén	goddess	17

P

拍(照片)	(动)	pāi(zhàopiàn)	to take (photos)	8
排演	(动)	páiyǎn	to rehearse	14
叛军	(名)	pànjūn	rebel army	18
培养	(动)	péiyǎng	to train	6
偏旁	(名)	piānpáng	components	16
片	(名)	piàn	piece	16
贫困	(形)	pínkùn	impoverished	5
平衡	(名，动)	pínghéng	balance; to balance	24
平静	(形)	píngjìng	calm	9

评价	(名, 动)	píngjià	value; to appraise	14
坡	(名)	pō	slope	17
破费	(动)	pòfèi	to go to some expense	11
普遍	(形)	pǔbiàn	general	4
普及	(动,形)	pǔjí	to popularize; universal	13
普通话	(名)	pǔtōnghuà	common speech	15

Q

其他	(代)	qítā	other	4
旗子	(名)	qízi	flag, banner	22
起…作用		qǐ…zuòyòng	to play a role in	5
气节	(名)	qìjié	integrity	14
前功尽弃		qián gōng jìn qì	All one's previous efforts are wasted	19
切除	(动)	qiēchú	to cut	8
亲手	(副)	qīnshǒu	with one's own hands	9
亲眼	(副)	qīnyǎn	with one's own eyes	23
请教	(动)	qǐngjiào	to ask for advice	21
穷人	(名)	qióngrén	poor people	23
求婚		qiú hūn	to make an offer of marriage	2
求亲		qiú qīn	to seek marriage alliance	7
劝告	(动)	quàngào	to advise	8
缺	(动)	quē	to lack	20
缺少	(动)	quēshǎo	to lack	1

R

染(上)	(动)	rǎn(shàng)	to be tainted (with bad habits)	8
绕	(动)	rào	to go round	20
人工	(名)	réngōng	man-made	20

人进沙退		rén jìn shā tuì	Men can force the desert retreat, meaning men can conquer deserts.	6
人力	(名)	rénlì	manpower	20
人生	(名)	rénshēng	life	4
仁义	(名)	rényì	humanity and justice	19
忍受	(动)	rěnshòu	to bear	9
日光	(名)	rìguāng	sunlight	1

S

色彩	(名)	sècǎi	colour, tint	13
杀害	(动)	shāhài	to murder	8
沙漠	(名)	shāmò	desert	6
善于	(动)	shànyú	to be good at	14
伤	(动)	shāng	to be wounded	7
伤口	(名)	shāngkǒu	wound	7
上药		shàng yào	to apply medicine to	7
少数民族		shǎoshù mínzú	national minority	3
设施	(名)	shèshī	facilities	25
伸	(动)	shēn	to stretch	7
神医	(名)	shényī	highly skilled doctor	7
生日卡	(名)	shēngrìkǎ	birthday card	12
省	(动)	shěng	to save	10
胜利	(名,动)	shènglì	victory; to succeed	14
师傅	(名)	shīfu	master	13
师母	(名)	shīmǔ	wife of one's teacher	2
石头	(名)	shítou	stone, rock	21
时期	(名)	shíqī	period	3
实现	(动)	shíxiàn	to realize	5
实行	(动)	shíxíng	to practise	4

实用	(形)	shíyòng	practical	12
时期	(名)	shíqī	period	3
使用	(动)	shǐyòng	to use	11
士兵	(名)	shìbīng	soldier	22
氏	(名)	shì	surname or nee (for a married woman it can be used after her nee and her husband's surname)	13
事件	(名)	shìjiàn	event	23
事先	(副)	shìxiān	beforehand	11
收拾	(动)	shōushi	to pack	22
手续	(名)	shǒuxù	formalities	1
手指	(名)	shǒuzhǐ	finger	8
首府	(名)	shǒufǔ	provincial capital	17
寿命	(名)	shòumìng	life span	3
受不了		shòubuliǎo	cannot bear	7
熟悉	(动)	shúxī	be familiar with	8
说法	(名)	shuōfǎ	saying	21
司机	(名)	sījī	driver	13
送	(动)	sòng	to see off	2
素质	(名)	sùzhì	quality	3
塑像	(名)	sùxiàng	statue	17
算作	(动)	suànzuò	to be considered as	13
随	(动)	suí	to follow	13
缩短	(动)	suōduǎn	to shorten	20
锁	(名)	suǒ	lock, to lock	10

T

坛子	(名)	tánzi	earthen jar	10
弹琴		tán qín	to play qin	22

逃跑	(动)	táopǎo	to escape	22
天国	(名)	tiānguó	paradise	9
铁路	(名)	tiělù	railway	20
通用	(动)	tōngyòng	in common use	15
同志	(名)	tóngzhì	comrade	13
土地	(名)	tǔdì	land, soil	6
推辞	(动)	tuīcí	to decline	11
推动	(动)	tuīdòng	to promote	25
推广	(动)	tuīguǎng	to popularize	15

W

挖	(动)	wā	to dig	10
弯	(名)	wān	turn	20
挽留	(动)	wǎnliú	to urge someone to stay	11
忘记	(动)	wàngjì	to forget	9
威胁	(动)	wēixié	to threaten	24
惟一	(副)	wéiyī	only	16
维持	(动)	wéichí	to maintain	1
未来	(名)	wèilái	future	21
文盲	(名)	wénmáng	illiterate	3
文明	(形,名)	wénmíng	civilized; civilization	5
文字	(名)	wénzì	written language	15
稳定	(形，动)	wěndìng	stable; to stabilize	24
问候	(动)	wènhòu	to greet	13
问候语	(名)	wènhòuyǔ	greeting	13
屋脊	(名)	wūjǐ	ridge	17
无家可归		wú jiā kě guī	homeless	24
物力	(名)	wùlì	material resources	20

X

牺牲	(动)	xīshēng	to sacrifice	19
吸引力	(名)	xīyǐnlì	an appeal	8
下降	(动)	xiàjiàng	to drop	3
下棋		xià qí	to play chess	7
先进	(形)	xiānjìn	advanced	17
限制	(名，动)	xiànzhì	limit; to restrict	21
乡镇	(名)	xiāngzhèn	villages and towns	4
箱子	(名)	xiāngzi	box	10
想念	(动)	xiǎngniàn	to miss	2
象形字	(名)	xiàngxíngzì	pictographic characters	16
协议	(名)	xiéyì	agreement	1
谢绝	(动)	xièjué	to refuse	11
心理	(名)	xīnlǐ	psychology, state of mind	14
心里话	(名)	xīnlǐhuà	one's innermost thoughts	8
心意	(名)	xīnyì	kindly feelings	11
辛苦	(形)	xīnkǔ	hard	19
行动	(名，动)	xíngdòng	action; to act	4
行书	(名)	xíngshū	running hand	16
形声字	(名)	xíngshēngzì	pictophonetic characters, with one element indicating meaning and the other sound	16
形象	(名)	xíngxiàng	image	8
…型		…xíng	type	4
性格	(名)	xìnggé	disposition	23
需要量	(名)	xūyàoliàng	the number demanded	25
宣布	(动)	xuānbù	to announce	9
选择	(动)	xuǎnzé	to choose	9

学派	(名)	xuépài	school of thought	19
迅速	(形)	xùnsù	rapid	3

Y

严格	(形)	yángé	strict	11
沿途	(名)	yántú	on the way	20
掩盖	(动)	yǎngài	to cover	10
演变	(动)	yǎnbiàn	to develop	16
邀请	(动)	yāoqǐng	to invite	11
药材	(名)	yàocái	medicine	17
医学家	(名)	yīxuéjiā	an expert of mecical science	7
遗产	(名)	yíchǎn	legacy	19
遗愿	(名)	yíyuàn	last wish	18
以后	(名)	yǐhòu	later	3
义	(名)	yì	justice	19
意志	(名)	yìzhì	will	19
银子	(名)	yínzi	silver	10
营养	(名)	yíngyǎng	nutrition	24
营养品	(名)	yíngyǎngpǐn	nutriment	12
应邀	(动)	yìngyāo	at the invitation of	14
悠久	(形)	yōujiǔ	long standing	11
有效	(形)	yǒuxiào	effective	3
幼儿园	(名)	yòu'éryuán	kindergarten	18
鱼塘	(名)	yútáng	fish pond	5
娱乐	(动,名)	yúlè	to entertain; recreation	4
预言	(动,名)	yùyán	to predict; foretell	25
遇到	(动)	yùdào	to run into	2
原因	(名)	yuányīn	reason	1

愿望	(名)	yuànwàng	with	13
允许	(动)	yǔnxǔ	to permit	1
运河	(名)	yùnhé	canal	20
运输	(动,名)	yùnshū	to transport; transportation	20

Z

遭遇	(名,动)	zāoyù	experience; to encounter	23
造林		zào lín	afforestation	6
占卜	(动)	zhānbǔ	to divine	16
占	(动)	zhàn	to account for	3
战斗	(名,动)	zhàndòu	battle; to fight	22
召开	(动)	zhàokāi	to convene	4
折磨	(动)	zhémó	to torment	8
整齐	(形)	zhěngqí	orderly	5
整体	(名)	zhěngtǐ	entirety	24
正义	(形)	zhèngyì	righteous	19
政治	(名)	zhèngzhì	politics	5
织布		zhī bù	weaving	19
直线	(名)	zhíxiàn	straight line	16
至少	(副)	zhìshǎo	at least	23
质量	(名)	zhìliàng	quality	1
制止	(动)	zhìzhǐ	to stop	24
中心	(名)	zhōngxīn	centre	4
忠实	(形)	zhōngshí	faithful	18
终于	(副)	zhōngyú	at last	6
种子	(名)	zhǒngzi	seed	17
中	(动)	zhòng	to hit exactly	7
种田		zhòng tián	to farm	16
重视	(动)	zhòngshì	to attach importance to	12

猪	(名)	zhū	pig	5
注射	(动)	zhùshè	to give an injection	9
祝贺	(动)	zhùhè	to congratulate	11
著名	(形)	zhùmíng	famous	8
转	(动)	zhuàn	to move round	21
篆书	(名)	zhuànshū	seal characters	16
追究	(动)	zhuījiū	to investigate	9
追求	(动)	zhuīqiú	to seek	5
自动化	(名)	zìdònghuà	automation	25
自然	(形)	zìrán	natural	3
自传	(名)	zìzhuàn	autobiography	23
字幕	(名)	zìmù	screen	9
总数	(名)	zǒngshù	total	24
罪恶	(名)	zuì'è	crime	23
作品	(名)	zuòpǐn	works (of literature)	23

专名

A

阿二	Ā'Èr	name of a person	10
《爱情三部曲》	《Àiqíng Sān Bù Qǔ》	*The Trilogy of Love*	23
《安乐死法案》	《Ānlèsǐ Fǎ'àn》	*Euthanasia Bill*	9
安阳市	Ānyáng shì	Anyang City	16
奥伦	Àolún	name of a person	9

B

《霸王别姬》	《Bàwáng Bié Jī》	*Xiang Yu the Conqueror Bid Farewell to His Wife*	14
北方方言	Běifāng Fāngyán	the Northern Dialect	15

布达拉宫	Bùdálāgōng	name of a palace	17

C

朝鲜族	Cháoxiǎnzú	the Koreans	15
成都	Chéngdū	Chengdu	23
《春》	《Chūn》	*Spring*	23
翠凤	Cuìfèng	name of a person	23

D

大小昭寺	Dàxiǎozhāosì	names of two temples	17
《电》	《Diàn》	*Lightning*	23
东北	Dōngběi	Northeast	6
东坑乡	Dōngkēng xiāng	name of a place	6
《断桥》	《Duànqiáo》	*Broken Bridge*	14

E

俄罗斯	Éluósī	Russia	14
《儿童时代》	《Értóng shídài》	*Childhood*	18

G

关羽	Guāng yǔ	name of a person	7
《贵妃醉酒》	《Guìfēi Zuì Jiǔ》	Imperial Concubine Yang Is Tipsy	14

H

汉中	Hànzhōng	name of a place	22
汉族	Hànzú	the Hans	3
河北	Héběi	Hebei Province	20
河南省	Hénán Shěng	Henan Province	16
荷兰	Hélán	Holland	9
华北	Huáběi	Northern China	6
华佗	Huà Tuó	name of a person	7
回族	Huízú	the Hui nationality	15
《婚姻法》	《Hūnyīnfǎ》	*Marriage Law*	5

J

《激流三部曲》	《Jīliú Sān Bù Qǔ》	*The Trilogy of Torrent*	23
街亭	Jiētíng	name of a place	22
京杭大运河	Jīngháng Dàyùnhé	Beijing-Hangzhou Great Canal	20
靖边县	Jìngbiān xiàn	Jingbian County	6
江苏	Jiāngsū	Jiangsu Province	20

K

抗日战争	Kàng Rì Zhànzhēng	the War of Resistance Against Japan	14
客家方言	Kèjiā Fāngyán	Hakka	15

L

拉奥博士奖	Lā'ào Bóshìjiǎng	(an international prize)	6
拉萨	Lāsà	Lhasa	17
李平	Lǐ Píng	name of a person	13
李四海	Lǐ Sìhǎi	name of a person	13
李燕娥	Lǐ Yàn'é	name of a person	18
联合国	Liánhéguó	the United Nations	4
梁山伯	Liáng Shānbó	name of a person	2
罗密欧	Luómì'ōu	Romeo	2

M

马来西亚	Mǎláixīyà	Malaysia	15
马谡	Mǎ Sù	name of a person	22
麦克拉伦	Màikèlālún	name of a person	8
满族	Mǎnzú	the Manchu nationality	15
毛乌素沙漠	Máowūsù Shāmò	Maowusu Desert	6
梅兰芳	Méi Lánfāng	name of a person	14
蒙古族	Měnggǔzú	the Mongolians	15
孟子	Mèngzǐ	Mencius	19

《孟子》	《Mèngzǐ》	*Mencius*	19
《灭亡》	《Mièwáng》	*Destruction*	23
明朝	Míng Cháo	the Ming Dynasty	3
墨家	Mòjiā	Mohist School	19

N

南京	Nánjīng	Nanjing	18
宁夏回族自治区	Níngxià Huízú Zìzhìqū	Ningxia Hui Autonomous Region	5
牛玉琴	Niú Yùqín	name of a person	6

Q

祁山	Qí Shān	Mountain Qi	22
清朝	Qīng Cháo	the Qing Dynasty	3
青海省	Qīnghǎi Shěng	Qinghai Province	5
《秋》	《Qiū》	*Autumn*	23

S

三北	Sān Běi	the three north regions (the northwest, north and notheast of China)	6
陕西省	Shǎnxī Shěng	Shaanxi Province	6
司马懿	Sīmǎ yì	name of a person	22
四川	Sìchuān	Sichuan Province	23
松赞干布	Sōngzàngānbù	name of a person	17
宋庆龄	Sòng Qìnglíng	Madam Song Qingling	18
宋桂香	Sòng Guìxiāng	name of a person	5
隋朝	Suí Cháo	the Sui Dynasty	20
隋炀帝	Suíyángdì	Emperor Yang	20

T

台湾省	Táiwān Shěng	Taiwan Province	15

唐太宗	Tángtàizōng	Emperor Taizong	17
天津	Tiānjīn	Tianjin	20
土家族	Tǔjiāzú	the Tujia nationality	15

W

万宝路	Wànbǎolù	Marbollo	8
旺琴小学	Wàngqín Xiǎoxué	name of a primary school	6
威斯里女子学院	Wēisīlǐ Nǚzǐ Xuéyuàn	name of a college	18
维吾尔族	Wéiwú'ěrzú	the Uygur nationality	15
魏国	Wèi Guó	the Kingdom of Wei	22
文成公主	Wénchéng Gōngzhǔ	Princess Wencheng	17
吴国	Wú Guó	the Kingdom of Wu	20
吴方言	Wú fāngyán	the dialect of Wu	15
《雾》	《Wù》	*Fog*	23

X

西北	Xīběi	Northwest	6
西部牛仔	Xībù Niúzǎi	the West cowboy	8
西南	Xīnán	Southwest	21
小屯村	Xiǎotúncūn	name of a place	16
新加坡	Xīnjiāpō	Singapore	15
新疆	Xīnjiāng	the Xinjiang Uygur Autonomous Region	6

Y

《雨》	《Yǔ》	*Rain*	23
袁世凯	Yuán Shìkǎi	name of a person	18
约德	Yuēdé	name of a person	9
粤方言	Yuè Fāngyán	Cantonese	15

Z

藏族	Zàngzú	the Tibetans	15
张加旺	Zhāng Jiāwàng	name of a person	6
张红	Zhāng Hóng	name of a person	13
张三	Zhāng Sān	name of a person	10
赵丽	Zhào Lì	name of a person	13
浙江	Zhèjiāng	Zhejiang Province	20
中国福利基金会	Zhōngguó Fúlì Jījīnhuì	China Welfare Foundation	18
《中国建设》	《Zhōngguó Jiànshè》	*China Reconstructs*	18
《中国老年》	《Zhōngguó Lǎonián》	*Chinese Aged People*	4
中国老龄问题全国委员会	Zhōngguó Lǎolíng Wèntí Quánguó Wěiyuánhuì	Chinese National Committee in Solving Problems for the Aged	4
《中华老年报》	《Zhōnghuá Lǎoniánbào》	*Chinese Aged People's Daily*	4
中华人民共和国	Zhōnghuá Rénmín Gònghéguó	the People's Republic of China	3
中山陵	Zhōngshānlíng	the Sun Yat-sen Mausoleum	18
周信天	Zhōu Xìntiān	name of a person	21
朱丽叶	Zhūlìyè	Juliett	2
珠穆朗玛峰	Zhūmùlángmǎfēng	Mount Qomolangma	17
祝英台	Zhù Yīngtái	name of a person	2
子思	Zǐsī	name of a person	19
最高检察院	Zuìgāo Jiǎncháyuàn	Supreme Procuratorate	9

语法索引

Index of Grammar items

本索引包括《新编汉语教程》下册出现的所有语法项目，按下列七类分别排列。每个项目后面的数码表示该项目所在的课数。

This index includes all the grammar items that have occurred in Book II of *New Chinese Course*. They are divided into seven sections where the number against each item indicated the lesson in which it appears.

一．词类 Parts of Speech

名词“前后”	the noun “前后”	16
名词“上面”	the noun “上面”	17
方位词“上”	word of locality “上”	1
方位词+起…方位词+至…	word of locality+起…word of locality +至…	20
疑问代词“谁”表任指	the interrogative pronoun“谁” for indefinite reference	5,24
疑问代词“什么”表列举	the interrogative pronoun “什么”for listing	1
疑问代词“什么”表不肯定事物	the interrogative pronoun “什么”for uncertainty	10
疑问代词“什么”表任指	the interrogative pronoun “什么”for indefinite reference	2
疑问代词“哪儿”表虚指	the interrogative pronoun “哪儿”for vague reference	12
疑问代词“哪儿”表任指	the interrogative pronoun “哪儿”for indefinite reference	23
代词“任何”	the pronoun“任何”	5
代词“这么”	the pronoun“这么”	14
代词“每”	the pronoun“每”	20
动词“有”	the verb“有”	4,14

二.词组与固定格式 Phrases and Fixed Expressions

好容易	difficultly	22
没什么	nothing serious	25
不敢当	not deserve it	25
谁知道	who knows	25

三.句子成分 Sentence Elements

动宾结构做主语	verb-object structure as a subject	6
“多的是”做谓语	“多的是” as a predicate	5
“起…作用”做谓语	“起…作用” as a predicate	7
动词“随”带“着”及宾语在句中做状语	“verb+随+着+object” as an adverbial	4
“满”重叠做程度补语	“满” and its repeated form as a complement of degree	1
形容词“死”做程度补语	the adjective “死” as a complement of degree	10
主谓结构做程度补语	subject-predicate structure as a complement of degree	19
“上”做结果补语及其引申意义	“上” as a resultative complement and its extended meaning	1, 2, 4, 14
“够”做结果补语	“够” as a resultative complement	2
“掉”做结果补语	“掉” as a resultative complement	8
“走”做结果补语	“走” as a resultative complement	12
“遍”做结果补语	“遍” as a resultative complement	14
“开”做结果补语	“开” as a resultative complement	17
“定”做结果补语	“定” as a resultative complement	20
“下”做结果补语	“下” as a resultative complement	20
“开”做可能补语	“开” as a potential complement	1
“着”做可能补语	“着” as a potential complement	3,23
“好”做可能补语	“好” as a potential complement	9

“了”(liǎo)做可能补语	“了”as a potential complement	9,10,25
“上”做可能补语	“上” as a potential complement	11
“到”做可能补语	“到” as a potential complement	15
“动”做可能补语	“动” as a potential complement	22
“下去”做可能补语	“下去” as a potential complement	23
“过去”做可能补语	“过去” as a potential complement	23
“下”做可能补语	“下” as a potential complement	25
“通”做可能补语	“通” as a potential complement	25
“去”做趋向补语	“去” as a directional complement	8
“起”做趋向补语	“起” as a directional complement	3,6
“出来”做趋向补语	“出来” as a directional complement	3,5,15
“出”做趋向补语	“出” as a directional complement	7
“下来”做趋向补语	“下来” as a directional complement	3,13,14,16
“下去”做趋向补语	“下去” as a directional complement	9
“上来”做趋向补语	“上来” as a directional complement	8
“起来”做趋向补语	“起来” as a directional complement	16,22
“过来”做趋向补语	“过来” as a directional complement	12

四. 几种特殊句子 Some Special Sentences

“把”字句	“把”sentences	1,8,19
“被”字句	“被”sentences	9
“有”的兼语句	pivotal sentences with “有”	7
兼语句套连动句	a sentence with complex verbal constructions within a pivotal sentence	4
连动句套兼语句	a pivotal sentence within a sentence with complex verbal constructions	22
“是…的”句	“是…的” sentence	7,11

五.复句 Complex Sentences

由于…	due to …	1
是…而不是…	is … not …	1
尽管…但…	despite	2
…,为的是…	… just for …	2
复句分析法	an analysis of complex sentences	2,7
不…不…	not … not …	3
不管…都…	no matter what …	3
一方面…另一方面…	on one hand…on the other hand…	5
别看…但…	although…	6
与其…不如…	… would rather … than	9
不是…也不是…	neither … nor	10
能吃多少吃多少	eat as much as one can	11
只有…才…	if only …	13
既不是…也不是…更不是…	neither… nor … not even	14
就是…也…	even if …	15
…好…	so as to	16
不…没有…	not … without …	18
之所以…是因为	because of …	22
…便…	thereupon	22
既…也…	both … and …	23
只要…不…不…	if only… not … without	24
哪怕…也…	even if…	25
既然…就…	since…	25

六.比较的方法 Ways of Comparison

“一+量词+比+一+量	“一+measure word+比+一+measure word”	4

七. 强调的方法 Ways of Emphasis

词语例解索引

功能大纲
Gōngnéng Dàgāng
A Functional Programme

本《功能大纲》分为表情功能、表态功能、表意功能和表事功能四类，共 112 个功能项目，181 个功能点。每一类里的功能项目按出现的先后顺序排列。例句后边的数字表示该功能点出现的课数。

This Functional Programme consists of four parts such as the function of expressing one's feelings, the function of indicating one's stand, the function of giving messages and the function of making statements. There are 112 functional items and 181 functional points altogether arranged in the order of their appearance within each part. The number ending each example indicates the lesson where it is used.

一 表情功能(1–5 个)
Expressing One's Feelings (1–5)

表达对客观事物或对对方的某种情感的功能。

It functinos as an expression of one's feelings for the objective reality or the other side.

1 表达愿望
Expressing one's wish
但愿这一天能早一点儿到来! [7]

2 反感 Repugnance
我对他很反感，不想和他一起去。[12]

3 赞叹
High praise
(长城)多么雄伟的建筑啊! [20]

4 憎恨

Hatred

我恨这个家,恨吃人的旧制度。[23]

5 同情

Sympathy

我对你的不幸很同情,很愿意为你做点什么。[23]

听了你的介绍,我们非常同情他。[23]

二 表态功能(6–19 个)
Indicating One's Stand (6–19)

表达对对方或对自己说话内容的态度或语气的功能。

It functions as a personal reaction towards what has been said or what tone has been used.

6 客气地否定对方的说法

Polite negation

"我觉得现在社会早就男女平等了。"

"不见得吧。你能谈得具体点儿吗?"[5]

你这种看法,我很难同意。[10]

"便宜的东西一定不是好东西。"

"好像不能这样说,便宜的东西也有好的。"[10]

7 禁止

Prohibition

爸爸不准我和弟弟喝这种酒。[8]

我国法律规定,新闻媒体不得为香烟做广告。[8]

今天的考试不允许看书和查词典。[8]

8 表示最大限度地估量

Maximum estimation

李老师的年纪好像不大,看样子最大也就 40 岁。[9]

9 怀疑

Doubt

我怀疑他今天不会来了。[9]

10 赞成／不赞成

Agreement / Disagreement

社会上有许多人不赞成实施安乐死。[10]

11 强调

Emphasis

我的汉语还很差,尤其是听的能力。[11]

两年前我一句(汉语)也不会说。[17]

上个月我特别忙,一天都没有休息。[17]

12 表示随意

Informality

你现在有时间吗?我想和你随便聊聊。[12]

13 愿意／不愿意

Like / Dislikee

周末我愿意一个人在家休息,不愿意去跳舞。[16]

14 推测

Inference

这么说你已经爱上她了。[18]

15 肯定

Affirmation

凡是到中国去的外国人,没有不想去游览长城的。[20]

16 夸张性地强调

Exaggerative emphasis

他激动得简直要流下了眼泪。[20]

17 否定性强调

Negative emphasis

你何必亲自去呢?打个电话就行了。[22]

我已经吃饱了,再也吃不下去了。[23]

三年前我们在一起学过汉语,此后,我再也没有见到他。[23]

18 表示命令或祈使

Ordering or entreating

上课了,请大家安静点儿![22]

19 表示故意如此

An purposive action

妈妈不同意我去中国,我偏要去。[23]

三 表意功能(20–72个)
Giving Messages (20–72)

向对方传递某种信息的功能。

It functions as a carrier of messages for the other side.

20 转述

Indirect report

这家报纸指出:"现在,不少年青人不想结婚。这些人对家庭和孩子不感兴趣,他们追求的是一种自由自在的单身生活。"[1]

人口专家预计,公元2030年全球人口将达到85亿。[3]

21 表述实情

Describe the real situation

好像是听懂了,事实上没有真正听懂。[1]

他嘴上说不想去,其实他心里很想去。[12]

实际上,《百家姓》里收集的不是一百个姓,而是五百多个姓。[13]

他最近确实很刻苦,所以进步很快。[20]

22 引出话题

Giving a discussion starter

关于结婚和生孩子的问题,他们的看法不太一样。[2]

有关调查的情况,我想简单给大家说说。[20]

就当前的人口和环境问题,大家进行了热烈的讨论。[24]

23 目的

Purpose

我想去中国留学,为的是更好地学习汉语,更好地了解中国。[2]

24 某时发生某事

At a time when something takes place

我在大学二年级时认识了他。[3]

吃完午饭,我正要去买东西,这时候,外面下起了雨。[10]

当我回来的时候,他已经睡了。[18]

孔子在教书讲学的同时,还整理了不少古代书籍。[19]

25 唤起注意

Drawing one's attention

你想想,她知道晚会是七点钟开始,现在已经八点半了,所以她肯定不会来了。[3]

你是否想到,在你为捡到钱而高兴的同时,丢钱的人会是多么着急和痛苦! [10]

26 表示希望或建议

Hope or suggestion

你想学汉语最好到中国去学。[3]

27 表示修正上文

Amending the previous statement

我不太想去,当然,如果大家都去,我也可以去。[4]

28 表示列举

Listing

退休后的老人,有的身体不好,有的子女不孝顺,有的生活有困难。[4]

29 表达题外话

Additional information

顺便告诉你,下个星期学习新课,请你准备一下。[4]

……顺便说一下,明天有个中国电影,有时间你们可以去看看。[4]

30 举例说明

Giving examples

不同的人,学习汉语的目的也不同,拿我来说,学汉语是为了学习中国经济。[5]

全世界每年有几十万被动吸烟者得心脏病或癌症而死。以美国为例,每年因被动吸烟而死于肺癌的就有三千多人。[8]

31 从两个不同的方面来说明

Giving two-sided arguments

考试成绩好,这只是一个方面,另一方面还要看他的实际能力怎么样。[5]

我现在还不想去留学。一方面我还没申请到奖学金；另一方面有两门专业课还没学完。[5]

32 引出结论或结果

Coming to a conclusion

由于他每天都坚持学习三个小时的外语，因此，他进步得相当快。[5]

事实证明，妇女要得到跟男人一样的地位，必须付出更大的代价。[8]

这一成绩表明，你平时学习不太努力。[8]

33 表示进一步说明

Further explanation

假期我有很多事，再说我也没有钱，因此暑假我不想去旅行。[5]

这个故事很生动，不仅孩子喜欢听，甚至成年人也喜欢听。 [11]

34 表示前后对比

A contrast between two related situations

开始我很不适应这里的生活，后来才慢慢地适应了。[6]

35 解释原因

Giving reasons

我说汉语他听不懂，原来他不是中国人，是日本人。[6]

不用告诉他了，因为他已经知道了。[6]

36 表示从某人、某事的角度来看

Considering from somebody's viewpoint or another angle

汉语的四个声调，对我们外国人来说是很难的。[7]

37 展望

Looking into the future

相信不久的将来，艾滋病也会跟其他疾病一样能够得到有效的治疗。[7]

38 补充说明

Additional remarks

我想北京、西安、杭州等地旅行，除此之外有时间的话还想去广州和桂林。[8]

王教授介绍了中国改革以来发生的变化，此外还介绍了中国经济的发展情况。[19]

39 表示某种情况持续不变

A situation remains unchanged

下课后，大家仍然在讨论这个问题。[9]
毕业后我一直没再见到他。[14]

40 总括上文

Summing up

…总之，这些都反映了社会历史和经济文化等对"姓"的影响。[13]
…总起来说，环境和人口问题已经引起各国的普遍重视。[17]

41 表示换个说法

In other words

他已经上班几个月的，换句话说，他早就找到工作了。[13]

42 转换话题

Introducing a new topic of conversation

说到送礼，中国人的想法和做法跟我们很不一样。[13]
这是我个人的意见，至于这样做好不好，请大家再考虑一下。[15]

43 相同／不同

Sameness / difference

我们学校与你们学校的学费相同。[14]

44 邀请

Invitation

我想邀请你参加我的生日晚会，你能来吗？[15]

45 经历的时间或频率

The time passed or frequency of an action

汉朝前后400多年，是中国历史上的一个强盛时期。[16]
法院经过多次调查，终于把问题调查清楚了。[16]

46 指代过去的某时

A certain period of time in the past

两年前我去过中国，当时我还没有学汉语。[16]

47 表示结束某一动作或行为

Putting an end to some action

今天的课就上到这里，下课！[16]

48 表示插话

Interposing a remark

对不起,我想打断一下,向您提一个问题。[17]

罗杰,对不起,我插一句,当时你为什么不找警察?[17]

49 表示近似

Similarity

中国人口相当于世界人口的五分之一。[17]

50 表示专为某事

For a special purpose

听说这本词典不错,我昨天特意去书店买了一本。[18]

51 表示当初的情况

The initial position

这张桌子本来不在这儿,是谁把它搬过来的?[18]

52 表示结果

Results

我们等了很久,她终于来了。[18]

53 表示某时至今

From a certain period of time till now

从三月份以来,这里一次雨也没下过。[19]

54 解释言语的意思

Defining words

"参赛"的意思是参加比赛。[19]

55 要求对方务必怎样做

Require somebody to do something

这件事请你千万别告诉他。[19]

56 陪同

Accompany

下午我陪他参观了校园。[20]

57 表示动作行为同时进行

Two or more actions take place at a same time

大家边走边聊，一会儿就到了。[21]

58 表示事件所经历的时间

The time spent in doing something

昨天晚上我用了一个小时复习旧课，又用了一个小时预习新课。[21]

我们等了半小进他也没有来，又过了十分钟，他终于来了。[22]

59 表示事件所经历的时间不长

A short period of time spent in doing something

没有几年时间，农民的收入增加了四倍。[21]

听说王老师买了台新车，没几个月就卖了。[21]

60 表示同时

Simultaneously

三月三号我到了香港，与此同时，妹妹也从北京赶到了香港。[21]

61 表示不限于什么时间

Unlimited time for an action

大家有什么问题随时可以提出来。[21]

62 请求转告某事

Request somebody to convey a message

请告诉丁文月，让她晚上给我打个电话。[22]

63 表示有意识地做某事

A purposive action

他故意这么说，其实他不是这么想的。[22]

64 表示启始时间

Commencing time

从去年起我开始学习汉语。[23]

65 表示一向如此

As always

上课的时候，我总喜欢问老师问题。[23]

66 表示事实与所说所料相符

As expected

听说这部电影很好,看了之后果然不错。[23]

67　表示事实很明显

Obviously

都十点多了,显然他不会来了。[24]

68　请求某人做某事

Request somebody to do something

你下午去书店,麻烦你给我买本书。[25]

69　谦虚地回答对方的称赞

A modest reply to a complimentary remark

"你对中国太了解了,真是个中国通。"

"中国通可不敢当,我只是比你多知道一点儿。"[25]

70　表示已经约定

An appointment already made

我和女朋友已经约好,明年圣诞节去中国旅行。[25]

71　表示结论或情况不变

A conclusion or a situation remain unchanged

这个问题无论如何要想办法解决。[25]

72　表示一直到某时

Till a certain time

我经常见到他,可一直到昨天我才知道,他就是有名的张教授。[25]

四　表事功能(73–112 个)
Making Statements (73–112)

表达客观事物的一般意念或事物之间关系的功能。

It functions as an expression of general notions of the objective reality and of the relationship between one thing and the other.

73　范围

Scope

在一些国家里，每三对结婚的就有一对离婚的。[1]

在几十年的共同生活中，他们一直互相关心，互相帮助。[2]

孔子的思想在中国历史上产生过很大的影响。[16]

孔子在政治思想和伦理道德方面都有自己的主张。[19]

74 罗列

Enumerating

第一，家庭越来越小，…第二，离婚率越来越高，…第三，非婚生子女越来越多，…第四，单身比例越来越大…。[1]

首先，介绍一下中国的经济情况，其次，…第三，…。[7]

74 数量增减

Increase and decrease

最近十年来，单身家庭由5%增加到32%。[1]

有一个国家十年来，五口人的家庭由37%减少到6%。[1]

75 表述在不同的时间情况的变化

Changes in different time

半年以前我连一句汉语也不会说，现在我可以进行简单的会话了。[1]

76 表示原因和结果

Cause and effect

由于天气不好，飞机晚点两个小时。[1]

苏姗因病而没有参加比赛。[7]

之所以这样说，是因为我们做了调查。[22]

77 承接关系

Continuation

由于老师的帮助和鼓励，于是我又充满信心。[2]

我们先讨论一下，然后再做决定 。[6]

哥哥先到了北京，接着又去了西安和广州。[6]

面试通过了，就这样我当上了这家公司的秘书。 [9]

刚才我们学习了生词，下面我们来看一看课文。[15]

这几个月我很忙，也很累，接下来我准备好好休息一段时间。[17]

78 指代相同的事物

Standing for the people or things mentioned

谢丽和李昌德结婚60多年了，两个人相亲相爱，在几十年的共同生活中，他们从没吵过架。[2]

79 表示让步转折

Concessive and adversative

他尽管身体不好，可是仍然坚持工作。[2]

他笔试的成绩总是不好，尽管他很努力。[2]

对是对，但不太准确。[17]

80 连接两种相反的情况

Connecting two different situation

你认为现在就应该去，相反，我认为现在不应该去。[2]

控制人口当然很难，否则就不会成为世界的一大社会问题了。[3]

他一定是有什么事，不然的话，为什么这么晚还不回来。[6]

81 表示某种情况即将发生

Immediate occurrence

预计2030年全球人口将达到85亿，2050年将突破100亿。[3]

眼看要下雨了，我们快点儿走吧！[12]

82 推论

Inference

他说，面试通过的话就给我打电话，可是已经一个星期了，他也没来电话。由此看来，这次面试我没有通过。[3]

83 书信结构

Structure of a letter (omitted)

(略)[4]

84 指称不确定的某时

Indefinite reference of time

有一天早晨，我跟一对中国老夫妇谈了起来。[4]

85 表示某时之后

Posterior occurrence

听完报告之后，大家马上讨论了起来。[4]

下课后我在校门口等你。[4]

两年前我去过那儿，后来再没去过。[16]

周朝前期国都在西安，习惯上叫西周，后来国都迁到洛阳，这以后就叫东周。[16]
五年前我们在马教授家见过一面，从那以后我再也没有见到他。[16]

86 表示后者伴随前者而出现
Simultaneous occurrence
随着年龄的增长，人的经验也在增长。[4]

87 表示语意转变
A change of meaning
他还爱着妻子，然而妻子已不爱他了。[5]

88 用人称代词表示虚指
Personal pronouns for indefinite reference
同学们你一句，我一句，提了很多意见。[5]

89 承前省略
Omission understood from the preceding sentences
他 A 技术好，[A]养的鱼又多又大 [A]每年收入不少，[A]日子过得挺不错。[6]

90 表示比较
Comparison
这几次考试成绩，一次不如一次好。[6]
这张照片不如那张照得好。[6]

91 表示条件
Conditions
在陈教授的帮助和鼓励下，我开始研究中国的京剧。[7]

92 论证结构
Structure of argumentation (omitted)
(略)[7]

93 由前提推断结论
A conclusion drawn from the prerequisite
你既然不想说，我也就不问了。[8]

94 表示论断的依据
Grounds of argument

根据调查,社会上许多人都赞成安乐死。[9]

95 表示唯一的选择

The only choice

飞机票太贵,我们只能坐火车去。[9]

张先生不懂法语,我只好用英语跟他说。[12]

96 表示取舍

Accepting or rejecting

与其让你来我这儿,不如我去你那儿方便。[9]

与其说是没考好,不如说是没学好。[9]

时间不多了,去饭馆不如吃快餐。[22]

97 叙述结构

Structure of a statement (Omitted)

(略)[10]

98 表示语意递进

Successive semantic progress

京剧不但中国人喜欢看,不少外国人也喜欢看。[11]

99 表示假设

Hypothesis

我一旦找到好的工作,首先告诉你。[11]

不进行调查,就不可能了解到真实的情况。[18]

没有你们自己的努力,就没有今天的幸福生活。[24]

100 表示假设兼让步

Hypothesis and concession

即使下雨,我们也要去。[11]

有些汉语新词语,不用说外国人很难理解,就是中国人有时也摸不着头脑。[15]

我喜欢的东西,哪怕借钱我也要买。[25]

101 表示条件和结果

Condition and result

无论是做人还是做学问,都要谦虚。[12]

再有一个月就到圣诞节了。[19]

我只要打个电话,他就能来。[19]

等我有了钱，我就买这种车。[21]

102 来源

Origin

文学和艺术都来源于现实生活。[13]

这种想法好像来自于古代的中国。[15]

103 构成

Formation

我们班由十名男同学和八名女同学组成。[13]

无数个细胞组成了人体，无数个家庭构成了社会。[13]

104 表示惟一的条件

The only condition

只有在周末我才能见到她。[13]

105 引出关系者

Introducing a doer

这个问题由你负责解决。[14]

106 表示论述的前提

The prerequisite of a statement

北京作为首都，是中国政治、经济和文化的中心。[14]

107 分类

Classification

京剧的角色分为生、旦、净、丑。[14]

许多国家一年分成四季，春季、夏季、秋季和冬季。[16]

108 表示后者随前者的不同而不同

Simultaneous changes

对此，不同的人有不同的看法。[14]

109 表示起因

Cause

交谈中由“老外”这个词引起了一次关于汉语新词语的讨论。[15]

110 功用

Use

我暑假挣的钱都<u>用于</u>交学费了。[15]

111　表示做某事的条件

Conditions on which something can be done

电话里说不方便,<u>等</u>见了面<u>再</u>详细谈吧。[21]

112　表示目的和条件

Purpose and condition

<u>要想</u>了解中国人的真实生活,<u>就要</u>到中国去。[24]